DU MÊME AUTEUR

Aux Éditions Gallimard

PIERRE DE SOLEIL, *poésie* (« Du monde entier », 1962). Édition bilingue.

L'ARC ET LA LYRE, *essai* (« Les Essais », 1965). Nouvelle édition en 1993, « NRF Essais ».

LIBERTÉ SUR PAROLE, *poésie* (« Du monde entier », 1966). Édition bilingue. Nouvelle édition en 1990, « NRF Essais ».

DEUX TRANSPARENTS : MARCEL DUCHAMP ET LÉVI-STRAUSS, *essai* (« Les Essais », 1971). Nouvelle édition en 1990, « NRF Essais ».

VERSANT EST, *poésie*, 1960-1968 (« Du monde entier », 1971). Édition bilingue.

RENGA, *poème*, en collaboration avec Jacques Roubaud, Edoardo Sanguineti et Charles Tomlinson (« Blanche », 1971).

CONJONCTIONS ET DISJONCTIONS, *essai* (« Les Essais », 1972). Nouvelle édition en 1990, « NRF Essais ».

COURANT ALTERNATIF, *réflexions* (« Les Essais », 1972). Nouvelle édition en 1990, « NRF Essais ».

LE LABYRINTHE DE LA SOLITUDE *suivi de* CRITIQUE DE LA PYRAMIDE, *essai* (« Les Essais », 1972). Nouvelle édition en 1990, « NRF Essais ».

POINT DE CONVERGENCE. Du romantisme à l'avant-garde, *essai* (« Les Essais », 1976).

MARCEL DUCHAMP : L'APPARENCE MISE À NU, *essai* (« Les Essais », 1977). Nouvelle édition en 1990, « NRF Essais ».

MISE AU NET. *Pasado en claro*, *poésie* (« Du monde entier », 1977). Édition bilingue.

D'UN MOT À L'AUTRE, *poésie* (« Du monde entier », 1980). Édition bilingue.

RIRE ET PÉNITENCE, *essai* (« Les Essais », 1983).

LA FLEUR SAXIFRAGE. Fleur et littérature, *essai* (« Les Essais », 1984).

UNE PLANÈTE ET QUATRE OU CINQ MONDES. Réflexions sur l'histoire contemporaine (« Folio Essais », n° *20*, 1985). Première édition.

LE FEU DE CHAQUE JOUR, *poésie* (« Du monde entier », 1986). Édition bilingue.

SOR JUANA INÉS DE LA CRUZ OU LES PIÈGES DE LA FOI (« Bibliothèque des Idées », 1987).

Suite des œuvres en fin de volume

nrf essais

Octavio Paz

Le labyrinthe de la solitude

suivi de

Critique de la pyramide

Édition refondue
et augmentée
Traduit de l'espagnol
par Jean-Clarence Lambert

Gallimard

Titres originaux :

EL LABERINTO DE LA SOLEDAD *et* POSDATA

Le labyrinthe de la solitude

L'autre *n'existe pas : telle est la foi rationnelle, l'inguérissable croyance de la raison humaine. Identité = réalité, comme si, en fin de compte, tout devait être, de façon absolue et nécessaire*, l'un et le même. *Mais l'autre ne se laisse pas éliminer ; il subsiste et persiste ; il est cet os dur à ronger sur lequel la raison s'use les dents. Abel Martin, avec sa foi poétique, qui n'est pas moins humaine que la foi rationnelle, croyait en* l'autre, *en « l'essentielle hétérogénéité de l'être » ou, si vous préférez, en l'inguérissable* altérité *dont souffre* l'un.

Antonio Machado.

I

LE « PACHUCO » ET D'AUTRES EXTRÊMES

Tous, tant que nous sommes, nous avons, à un certain moment, découvert notre existence comme quelque chose de singulier, d'intransférable, de précieux. Presque toujours, cette révélation se situe dans l'adolescence. La découverte de nous-mêmes, c'est tout à coup de nous savoir seuls; entre le monde et nous s'élève soudain une barrière impalpable et transparente : celle de notre conscience. Il est certain que, dès notre naissance, nous nous sentons *seuls;* mais les enfants et les adultes ont la possibilité de transcender leur solitude, de s'oublier eux-mêmes, par le jeu ou le travail. L'adolescent, lui, vacillant entre l'enfance et la jeunesse, reste interdit un temps devant l'infinie richesse du monde. L'adolescent s'effraie d'être. Puis, au saisissement succède la réflexion : penché sur le fleuve de sa conscience, il se demande si ce visage qui affleure lentement du fond, déformé par l'eau, est bien le sien. La singularité d'être — pure sensation chez l'enfant — se transforme en un problème et une interrogation, en une conscience qui interroge.

Il se passe quelque chose de semblable avec les peuples en crise de croissance. Leur être se manifeste comme une interrogation : Qui sommes-nous, et comment réaliserons-nous ce que nous sommes? Très souvent, les réponses que nous donnons à ces questions sont démenties par l'histoire, peut-être parce que ce qu'on nomme « le génie des peuples » n'est qu'un ensemble de réactions dans une situation donnée; il suffit que se modifient les circonstances, et les réponses varieront, et avec elles le caractère national qui se prétendait immuable. En dépit de la nature presque toujours illusoire des essais de psychologie nationale, elle me paraît cependant révélatrice, cette insistance avec laquelle, en certaines périodes, les peuples se retournent sur eux-mêmes et s'interrogent. S'éveiller à l'histoire signifie acquérir une conscience de notre singularité, moment de répit et de réflexion avant de passer à l'action. « Quand nous rêvons que nous rêvons, le réveil est proche », a dit Novalis. Aussi n'importe-t-il guère que les réponses que nous donnons à nos questions soient corrigées par le temps; l'adolescent aussi ignore les futures transformations de ce visage qu'il voit dans l'eau : indéchiffrable à première vue, comme une pierre sacrée couverte d'incisions et de signes, le masque du vieillard est l'histoire de ces traits informes qui apparurent confusément un jour, au grand étonnement du regard qui les révélait. Par la vertu de ce regard, les traits se sont faits visage et, plus tard, masque, signification, histoire.

Me préoccuper de la signification des caractéristiques de mon pays, comme beaucoup d'autres le font, me paraissait, naguère encore, superflu et dangereux. Au lieu de nous interroger nous-mêmes, n'est-il pas préférable de créer, d'œuvrer sur une réalité qui ne se livre pas à qui la contemple? Car ce qui peut nous distinguer des autres peuples n'est pas l'originalité toujours discutable de notre caractère — fruit, sans doute, de circonstances variables — mais bien plutôt l'originalité de nos créations. Je pensais qu'une œuvre d'art ou qu'une action concrète définissent le Mexicain — car elles l'expriment et, en l'exprimant, le recréent — mieux que la plus pénétrante des descriptions. Et mon interrogation, comme celle des autres, me semblait être un alibi fourni par ma peur d'affronter la réalité; et toutes ces spéculations sur le prétendu caractère des Mexicains, d'habiles subterfuges de notre impuissance à créer. Je croyais, comme Samuel Ramos, que le sentiment d'infériorité commandait notre prédilection pour l'analyse, et que la carence de nos créations ne s'explique pas tant par le développement de nos facultés critiques aux dépens de nos facultés créatrices, que par une instinctive méfiance envers nos capacités.

Mais, comme l'adolescent qui ne peut s'oublier lui-même — puisqu'il cesse de l'être dès qu'il y parvient —, nous ne pouvons nous soustraire à la nécessité de nous interroger et de nous contempler. Je ne veux pas dire que le Mexicain soit, par nature, critique; mais il passe par une étape réflexive. Et il est naturel qu'après la phase explosive de la Révolution, il se recueille en lui-même et, pour un moment, se contemple. Les questions que nous nous adressons à nous-mêmes en ce moment paraîtront probablement incompréhensibles d'ici cinquante ans. D'autres circonstances produiront d'autres réactions.

L'objet de ma réflexion ne comprend évidemment pas toute la population de notre pays, mais un groupe concret, constitué par ceux qui, pour diverses raisons, ont conscience d'être Mexicains. Contrairement à ce qu'on croit, ce groupe est très réduit. Sur notre territoire coexistent non seulement des races et des langues distinctes, mais aussi différents niveaux historiques. Certaines populations vivent avant l'histoire; d'autres, repoussées par des invasions successives, comme les Otomis, vivent en marge d'elle. Ou, sans recourir à ces extrêmes, on peut voir des époques différentes s'affronter, s'ignorer ou s'entre-dévorer sur une même terre, ou à quelques kilomètres de distance. Sous un même ciel, avec leurs héros, leurs coutumes, leur calendrier et leurs notions morales particulières vivent « les catholiques de Pierre l'Ermite et les Jacobins de l'Ère Tertiaire ». Les époques anciennes ne disparaissent jamais complètement, et toutes les blessures, même les plus antiques, demeurent des sources de sang. A l'instar des pyramides précortésiennes qui en cachent presque toujours d'autres, dans une seule ville ou dans une seule âme se mêlent et se superposent des notions et des sentiments ennemis ou étrangers [1].

1. Notre histoire contemporaine abonde en exemples de cette superposition et de cette coexistence de divers niveaux historiques : le néo-féodalisme porfiriste (j'utilise cette terminologie dans l'attente de l'historien qui classifiera selon

La minorité des Mexicains qui ont conscience d'eux-mêmes ne constitue pas une caste immobile et fermée. Mais elle seule est active — face à l'inertie indo-espagnole du reste — et chaque jour, elle modèle un peu plus le pays à son image. Elle conquiert, à son tour, le Mexique. Nous finirons tous par nous sentir Mexicains. Il suffit, par exemple, que l'un de nous passe la frontière pour qu'il se pose obscurément les questions que se posa Samuel Ramos dans *Le Profil de l'Homme et de la Culture au Mexique*. Et pour ma part, je dois confesser que maintes réflexions qui composent cet essai naquirent alors que je me trouvais hors du Mexique, durant un séjour de deux années aux États-Unis. Je me souviens qu'à chaque fois que je me penchais sur la vie américaine, cherchant à lui trouver un sens, je rencontrais mon image interrogatrice. Cette image, découpée sur le fond brillant des États-Unis, fut la première et peut-être aussi la plus profonde des réponses que ce pays fournit à mes questions. Aussi, avant de chercher à m'expliquer le caractère du Mexicain moderne, ai-je commencé par ceux pour qui être Mexicain est un problème vital dans sa vérité, un problème de vie ou de mort.

Au début de mon séjour aux États-Unis, j'ai passé quelque temps à Los Angeles, où habitent plus d'un million de personnes d'origine mexicaine. Dès l'abord, le voyageur est surpris — en plus de la pureté du ciel et de la laideur ostentatoire des constructions éparpillées — par l'atmosphère vaguement mexicaine de la ville, qu'on ne saurait mettre en paroles ou

leur originalité nos différentes étapes historiques) qui se référait au positivisme, philosophie bourgeoise, pour se justifier historiquement; Caso et Vasconcelos, initiateurs intellectuels de la Révolution, utilisant les idées de Boutroux et de Bergson, pour combattre le positivisme porfiriste; l'Education Socialiste dans un pays naissant au capitalisme; les fresques révolutionnaires sur les murs officiels... Toutes ces apparentes contradictions exigent un nouvel examen de notre histoire et de notre culture, confluents de tant de courants et d'époques.

concepts. Cette mexicanité — goût nonchalant et heureux de l'ornement, négligence, passion et réserve — flotte dans l'air. Et si je dis qu'elle flotte, c'est parce qu'en vérité elle ne se mêle ni ne se fond avec l'autre monde, le monde américain, fait de précision et d'efficacité. Elle flotte mais ne s'oppose pas; elle se balance au gré du vent, parfois déchirée comme un nuage, parfois dressée comme une fusée qui part. Elle se traîne, ondule, se détend, se contracte, dort ou songe, belle guenille. Elle flotte : elle n'en finit d'être, elle n'en finit de disparaître.

Quelque chose d'analogue se passe avec les Mexicains qu'on rencontre dans la rue. Bien qu'ils habitent là depuis de nombreuses années, qu'ils aient des vêtements comme ceux des Américains, qu'ils parlent comme eux et qu'ils aient honte de leur origine, personne ne saurait les confondre avec les Américains authentiques. Leur différence physique, cependant, n'est pas aussi déterminante qu'on le croit généralement. Ce qui me paraît les distinguer du reste de la population est bien plutôt leur air furtif et inquiet de personnes qui se déguisent, qui craignent ce regard d'autrui capable de les dénuder, de les laisser à nu. En parlant avec eux, on s'aperçoit que leur sensibilité est comme un pendule qui a perdu la raison, et oscille avec violence, sans mesure. Cet état d'esprit — ou d'absence d'esprit — a engendré ce qu'on appelle le *pachuco*. Comme on le sait, les pachucos sont des bandes de jeunes gens, généralement d'origine mexicaine, et qui vivent dans les villes du Sud, aux États-Unis. Ils se singularisent tout autant par leur façon de s'habiller que par leur conduite et leur langage : révoltés d'instinct, le racisme américain s'est souvent acharné contre eux. Mais les pachucos ne revendiquent pourtant ni la race ni la nationalité de leurs ancêtres. Bien que leur attitude révèle une volonté obstinée et pour ainsi dire fanatique d'être, cette volonté ne s'affirme guère que par la décision — ambiguë, nous le verrons — d'être différents des autres. Le pachuco ne désire nullement revenir à son origine mexicaine; encore moins, se fondre dans la vie américaine. En lui, tout est velléité qui se nie elle-même, nœud de contradictions, énigme. Du reste, la première énigme est son nom : *pachuco,* vocable à la filiation incertaine, qui veut tout dire et ne dit rien. Étrange mot, qui n'a pas de signification précise ou, plus exactement, qui est chargé, comme toutes les créations populaires, d'une multitude de significations ! Que nous le voulions ou non, ces êtres sont mexicains et représentent l'un des extrêmes où puissent arriver les Mexicains.

Incapables d'assimiler une civilisation — qui d'ailleurs les repousse — les pachucos n'ont pas trouvé de meilleure réponse à l'hostilité ambiante que cette affirmation exaspérée de leur personnalité [1]. D'autres communautés réagissent de façon différente : les Noirs, persécutés par l'intolérance raciale, mais qui s'efforcent pour la plupart de « passer la ligne » et de s'intégrer à la société. Ils veulent être des citoyens comme les autres. Les Mexicains ont provoqué une répulsion moins violente, mais pourtant, au lieu d'entreprendre une problématique adaptation aux modèles qui les entourent, ils ont affirmé leurs différences, ils les ont soulignées. Par leur dandysme grotesque et leur conduite anarchique, ils ont signalé non pas tant l'injustice et l'incapacité d'une société qui n'a pas réussi à les assimiler, que leur volonté personnelle de continuer à être distincts.

Il n'importe guère de chercher les causes de ce conflit, et de se demander s'il y a remède ou non. En bien des pays, on trouve des minorités qui ne disposent pas des mêmes possibilités que le gros de la population. Le fait caractéristique, ici, est cette volonté obstinée d'être distinct, cette tension anxieuse avec laquelle le Mexicain sans tradition ni protection, et comme orphelin, affirme à la face du monde sa différence. Le pachuco a perdu tout son héritage : langue, religion, coutumes, croyances. Il ne lui reste qu'un corps et une âme sans défense devant les

1. Ces derniers temps ont surgi aux États-Unis maintes bandes de jeunes qui rappellent les « pachucos ». Comment aurait-il pu en être autrement ? D'une part, la société américaine se ferme à l'extérieur, et, d'autre part, intérieurement elle se pétrifie. La vie n'y pénètre plus : refoulée, elle va se répandre au dehors, sans but. Vie en marge, informe, sans doute, mais aussi vie qui cherche sa véritable forme.

regards. Son déguisement qui le protège, le cache, l'isole et, en même temps, l'exhibe.

Par sa façon de s'habiller — délibérément esthétique, et sur la signification de laquelle il n'est pas nécessaire de s'étendre — il ne prétend aucunement manifester son adhésion à une secte ou à un groupe quelconque. Les pachucos forment une société ouverte, en ce pays où abondent les religions et les pratiques tribales, destinées à satisfaire le désir de l'Américain moyen de se sentir relié à quelque chose de plus vivant et de plus concret que la morale abstraite de l'*american way of life*. Le pachuco ne porte ni uniforme, ni vêtement rituel. Il est, tout simplement, une mode. Qui, à l'instar de toutes les modes, est faite de nouveauté — nouveauté, mère de la mort, disait Leopardi — et d'imitation.

La nouveauté du vêtement réside en son exagération. Le pachuco porte la mode à ses conséquences ultimes, et la rend esthétique. Or, l'un des principes qui régissent la mode américaine est la commodité; mais en rendant le vêtement courant esthétique, le pachuco le rend aussi *incommode*. Il nie les principes mêmes qui inspirent son modèle. De là son agressivité.

Cette révolte ne laisse pas d'être un geste vain puisqu'elle est une exagération des modèles contre lesquels il prétend se révolter, et non pas un retour à l'accoutrement des ancêtres, ou l'invention de nouveaux vêtements. Généralement, les excentriques soulignent par leurs vêtements leur volonté de se séparer de la société, dans le but de constituer de nouveaux groupes plus fermés, ou bien pour affirmer leur personnalité. Dans le cas des pachucos, on découvre une ambiguïté : d'une part, leur vêtement les isole et les distingue; et, d'autre part, ces mêmes vêtements constituent un hommage à la société qu'ils prétendent nier.

Cette dualité s'exprime encore d'une autre manière, et peut-être plus profondément : le pachuco est un clown impassible et sinistre, qui ne cherche pas à faire rire mais à faire peur. Cette attitude sadique est reliée à un désir d'autohumiliation, qui me semble constituer le fonds même de son caractère : il sait que réussir est dangereux et que sa conduite irrite la société; eh bien, il recherchera et attirera la persécution et le scandale. De cette façon seulement il pourra établir avec la société qu'il provoque une relation plus vivante. Victime, il occupera un poste dans ce monde qui jusque-là l'ignorait; délinquant, il sera l'un de ses héros maudits.

A mon sens, l'irritation des Américains vient de ce qu'ils voient dans le pachuco un être mythique et, par là même, virtuellement dangereux. Le danger réside dans son originalité. Les Américains finissent tous par admettre que le pachuco est quelque chose d'hybride, de perturbateur et de fascinant. Tout autour de lui apparaît une constellation de notions ambivalentes : sa singularité paraît se nourrir de pouvoirs alternativement néfastes et bénéfiques. On lui attribue des vertus érotiques peu communes; ou encore, une perversion qui n'exclut pas l'agressivité. Figure qui apporte l'amour et le bonheur, ou l'horreur et l'abomination, le pachuco semble incarner la liberté, le désordre, l'interdit. Quelque chose, en somme, qu'il convient de supprimer; quelqu'un, en tout cas, avec lequel on ne peut avoir de relation que secrètement, dans l'ombre.

Passif et dédaigneux, le pachuco laisse s'accumuler sur sa tête toutes ces représentations contradictoires jusqu'au jour où, non sans qu'il en éprouve une douloureuse autosatisfaction, elles éclatent en bagarres dans un café, en « raid » ou en émeute. Alors, dans la persécution, il atteint son authenticité, son être véritable, sa nudité dernière, de paria, d'homme sans attaches. Le cycle, qui avait commencé avec la provocation, s'accomplit : et il est prêt pour la rédemption, pour l'intégration à la société qui le rejetait. Il a été, de cette société, le péché et le scandale : maintenant qu'il est sa victime, elle le reconnaît enfin comme ce qu'il est : son produit, son fils. Il a trouvé de nouveaux parents.

Par des chemins secrets et difficiles, le pachuco essaye de s'intégrer à la société américaine. Même s'il s'en interdit l'accès. Coupé de sa culture traditionnelle, le pachuco s'affirme un instant comme solitude et défi. Il dit non à la société dont il est issu, aussi bien qu'à la société américaine. Le pachuco se lance vers l'extérieur, non pas pour se fondre avec ce qui l'entoure, mais pour le défier. Geste suicide, puisque le pachuco n'affirme rien, ne défend rien, excepté sa volonté exaspérée de non-être. Ce n'est pas une intimité qui s'ouvre, mais une plaie qui se montre, une blessure qui s'exhibe. Une blessure qui est aussi un ornement barbare, capricieux et grotesque; une blessure qui rit d'elle-même et se farde pour mourir. Le pachuco est pareil à la proie qui se fait belle pour attirer sur elle l'attention des chasseurs. La persécution est son salut, et rompt sa solitude : sa rédemption dépend de son entrée dans cette société qu'il semble nier. Solitude et péché, communion et salut deviennent des termes équivalents [1].

S'il en est ainsi pour des personnes qui ont abandonné leur patrie depuis longtemps, qui ne parlent plus guère la langue de leurs aïeux et pour qui ces racines secrètes qui attachent l'homme à sa culture sont desséchées presque complètement, que se passe-t-il avec les autres? Leur réaction n'est pas aussi maladive, mais, passé le premier moment d'émerveillement que provoque la grandeur de ce pays, tous se réfugient, instinctivement, dans une attitude critique, jamais accueillante. Je me souviens, par exemple, de ce que me répondit une amie à

1. Sans doute trouve-t-on dans la figure du *pachuco* bien d'autres éléments qui n'apparaissent pas dans cette description. Mais le caractère hybride de son langage et de sa façon d'être, me semble le signe indubitable de cette oscillation psychique entre deux mondes irréductibles, et qu'il voudrait vainement concilier et dominer : le monde mexicain et le monde américain. Le *pachuco* ne veut pas être mexicain; mais guère plus *yankee*. Quand je suis arrivé en France, en 1945, j'ai observé avec étonnement que la mode des garçons et des filles de certains quartiers — surtout les étudiants et les « artistes » — rappelait celle des *pachucos* du sud de la Californie. S'agissait-il d'une adaptation rapide et imaginative de ce que ces jeunes, isolés, pendant la guerre, prenaient pour la mode américaine? J'ai posé la question à plusieurs personnes. Et presque toutes me répondirent que cette mode était exclusivement française, qu'elle avait été créée à la fin de l'occupation. Certains, même, la considéraient comme une des formes de la Résistance : sa fantaisie et son baroquisme étaient une réponse à l'ordre des Allemands. Sans exclure la possibilité d'une imitation plus ou moins indirecte, la coïncidence me paraît remarquable et significative.

qui je faisais remarquer la beauté de Berkeley : « Mais oui, c'est très beau; pourtant je n'arrive pas à comprendre... Ici, même les oiseaux parlent anglais. Et comment pourraient-elles me plaire, ces fleurs dont je ne connais pas le véritable nom, le nom anglais, un nom qui ne fait plus qu'un avec les couleurs et les pétales, un nom qui est la chose même ? Quand tu dis bougainvillées, tu penses à celles que tu as vues dans ton village, grimpant sur un frêne, humides et liturgiques, ou sur un mur, certain soir, dans une lumière argentée. La bougainvillée forme une partie de ton être, de ta culture, c'est ce que tu te rappelles après l'avoir oublié. Ici, tout est très beau, mais ce n'est pas à moi : ce que disent le prunier et les eucalyptus, ce n'est pas à moi qu'ils le disent, ce n'est pas pour moi. »

Certes, nous nous enfermons en nous-mêmes, nous rendons plus profonde et plus exacerbée la conscience de tout ce qui nous sépare, nous isole ou nous distingue. Notre solitude augmente parce que nous ne cherchons pas nos compatriotes, soit par crainte de nous contempler en eux, soit par un pénible réflexe de défense de notre intimité. Le Mexicain, si prompt à l'effusion sentimentale, la fuit. Nous vivons isolés en nous-mêmes, comme ces adolescents taciturnes, gardiens d'on ne sait quel secret, gardés par une apparence sombre, mais qui sont toujours dans l'attente d'un moment propice pour se révéler.

Je n'ai pas l'intention de m'attarder à la description de ces sentiments ou à celle de l'apparition, souvent simultanée, des états dépressifs et frénétiques. Ils ont tous en commun d'être des irruptions inespérées qui brisent un équilibre difficile dû à l'imposition de formes qui nous oppriment et nous mutilent. L'existence d'un sentiment, réel ou supposé, d'infériorité en face du monde, pourrait expliquer, en partie du moins, la réserve avec laquelle le Mexicain se présente devant les autres, et la violence inattendue avec laquelle les forces réprimées brisent ce masque impassible. Mais plus profonde et plus vaste que le sentiment d'infériorité, il y a la solitude. Il est impossible d'identifier les deux attitudes : se sentir seul n'est pas se sentir inférieur, mais différent. Le sentiment de solitude, de plus, n'est pas une illusion, comme l'est parfois celui d'infériorité; c'est l'expression d'un fait réel : nous sommes en vérité distincts. Et nous nous retrouvons, en vérité, seuls.

Il n'y a pas lieu, pour le moment, d'analyser ce profond sentiment de solitude — qui s'affirme et se nie, alternativement, dans la mélancolie et la joie, le silence et le hurlement, le crime gratuit et la ferveur religieuse. Partout l'homme est seul. Mais la solitude du Mexicain, sous la grande nuit de pierre de l'Altiplane peuplée pourtant de dieux insatiables, est différente de celle de l'Américain, égaré dans un monde abstrait de machines, de *citizens* et de préceptes moraux. Dans la Vallée de Mexico, l'homme se sent suspendu entre ciel et terre, il oscille entre des pouvoirs et des forces contraires, des yeux pétrifiés, des bouches qui dévorent. La réalité, c'est-à-dire le monde qui nous entoure, existe par elle-même, possède sa vie propre : elle n'a pas été inventée, comme aux États-Unis, par l'homme. Le Mexicain se sent arraché du sein de cette réalité à la fois créatrice et destructrice, Mère et Tombe. Il a oublié le nom, le mot qui le relie aux forces dans lesquelles se manifeste la vie. C'est la raison pour laquelle il crie et se tait, poignarde et prie, ou se jette dans un sommeil de cent ans.

L'histoire du Mexique est celle de l'homme qui cherche sa filiation, son origine. Successivement francisé, hispanisé ou indigénisé, *pocho* [1], il traverse l'histoire comme une comète de jade qui lance parfois des éclairs. Que poursuit-il dans sa course folle? Il va à la rencontre de sa catastrophe, il veut redevenir soleil, retrouver le centre vital dont il fut un jour — était-ce la Conquête, était-ce l'Indépendance? — exilé. Notre solitude a les mêmes racines que le sentiment religieux. Nous sommes orphelins, nous avons l'obscure conscience d'avoir été arrachés au Tout, et notre quête est ardente : fuite et retour, tentative pour rétablir les liens qui nous unissaient à la création.

1. On nomme *pochos* les Mexicains qui vivent dans le Sud des États-Unis et qui ont oublié ou, plus souvent, affectent d'avoir oublié, leur origine.

Rien de plus éloigné de ce sentiment que la solitude de l'Américain. Aux États-Unis, l'homme ne se sent jamais arraché du centre de la création, ni suspendu entre des forces ennemies. Le monde a été construit par lui, il est fait à son image : il est son miroir. Mais il ne se reconnaît pas plus dans ces objets inhumains qu'en ses semblables. Comme l'apprenti sorcier, ses créations ne lui obéissent plus. Il est seul parmi ses œuvres, perdu dans « un désert de miroirs », comme dit José Gorostiza.

Certains prétendent que les différences entre les Américains et nous, ne sont guère qu'économiques, c'est-à-dire qu'eux sont riches et nous, pauvres; qu'ils sont nés dans la Démocratie, le Capitalisme et la Révolution Industrielle, et nous, avec la Contre Réforme, le Monopole et le Féodalisme. Pour profonde et déterminante que soit l'influence du système de production dans l'élaboration de la culture, je me refuse à croire qu'il suffirait que nous possédions une industrie lourde et que nous vivions libres de tout impérialisme économique pour que disparaissent nos différences (bien que j'espère le contraire, et bien que je voie dans cette possibilité une des grandeurs de la Révolution). Cependant, à quoi bon chercher dans l'histoire une réponse que nous seuls pouvons donner? Puisque nous nous sentons nous-mêmes distincts, qu'est-ce donc qui nous rend différents, et en quoi consistent ces différences?

Je proposerai une réponse, qui n'est peut-être pas satisfaisante en tout. Elle me permettra du moins de tirer au clair le sens de quelques expériences, et j'admets volontiers qu'elle n'ait pas d'autre valeur que celle d'être une réponse personnelle à une préoccupation personnelle.

A mon arrivée aux États-Unis, ce qui m'étonna le plus était l'assurance et la confiance des gens, leur apparente gaieté, et leur apparent accord avec le monde qui les entoure. Cette satisfaction, bien sûr, n'empêche pas la critique — une critique courageuse et ouverte, moins fréquente dans les pays de l'Amérique Latine, où l'habitude des dictatures nous a rendus prudents dans l'expression de nos opinions. Mais cette critique respecte la structure du système, et ne descend jamais jusqu'à la racine. Je rappellerai ici la distinction d'Ortega y Gasset entre les us et les abus dans sa définition de « l'esprit révolutionnaire ». Le révolutionnaire est toujours radical, il ne cherche pas à corriger les abus, sinon les « us », les coutumes mêmes. Toutes les critiques que j'ai entendues de lèvres américaines avaient un caractère réformiste; elles laissaient intacte la structure sociale ou culturelle, et tendaient seulement à limiter ou à perfectionner tel ou tel de leurs effets. Il m'a paru alors que les États-Unis étaient une société qui voulait réaliser ses idéaux et ne désirait nullement les échanger contre d'autres et qui, pour menaçant que semblait alors l'avenir, restait persuadée qu'elle survivrait. Je ne voudrais pas demander ici si ce sentiment se trouve justifié par la réalité ou par la raison; j'en signale simplement l'existence. Cette confiance dans la bonté naturelle de la vie, dans l'infinie richesse de ses possibilités, il est certain qu'on ne la rencontre pas dans la littérature américaine de ces dernières années, laquelle, bien au contraire, se complaît dans la peinture d'un monde affreux; mais elle était visible dans la conduite, les paroles et jusque sur le visage des gens dont je parlais [1].

En outre, on m'avait entretenu du réalisme des Américains, et aussi de leur ingénuité, qualités, qui, semble-t-il, devraient s'exclure mutuellement. Pour nous, un réaliste est toujours un pessimiste. Et une personne ingénue ne peut le demeurer longtemps si elle regarde la vie en véritable réaliste. Aussi, ne serait-il pas plus juste de dire que les Américains désirent utiliser la réalité, plutôt que la connaître? Dans certains cas, comme par exemple la mort, non seulement ils n'en veulent rien savoir, mais visiblement, ils évitent son idée. J'ai rencontré quelques dames âgées qui conservaient leurs illusions, faisant

1. Ces lignes ont été écrites avant que l'opinion publique se rende compte du danger d'anéantissement universel qu'entraînent les armes nucléaires. Depuis, les Américains ont perdu leur optimisme, sans doute, mais non pas leur confiance, faite de résignation et d'obstination. En réalité, bien qu'on en parle ouvertement, personne ne croit, personne ne veut croire que la menace est réelle et immédiate.

des plans pour l'avenir comme s'il était inépuisable. Elles démentaient de la sorte telle phrase de Nietzsche qui condamnait les femmes à un précoce scepticisme, disant : « Si les hommes ont des idéaux, les femmes n'ont guère que des illusions. » Ainsi voyons-nous que le réalisme américain est d'une espèce toute particulière, et que son ingénuité n'exclut ni la dissimulation ni l'hypocrisie. Une hypocrisie qui, tout en étant un vice de caractère, est aussi une tendance de la pensée dans la mesure où elle nie tous les aspects de la réalité qui nous paraissent désagréables, irrationnels ou répugnants.

La contemplation de l'horreur, sa familiarité, la complaisance pour elle, constituent au contraire un des traits les plus notables du caractère mexicain. Les Christs sanglants des églises de village, l'humour macabre de certains titres de journaux, les *velorios,* ces repas funèbres, la coutume de manger le 2 novembre des gâteaux et des sucreries en forme d'os et de crânes, sont des habitudes héritées des Indiens et des Espagnols, inséparables de notre être. Notre culte de la mort est un culte de la vie, de la même façon que l'amour, qui est faim de vie, est désir de mort. Le goût de l'autodestruction ne vient pas seulement de tendances masochistes, mais aussi d'une certaine religiosité.

Nos différences ne se limitent pas là. Les Américains sont crédules, et nous sommes croyants; ils aiment les contes de fées et les histoires policières, et nous, les mythes et les légendes. Les Mexicains mentent par fantaisie, par désespoir ou pour surmonter leur vie sordide; eux ne mentent pas, mais substituent à la véritable vérité, qui est toujours désagréable, une vérité sociale. Nous nous enivrons pour nous confesser, et eux pour s'oublier. Ils sont optimistes : nous sommes nihilistes, même si notre nihilisme n'est pas intellectuel, mais plutôt une réaction instinctive, et donc irréfutable. Les Mexicains sont méfiants, et eux, ouverts. Nous sommes tristes et sarcastiques; eux, joyeux et pleins d'humour. Les Américains veulent comprendre, et nous, contempler. Ils sont actifs, et nous quiétistes; nous trouvons plaisir à nos plaies, et eux, à leurs inventions. Ils croient à l'hygiène, au travail, à la santé, au bonheur; mais peut-être ne connaissent-ils pas la joie véritable, qui est ivresse et vertige. Dans le vacarme de la nuit de fête, nos voix éclatent et étincellent, la vie et la mort se confondent; leur vitalité se pétrifie en un sourire; ils nient la vieillesse et la mort, et immobilisent la vie.

Quelle peut être la cause de tant d'attitudes contraires? Il me semble que le monde soit, pour les Américains, quelque chose qui peut être perfectionné; pour nous, quelque chose qui peut être rédimé. Ils sont modernes. Nous, comme leurs ancêtres puritains, nous croyons que le péché et la mort constituent le fond ultime de la nature humaine. Avec cette différence que le puritain identifiait pureté et salut. De là, l'ascétisme qui purifie, et ses conséquences : le culte du travail pour le travail, la vie sobre — pain et eau — l'inexistence du corps en tant que possibilité de se perdre, ou de se retrouver, dans un autre corps. Races, idées, coutumes, sont des corps étrangers qui portent en eux des germes de perdition et d'impureté. L'hygiène sociale complète celle de l'âme et celle du corps. En revanche, les Mexicains, anciens et modernes, croient en la communion et en la fête; il n'y a pas de salut sans contact. Tlazolteotl, la déesse aztèque de l'immondice et de la fécondité, des humeurs terrestres et humaines, était aussi la déesse des bains de vapeur, de l'amour sexuel et de la confession. Et nous n'avons guère changé : le catholicisme aussi est communion.

Ces deux attitudes me paraissent irréconciliables, et, dans leur état actuel, insuffisantes. Ce serait un mensonge de dire que j'ai vu le sentiment de culpabilité se transformer en quelque chose qui ne soit pas la rancœur, le désespoir solitaire, ou l'idolâtrie aveugle. La religiosité de notre peuple est très profonde, de même que son immense misère et son désarroi, mais toute sa ferveur ne sert qu'à pousser une noria épuisée depuis des siècles. Et je ne mentirais pas moins si je disais que je crois en la fécondité d'une société fondée sur certains principes modernes. L'histoire contemporaine réfute la croyance en l'homme, créature susceptible d'être modifiée dans son essence par n'importe quel instrument pédagogique ou social. L'homme n'est pas uniquement un fruit de l'histoire, ou des forces qui jouent en lui, comme on le prétend aujourd'hui; et l'histoire n'est pas non plus le résultat de la seule volonté humaine — présomption sur laquelle est implicitement fondé le système de vie américain. L'homme, à mon sens, n'est pas dans l'histoire : il est l'histoire.

Ce système américain ne veut considérer que la partie positive de la réalité. Dès l'enfance, les hommes et les femmes sont soumis à un inexorable processus d'adaptation; certains principes, enfermés dans des formules brèves, sont repris sans trève par la presse, la radio, les églises, les écoles et ces êtres débonnaires et sinistres que sont les mères et les épouses américaines. Prisonniers dans ces schémas, comme la plante dans son pot qui l'étouffe, l'homme et la femme ne sauraient se développer et mûrir. De semblables conditions doivent fatalement provoquer les révoltes individuelles les plus violentes. La spontanéité se venge de mille façons, subtiles ou terribles. Le masque bienveillant et poli, désert aussi, qu'on substitue à la mobilité dramatique du visage humain, et le sourire qui le fige presque douloureusement, montrent jusqu'à quel point l'intimité peut être dévastée par l'aride victoire des principes sur les instincts. Le sadisme sous-jacent, qu'on trouve dans presque toutes les formes de relations de la société américaine, n'est peut-être finalement qu'une manière d'échapper à la pétrification qu'impose la morale de la pureté ascétique. De même, les religions nouvelles, les sectes, ou l'ivresse qui libère et ouvre les portes de « la vie ». On est surpris par la signification presque physiologique et destructive de ce mot. Vivre veut dire : se dépasser, rompre les normes, aller jusqu'au bout (de quoi?), « trouver de nouvelles sensations ». Faire l'amour est une « expérience » (et par là même, unilatérale et frustrée). Mais le propos de ces lignes n'est pas de décrire de semblables réactions. Contentons-nous de dire qu'elles sont révélatrices, comme les réactions opposées des Mexicains, de notre incapacité partagée de nous réconcilier avec le flux de la vie.

Un examen des grands mythes humains relatifs à l'origine de l'espèce et au sens de notre présence sur terre révèle que toute culture — en tant que création de valeurs et participation commune à ces valeurs — part de la conviction que l'ordre de l'Univers a été interrompu ou violé par l'homme, cet intrus. Par le « vide » ou l'ouverture de la blessure que l'homme a infligée dans la chair compacte du monde, le chaos pourrait bien de nouveau pénétrer le chaos qui est l'état originel et pour ainsi dire *naturel* de la vie. Le retour de « l'antique Discorde originelle » est une menace qui a obsédé les consciences de tout temps. Hölderlin exprime dans maints poèmes la terreur devant la fatale séduction qu'exerce sur l'Univers et sur l'homme la grande bouche vide du chaos :

> *Ah, hors du bon chemin,*
> *comme des chevaux furieux, se précipitent les Eléments*
> *enchaînés et les antiques*
> *Lois de la Terre. Et un désir de revenir à l'informe*
> *sans cesse se fait jour. Il y a tant*
> *à défendre ! Il faut être fidèle* [1].

Il faut être fidèle parce qu'*il y a tant à défendre*. L'homme collabore activement à la défense de l'ordre universel, sans cesser d'être menacé par l'informe. Et quand celui-ci s'écroule, il doit en créer un nouveau, le sien. Mais l'exil, l'expiation et la pénitence précèdent toujours la réconciliation de l'homme avec l'univers. Ni les Mexicains, ni les Américains n'ont réussi cette réconciliation. Et ce qui est plus grave, je crains que nous n'ayons perdu le sens même de toute activité humaine : assurer un ordre dans lequel coïncident conscience et innocence, l'homme et la nature. Si la solitude du Mexicain est celle de l'eau stagnante, la solitude de l'Américain est celle du miroir. Nous avons cessé d'être des sources.

Il est possible que ce que nous appelons le péché soit l'expression mythique de la conscience de nous-mêmes, de notre soli-

1. Les Fruits mûrs.

tude. Je me souviens avoir eu, en Espagne, durant la guerre civile, la révélation d'un « autre homme » et d'une autre forme de solitude : ni fermée, ni machinale, mais ouverte à la transcendance. Sans doute, la proximité de la mort et la fraternité des armes produisent de tous temps et en tous pays, une atmosphère propice à l'extraordinaire, à tout ce qui dépasse la condition humaine et rompt l'*aura* de solitude qui entoure chaque homme. Mais dans ces visages — obtus, obstinés, voire grossiers, pareils à ceux que, sans complaisance et avec un réalisme parfois appuyé, la peinture espagnole nous a montrés — il y avait quelque chose comme un désespoir plein d'espérance, quelque chose de très concret et d'universel à la fois. Depuis je n'ai plus jamais vu de semblables visages.

Mon témoignage peut paraître illusoire. Mais je ne m'arrêterai pas à cette objection : tout ceci fait déjà partie de mon être. J'ai pensé alors, et je continue de penser, qu'en ces hommes il y avait l'aurore d'un « autre homme ». Le songe espagnol — non pas seulement pour être espagnol, mais pour être universel, et songe concret parce que songe de chair et de sang, et d'yeux étonnés — fut ensuite brisé et souillé. Et les visages que j'ai vus sont redevenus ce qu'ils étaient avant que cette confiance d'aurore (aurore de la vie ou de la mort ?) se fût emparée d'eux : des visages humbles et rudes. Maintenant, leur souvenir ne me quittera plus. Qui a vu l'Espoir ne l'oublie jamais, et le cherche sous tous les cieux et chez tous les hommes, et rêve qu'un jour il le rencontrera à nouveau, il ne sait où, peut-être chez les siens. Chaque homme recèle la possibilité d'être, ou plus exactement, d'être à nouveau, un autre homme.

II

MASQUES MEXICAINS

Vieillard ou adolescent, créole ou métis, général, ouvrier ou universitaire, le Mexicain me semble un être qui se replie sur lui-même et se préserve : masque, son visage et masque, son sourire. Dressé dans sa solitude sauvage, revêche et courtois à la fois, tout lui est bon pour se préserver : le silence et la parole, la courtoisie et le mépris, l'ironie et la résignation. Aussi jaloux de son intimité que de celle des autres, il n'osera pas même lever les yeux sur le voisin : un regard peut déchaîner la colère de ces âmes chargées d'électricité. Il traverse la vie comme écorché ; tout peut le blesser, les paroles et les soupçons de paroles. Son langage est plein de réticences, de figures et d'allusions, de points de suspension : il y a dans son silence des repliements, des nuances, des nuées, d'inattendus arcs-en-ciel, d'indéchiffrables menaces. Pris dans une querelle, il préfère l'expression voilée à l'injure : « A bon entendeur salut ». En somme, entre la réalité et sa personne, il établit une muraille qui, pour être invisible n'en est pas moins infranchissable, une muraille d'impassibilité et de distance. Le Mexicain est toujours loin, loin du monde et des autres. Loin, aussi, de lui-même.

Le langage populaire reflète jusqu'à quel point nous nous préservons de l'extérieur : l'idéal de la « virilité » consiste à ne jamais « se fissurer ». Ceux qui « s'ouvrent » sont des couards. Pour nous, et contrairement à ce qui en est pour d'autres peuples, s'ouvrir est une faiblesse et une trahison. Le Mexicain peut se courber, s'humilier, « se tapir » mais non « se fissurer », c'est-à-dire, permettre que le monde extérieur pénètre dans son intimité. Nulle confiance en quelqu'un de « fissuré », c'est un traître ou un homme d'une fidélité douteuse, qui raconte les secrets et qui est incapable d'affronter les dangers comme il se doit. Les femmes sont des êtres inférieurs parce qu'en se donnant, elles s'ouvrent. Leur infériorité est constitutionnelle, et vient de leur sexe, de leur « fissure », blessure qui jamais ne se cicatrisera.

L'hermétisme est un recours de notre défiance et de notre crainte. C'est la preuve aussi qu'instinctivement nous trouvons dangereux tout ce qui nous entoure. Cette réaction se justifie si on pense à ce qu'a été notre histoire, et au caractère de la société que nous avons créée. La dureté et l'hostilité du milieu — et ce qui flotte dans l'air et qui est menaçant, caché, indéfinissable — nous forcent à nous fermer à l'extérieur, comme ces plantes des plateaux qui accumulent leur sève derrière une enveloppe épineuse. Mais cette conduite, légitime à l'origine, s'est transformée en un mécanisme qui fonctionne seul, automatiquement. A la sympathie et à la douceur, notre réponse est la réserve, parce que nous ne savons si ces sentiments sont véritables ou simulés. Et c'est aussi que notre intégrité masculine court autant de dangers devant la bienveillance que devant l'hostilité. Chaque ouverture de notre être entraîne une démission de notre virilité.

Nos relations avec les autres hommes aussi sont colorées de méfiance. Chaque fois que le Mexicain se confie à un ami ou à une connaissance, chaque fois qu'il « s'ouvre », il abdique. Et il craint que le mépris du confident ne suive sa révélation. C'est pourquoi elles déshonore, et qu'elle est aussi dangereuse pour celui qui la fait que pour celui qui l'écoute; nous ne nous penchons pas sur l'eau qui nous reflète, comme Narcisse, mais nous l'obscurcissons. Notre colère ne se nourrit pas tant de la crainte d'être utilisés par nos confidents — crainte générale à tous les hommes — mais de la honte d'avoir renoncé à notre solitude. Celui qui se confie s'aliène. « Je me suis vendu à n'importe qui », disons-nous, lorsque nous nous sommes confiés à quelqu'un qui ne le méritait pas. C'est-à-dire que nous sommes « fissurés »; quelqu'un a pénétré dans le château fort. La distance entre hommes, créée par le respect mutuel et la mutuelle sécurité, a disparu. Nous sommes à la merci de l'intrus et nous avons abdiqué.

Toutes ces expressions montrent que le Mexicain considère la vie comme une lutte, conception qui ne le distingue pas du reste des hommes modernes. L'idéal de « virilité » pour les autres peuples consiste en une disposition au combat ouverte et agressive; nous, nous accentuons le caractère défensif, prêts à repousser l'attaque. Le « mâle » est un être hermétique, fermé sur lui-même, capable de se garder, et de garder ce qu'on lui confie. La virilité se mesure à l'invulnérabilité devant les armes ennemies et les assauts du monde extérieur. Le stoïcisme est la plus haute de nos vertus guerrières et politiques. Notre histoire est pleine de phrases et d'épisodes qui révèlent l'indifférence de nos héros devant la douleur et le danger. Dès l'enfance, on nous apprend à supporter les défaites avec dignité, conception qui ne manque pas de grandeur. Et si nous ne sommes pas tous stoïques et impassibles — comme Juárez et Cuauhtémoc — nous cherchons au moins à être résignés, patients, endurants. La résignation est l'une de nos vertus populaires. Plus que la gloire des victoires, nous touche la fermeté dans l'adversité.

La prééminence du fermé sur l'ouvert ne se manifeste pas seulement comme impassibilité et méfiance, ironie et soupçon, mais aussi comme amour de la Forme. Elle contient et délimite l'intimité, prévient ses excès, réprime ses explosions, la sépare et l'isole; la préserve. La double influence indigène et espagnole se conjugue dans notre prédilection pour la cérémonie, les formules et l'ordre. Le Mexicain, à l'encontre de ce que laisse supposer une interprétation superficielle de notre histoire, aspire à créer un monde ordonné, conforme à des principes clairs. L'agitation et la colère de nos luttes politiques prouvent jusqu'à quel point les notions juridiques jouent un rôle important dans notre vie publique. Et dans celle de tous les jours, le Mexicain est un homme qui s'efforce d'être formel, et se transforme très facilement en formaliste. C'est très explicable. L'ordre — juridique, social, religieux et artistique — constitue une sphère de stabilité et de sûreté. Le Mexicain se satisfait des principes qui règlent la vie, et s'ajuste aux modèles; personne, pour se manifester, n'a besoin de recourir à la continuelle invention qu'exige une société libre. Peut-être notre traditionalisme — l'une des constantes de notre être et ce qui donne cohérence et antiquité à notre peuple — vient-il de l'amour que nous professons pour la Forme.

Les complications rituelles de la politesse, la persistance de l'humanisme classique, le goût pour les formes strictes dans la poésie (le sonnet et le dizain, par exemple), notre attirance pour la géométrie dans les arts décoratifs, pour le dessin et la composition dans la peinture, la pauvreté de notre Romantisme par rapport à l'excellence de notre art baroque, le formalisme de nos institutions politiques, enfin la dangereuse inclination que nous montrons pour les formules — sociales, morales et bureaucratiques — sont autant d'expressions de cette tendance qui nous est propre. Le Mexicain non seulement ne s'ouvre pas : il aime la retenue.

Parfois, les formes nous étouffent. Au siècle passé, les Libéraux ont vainement essayé de soumettre la réalité à la camisole de force de la Constitution de 1857. Les résultats en furent la dictature de Porfirio Diaz et la Révolution de 1910. En un certain sens, l'histoire du Mexique, comme celle de chaque Mexicain, consiste dans la lutte des formes et des formules par lesquelles on prétend emprisonner notre être, et des explosions par lesquelles notre spontanéité se venge. Très rarement, la Forme a été une création originale, un équilibre atteint, non pas aux dépens, mais grâce à l'expression de nos instincts et de nos désirs. Nos formes juridiques et morales, par contre, mutilent fréquemment notre être et nous empêchent de nous exprimer, frustrant nos appétits les plus vitaux.

La préférence pour la Forme, même vide de contenu, se

manifeste tout au long de l'histoire de notre art, depuis l'époque précortésienne jusqu'à nos jours. Antonio Castro Leal, dans son excellente étude sur Juan Ruiz de Alarcon [1], montre comment la méfiance envers le romantisme — qui est, par définition, expansif et ouvert — s'exprimait déjà au XVIIe siècle, c'est-à-dire avant même que nous eussions une conscience nationale. Les contemporains d'Alarcon avaient raison de l'accuser d'extravagance, même s'ils pensaient plus à la difformité de son corps qu'à la singularité de son œuvre. En effet, ce qu'il y a de plus caractéristique dans son théâtre est la négation même de ses contemporains espagnols, et contient, finalement, la négation que le Mexique a toujours opposée à l'Espagne. Le théâtre d'Alarcon est une réponse à la vitalité espagnole, affirmative et éblouissante à cette époque, et qui s'exprimait par un grand Oui à l'histoire et aux passions. Lope de Vega exalte l'amour, l'héroïsme, le surhumain, l'incroyable; à ces vertus démesurées Alarcon en oppose d'autres qui sont plus subtiles et plus bourgeoises : la dignité, la courtoisie, un stoïcisme mélancolique, une pudeur souriante. Les problèmes moraux intéressent fort peu Lope, qui aime l'action comme tous ses contemporains. Plus tard, Calderon montrera le même dédain pour la psychologie; conflits moraux et oscillations, chutes et revirements de l'âme humaine ne sont que des métaphores qui laissent transparaître un drame théologique dont les deux protagonistes sont le péché originel et la grâce divine. Dans les comédies les plus représentatives d'Alarcon, par contre, le ciel compte peu, pas plus que le vent de passion qui emporte les personnages de Lope. L'homme, nous dit le Mexicain, est un composé, et dans son âme se mélangent subtilement mal et bien. Au lieu de procéder par synthèse, il utilise l'analyse : le héros devient un problème. Dans plusieurs comédies, la question du mensonge est posée : jusqu'à quel point le menteur ment-il véritablement, jusqu'à quel point cherche-t-il à tromper ?

1. Dramaturge hispano-mexicain (1581-1639) contemporain et rival de Lope de Vega. Il exerça une grande influence sur plusieurs poètes dramatiques français et notamment sur Corneille.

N'est-il pas la première victime de ses tromperies, n'est-ce pas lui-même qu'il trompe? Le menteur ment à lui-même : il a peur de lui-même. Posant le problème de l'authenticité, Alarcon annonce l'un des thèmes constants de réflexion du Mexicain, que reprendra plus tard Rodolfo Usigli dans *El Gesticulador*.

Dans le monde d'Alarcon, ne triomphent ni la passion, ni la Grâce; tout y est soumis au raisonnable; les archétypes sont ceux de la morale qui sourit et pardonne. En substituant aux romantiques valeurs de vie de Lope les abstractions d'une morale universelle et raisonnable, Alarcon ne cherche-t-il pas à s'évader, à nous escamoter son propre être? Sa négation, comme celle de tout le Mexique, ne veut pas affirmer notre singularité en face des Espagnols. Les valeurs que choisit Alarcon appartiennent à tous les hommes et sont un héritage gréco-romain, tout autant qu'elles prophétisent la morale que le monde bourgeois imposera. Elles n'expriment nullement notre spontanéité, pas plus qu'elles n'apportent de solution à nos conflits. Ce sont des Formes que nous n'avons ni créées ni supportées : des masques. Et il faudra attendre notre époque pour que nous soyons capables d'opposer au Oui espagnol un Oui mexicain, et non pas une simple affirmation intellectuelle, vide de nos particularités. La Révolution Mexicaine, en découvrant les arts populaires, est à l'origine de la peinture moderne des Rivera et Orozco; en découvrant le langage des Mexicains, elle a créé de même la nouvelle poésie.

Si, en politique et en art, le Mexicain aspire à créer des mondes fermés, dans la sphère des relations quotidiennes il veut que dominent la pudeur, la réserve et la cérémonie. La pudeur, qui naît de la honte devant sa propre nudité ou celle d'autrui, est un réflexe presque physique chez nous. Rien de plus étranger à cette attitude que la peur du corps, caractéristique de la vie américaine. Notre corps ne nous fait ni peur ni honte; nous l'affrontons naturellement et nous le vivons avec une certaine plénitude, à l'inverse de ce qui se passe pour les Puritains. Le corps existe, pour nous; il donne un poids et des limites à notre être. Nous en souffrons et nous en jouissons; ce n'est pas un vêtement que nous avons l'habitude d'habiter, ni rien d'étranger à nous : nous sommes notre corps. Et si les regards des autres nous attaquent, c'est que le corps ne cache pas notre intimité. La pudeur, dans ces conditions, a un caractère défensif, comme ce rideau de cactus épineux qui sépare entre elles les fermes des paysans à la campagne. Aussi, la vertu que nous estimons le plus chez les femmes est-elle la modestie, et chez les hommes, la réserve. Et ces vertus doivent défendre l'intimité.

Sans doute, la vanité masculine intervient-elle dans notre conception de la modestie féminine, vanité héritée des Indiens et des Espagnols. Ainsi que presque tous les peuples, les Mexicains considèrent la femme comme un instrument soit des désirs de l'homme, soit des fins que lui assignent la loi, la société ou la morale. Sur ces fins, il convient de le dire, on ne lui a jamais demandé son opinion, son consentement; et elle ne participe à leur réalisation que passivement, en tant que « dépositaire » de certaines valeurs. Prostituée, déesse, grande dame, amante, la femme transmet ou conserve, mais ne crée pas les valeurs ou les énergies que lui confient la nature ou la société. Dans un monde fait à l'image des hommes, la femme n'est qu'un reflet de la volonté et du désir masculins. Passive, elle devient déesse, amante, l'être qui incarne les éléments stables et antiques de l'univers : la Terre mère et vierge; active, elle est toujours fonction, moyen, canal. La féminité n'est jamais une fin en soi, comme il arrive avec la virilité.

Dans d'autres pays, ces fonctions s'accomplissent au grand jour, avec éclat. Certains révèrent les prostituées et les vierges; d'autres couronnent les mères; presque partout, on révère et on adule la grande dame. Nous, nous préférons cacher ces grâces et ces vertus. Le secret doit accompagner la femme. Mais la femme ne doit pas seulement se cacher : il faut qu'elle s'offre au monde extérieur avec une impassibilité souriante. Devant les jeux de l'amour, elle doit être « décente »; devant ceux de l'adversité, résignée. Dans l'un et l'autre cas, sa réponse ne saurait être instinctive ou personnelle : mais conforme à un modèle. Et ce modèle, comme dans le cas du « mâle », souligne plutôt les traits défensifs et passifs : gamme qui va de la pudeur et de la « décence » au stoïcisme, à la résignation et à l'impassibilité.

L'héritage arabo-espagnol n'explique pas entièrement cette attitude. La conduite des Espagnols envers les femmes est plus simple; on la trouve exprimée, avec brutalité et concision, dans ces deux dictons : « La femme à la maison, la patte cassée » et « Entre saint et sainte, mur de chaux et de pierre ». La femme est une bête domestique, luxurieuse, pécheresse de naissance, qu'il faut dompter avec le bâton et conduire avec « le frein de la religion ». On comprend dès lors que maint Espagnol considère les étrangères — surtout si elles sont de race et de religion différentes — comme des proies faciles. Pour les Mexicains, la femme est un être obscur, secret et passif. Ils ne lui attribuent pas de mauvais instincts, ils ne prétendent même pas qu'elle en ait. Ou, si l'on préfère, ces instincts sont ceux de l'espèce. La femme incarne la volonté de vivre qui est par essence impersonnelle : de là vient sa carence de vie personnelle. Etre elle-même, maîtresse de ses désirs, de ses passions ou de ses caprices revient à être infidèle à elle-même. En un sens plus libre et plus païen que l'Espagnol — en tant qu'héritier des grandes religions naturalistes précolombiennes — le Mexicain ne condamne pas le monde naturel. Quant à l'amour sexuel, il n'a pas ce parfum d'horreur et de deuil qu'il a en Espagne. Le danger ne réside pas dans l'instinct mais dans la tentation de l'assumer personnellement. Ici réapparaît l'idée de passivité : couchée ou debout, nue ou habillée, la femme n'est jamais elle-même. Manifestation impersonnelle de la vie, elle est le canal de l'appétit cosmique. Elle n'a pas de désirs propres.

Les Américaines proclament, elles aussi, l'absence d'instincts ou de désirs, mais pour une raison différente, sinon opposée. L'Américaine cache ou renie certaines parties de son corps et, plus souvent encore, certaines parties de son âme. Celles-ci sont immorales et par conséquent n'existent pas. Ainsi faisant, l'Américaine réprime sa spontanéité. La Mexicaine, plus simplement, n'a pas de volonté. Son corps est endormi et ne brille que si quelqu'un l'éveille. Il n'est jamais demande, mais réponse, matière facile et vibrante que pétrissent l'imagination et la sensualité de l'homme. A l'activité déployée par les autres femmes qui cherchent à retenir l'homme par l'agilité de leur esprit ou les mouvements de leur corps, la Mexicaine oppose un certain hiératisme, une quiétude faite à la fois d'attente et de dédain. L'homme voltige autour d'elle, la fête et la chante, et fait caracoler ses chevaux ou son imagination. Elle se voile de sa réserve et de son immobilité. C'est une idole. Comme toutes les idoles, elle émane à volonté des forces magnétiques, dont l'efficience et le pouvoir croissent à mesure que le foyer émetteur se fait passif et plus secret. Analogie cosmique : la femme ne cherche pas, elle attire. Et son centre d'attraction est son sexe, caché, passif. Immobile soleil secret.

Cette conception — bien erronée quand on réfléchit que la Mexicaine est aussi sensible et inquiète — fait d'elle un pur objet, une chose. La Mexicaine, comme toutes les autres femmes, est un symbole de la continuité et de la stabilité de la race. A sa signification cosmique s'ajoute sa signification sociale : dans la vie quotidienne, sa fonction est de faire régner la loi et l'ordre, la piété et la douceur. Nous veillons tous à ce que personne « ne manque de respect aux femmes », notion universelle sans doute, mais qui a été portée au Mexique à ses ultimes conséquences. Grâce à elle, bien des aspérités dans nos relations « d'homme à homme » ont été adoucies. Naturellement, il conviendrait de demander aux Mexicaines leur opinion; ce respect, parfois, est une façon hypocrite de les tenir en dépendance, d'empêcher qu'elles ne s'expriment. Et maintes d'entre elles préféreraient peut-être se voir traitées avec moins de « respect » (qu'on ne leur témoigne, d'ailleurs, qu'en public) et avec plus de liberté et d'authenticité. C'est-à-dire, comme des êtres humains et non comme des symboles ou des fonctions. Pourtant, comment consentir qu'elles s'expriment alors que toute notre vie tend à se paralyser en un masque qui cache notre intimité ?

Ni leur modestie ni la vigilance sociale ne rendent la femme invulnérable. Aussi bien par la fatalité de son anatomie « ouverte » que par sa situation dans la société — dépositaire de l'honneur, à l'espagnole — elle reste exposée à toute une série de dangers contre lesquels la morale personnelle ou la protection masculine sont impuissantes. Le mal est enraciné en elle : elle est, par nature, un être « fissuré », ouvert. Toutefois, en vertu d'un mécanisme de compensation facilement explicable, elle érige en vertu sa faiblesse originelle et crée le mythe de la « douloureuse femme mexicaine ». L'idole — toujours vulnérable et sur le point de se convertir en être humain — se transforme en victime, en victime endurcie et insensible à la souffrance, rendue muette à force de souffrir. (Une personne « douloureuse » est moins sensible à la douleur que celles qui ne connaissent pas l'adversité.) Et grâce à la souffrance, les femmes deviennent, tout comme les hommes, invulnérables, impassibles et stoïques.

On peut penser qu'en transformant en vertu quelque chose qui devrait être un motif de honte, nous ne cherchons qu'à décharger notre conscience et à recouvrir d'une image une réalité atroce. Et c'est bien vrai; mais aussi, en attribuant à la femme cette même invulnérabilité à laquelle nous aspirons, nous accordons comme une immunité morale à sa fatalité anatomique, ouverte à l'extérieur. Grâce à la souffrance, grâce à sa capacité de lui résister sans protester, la femme transcende sa condition et acquiert les mêmes attributs que l'homme.

Il est curieux de signaler que l'image de la « mauvaise femme » s'accompagne toujours de l'idée d'activité. A l'inverse de la « mère qui pardonne », de la « fiancée qui attend » et de l'idole fermée, êtres statiques, la « femme mauvaise » va et vient, cherche les hommes, les abandonne. Et par un mécanisme analogue, cette extrême mobilité la rend invulnérable. Activité et impudicité se mélangent en elle, et finissent par pétrifier son âme. La « mauvaise femme » est dure, impie, indépendante tout comme le « mâle ». Par une voie différente, elle transcende, elle aussi, sa physiologie et se ferme au monde.

Il est significatif, d'autre part, que l'homosexualité masculine soit considérée avec une certaine indulgence, du moins en ce qui concerne l'agent actif. Le passif, au contraire, est un être dégradé et abject. Le jeu des *albures* — ce combat verbal fait d'allusions obscènes à double sens et qui se pratique si couramment à Mexico — laisse transparaître cette conception ambiguë. Chaque partenaire, par des pièges de langage et d'ingénieuses combinaisons verbales, essaye de vaincre son adversaire ; et le vaincu est celui qui ne trouve plus rien à répondre, qui doit avaler les paroles de son ennemi. Or, ces paroles sont tissées d'allusions sexuelles agressives : le perdant est possédé, violé par l'autre. Il est la risée des spectateurs et l'objet de leurs plaisanteries. Autrement dit, l'homosexualité masculine est tolérée, à condition qu'il s'agisse du viol du partenaire passif. Comme dans le cas des relations hétéro-sexuelles, ce qui importe, c'est de ne pas « s'ouvrir » et simultanément de « fissurer », de blesser l'autre.

Il me semble que toutes ces attitudes, pour différentes que soient leurs racines, confirment le caractère « fermé » de nos réactions devant le monde et nos semblables. Mais les mécanismes de préservation et de défense ne nous suffisent pas. La simulation qui n'ajoute pas à notre passivité, mais qui exige au contraire une invention active et qui se recrée elle-même à chaque instant, est l'une de nos formes de conduite habituelles. Nous mentons par plaisir et par fantaisie, certes, comme tous les peuples imaginatifs, mais aussi pour nous cacher et nous mettre à l'abri des intrus. Le mensonge a une importance décisive dans notre vie quotidienne, en politique, en amour, dans l'amitié. Par lui, nous ne cherchons pas à tromper les autres, mais nous-mêmes. De là sa fertilité et ce qui distingue nos mensonges des grossières inventions des autres peuples. Le mensonge est un jeu tragique où nous risquons notre être. C'est pourquoi il est stérile de le dénoncer.

Le simulateur prétend être celui qu'il n'est pas. Son activité réclame une constante improvisation : aller toujours de l'avant, entre des sables mouvants. A chaque instant il faut refaire, recréer, modifier le personnage que nous jouons jusqu'à ce que la réalité et l'apparence, le mensonge et la vérité se confondent. De tissu d'inventions pour aveugler son prochain, la simulation devient une forme supérieure, presque artistique, de la réalité. Nos mensonges reflètent en même temps nos manques et nos appétits, qui nous sommes et qui nous désirons être. Simulant, nous nous approchons de notre modèle...

Si, par le chemin du mensonge, nous pouvons atteindre à l'authenticité, un excès de sincérité peut nous conduire à des formes raffinées de mensonge. Quand nous aimons, nous nous « ouvrons », nous montrons notre intimité, puisqu'une vieille tradition veut que celui qui souffre d'amour montre ses blessures à celle qu'il aime. Mais en découvrant ses plaies d'amour, l'amoureux transforme son être en une image, en un objet qui se livre à la contemplation de la femme — et de lui-même! En se montrant, on demande d'être contemplé des mêmes yeux pitoyables avec lesquels on se contemple soi-même. Le regard d'autrui ne nous met pas à nu, il nous recouvre de pitié. En se donnant en spectacle et en prétendant qu'on est regardé avec ces mêmes yeux avec lesquels on se voit, on s'évade du jeu érotique, on élide son être véritable, et on lui substitue son image. On dérobe son intimité, qui se réfugie dans les yeux, ces yeux qui ne sont plus que contemplation et pitié de soi. On devient sa propre image, et le regard qui la contemple.

En tout temps et sous tous les climats, les relations humaines — et surtout amoureuses — courent le risque de devenir équivoques. Narcissisme et masochisme ne sont pas des tendances exclusives au Mexicain. Pourtant remarquable est la fréquence avec laquelle les chansons et refrains populaires font allusion à un amour qui n'est que fausseté et mensonge. Presque toujours, nous éludons les risques d'une relation nue, par l'exagération, sincère à l'origine, de nos sentiments. Il existe un fait révélateur : chez nous, le caractère combatif de l'érotisme s'accentue et s'exaspère. L'amour est une tentative de pénétrer dans un autre être, mais qui ne peut se réaliser qu'à condition que l'abandon soit réciproque. Cet abandon de soi-même est toujours difficile; rares sont ceux qui parviennent à coïncider dans l'abandon et, plus rares encore, ceux-là qui savent dépasser cet état possessif et jouir de l'amour en ce qu'il est réellement : une découverte ininterrompue, une immersion dans les eaux de la réalité et une recréation constante. Nous concevons l'amour comme une conquête et comme une lutte. Il n'est pas tant question de pénétrer la réalité au-delà d'un corps, que de la violer. C'est pourquoi l'image de l'amant infortuné — héritage, peut-être, du Don Juan espagnol — se confond avec celle de l'homme qui se sert de ses sentiments, réels ou inventés, pour obtenir la femme.

La simulation est une activité semblable à celle de l'acteur, et peut s'exprimer en autant de formes que nous imaginons de personnages. Mais l'acteur, s'il l'est vraiment, s'intègre à son personnage et l'incarne pleinement, bien qu'ensuite, la représentation terminée, il l'abandonne comme le serpent, sa peau. Le simulateur, jamais ne se donne ni ne s'oublie lui-même, car il cesserait de simuler s'il se confondait avec son image. Cette fiction devient en même temps une part inséparable et contrefaite de son être : il est condamné à jouer toute sa vie, parce qu'entre son personnage et lui s'est établie une complicité que rien ne peut interrompre, excepté la mort et le sacrifice. Le mensonge s'installe en son être, et devient le fond ultime de sa personnalité.

Simuler, c'est inventer, ou mieux, feindre, éluder notre condition. La dissimulation exige plus de subtilité : qui dissimule ne joue pas, mais veut se rendre invisible, passer inaperçu, sans renoncer toutefois à son être. Le Mexicain excelle dans la dissimulation de ses passions et de lui-même. Redoutant le regard de l'autre, il se rétracte, se replie, se fait ombre, fantôme, écho. Il ne marche pas, il se faufile; il ne propose pas, il insinue; il ne réplique pas, il grogne; il ne se plaint pas, il sourit; même quand il chante — à moins qu'il n'éclate et déchire ses vêtements — il le fait entre les dents, à mi-voix, dissimulant sa chanson :

Et si forte est la tyrannie
de cette dissimulation
que mon regard est défi
et ma voix résignation.

La dissimulation date peut-être de la période coloniale. Les Indiens et les métis devaient alors, comme dans le poème de Reyes, chanter tout bas « parce que les paroles de révolte ne s'entendent pas si bien, entre les dents ». Le monde colonial a disparu, mais non la peur, la méfiance, le soupçon. Et nous en sommes venus à dissimuler aussi bien notre colère que notre tendresse. Pour demander pardon, les gens de la campagne disent d'habitude : « *Dissimulez, Señor.* » Et nous dissimulons. Nous le faisons avec tant d'ardeur que nous n'existons pour ainsi dire plus.

Dans ses formes radicales, la dissimulation conduit au mimétisme. L'Indien se fond avec le paysage, se confond avec le mur blanc sur lequel il s'appuie le soir, avec le sol foncé sur lequel il s'étend à midi, avec le silence qui l'entoure. Il dissimule si bien sa singularité humaine qu'il finit par l'abolir; il devient pierre, *pirù,* mur, silence : espace. Cela ne signifie pas qu'il communie avec le Tout, d'une façon panthéiste, ni que, dans un arbre, il appréhende tous les arbres : il s'agit effectivement d'une manière concrète et particulière de se confondre avec un objet déterminé.

Roger Caillois observe que le mimétisme n'implique pas toujours une tentative de protection contre les menaces virtuelles qui pullulent dans le monde extérieur. Parfois, les insectes « font les morts » ou bien imitent les formes de la matière en décomposition, fascinés par la mort, par l'inertie de l'espace. Cette fascination — force de pesanteur, aimerais-je dire, de la vie — est commune à tous les êtres; et ce qui s'exprime par le mimétisme montre bien que nous devons le considérer exclusivement comme une manœuvre de l'instinct de vie pour échapper au danger et à la mort.

Défense contre l'extérieur et fascination devant la mort, le mimétisme ne consiste pas tant à changer de nature que d'apparence. Il est révélateur que l'apparence choisie soit celle de la mort, ou de l'espace inerte, en repos. S'épandre, se confondre avec l'espace est une manière de se refuser aux apparences, mais aussi une manière de n'être qu'Apparence. L'horreur du Mexicain pour les apparences est aussi grande que la passion que montrent pour elles ses démagogues et ses politiciens. Aussi dissimule-t-il sa propre existence jusqu'à se confondre avec les objets qui l'entourent. Par crainte des apparences, il n'est plus qu'Apparence. Il feint d'être autre chose; il préfère même l'apparence de la mort et du non-être, à l'ouverture de son intimité et à l'échange. La dissimulation mimétique est, finalement, l'une des nombreuses manifestations de notre hermétisme. Alors que l'homme des gestes recourt au déguisement, nous préférons passer inaperçus. Mais nous cachons notre être dans l'un et l'autre cas. Je me souviens qu'un soir, alors que j'entendais un léger bruit dans la chambre voisine de la mienne, je demandai à haute voix : « Qui est là ? » Et la voix d'une bonne, récemment arrivée de sa campagne, me répondit : « Personne, Monsieur, c'est moi. »

Non seulement nous nous dissimulons pour nous-mêmes et nous nous faisons transparents, comme fantomatiques, mais aussi nous dissimulons l'existence de nos semblables. Je ne veux pas dire que nous les ignorions ou que nous faisions comme s'ils n'existaient pas, attitudes délibérées et orgueilleuses. Nous les dissimulons de façon plus définitive et plus radicale : nous les dépersonnalisons. La dépersonnalisation est une opération qui consiste à faire de Quelqu'un Personne. Le néant s'individualise soudain, prend un corps et des yeux, devient Personne.

Monsieur de Rien, parent espagnol de Personne, dispose d'un titre, d'un ventre, d'une réputation, d'un compte en banque et parle d'une voix forte et assurée. Monsieur de Rien remplit le monde de sa vide et criarde présence. Il est partout et il a partout des amis. Il est banquier, ambassadeur, homme d'affaires. Il passe par les salons, reçoit des décorations à la Jamaïque, à Stockholm et à Londres. Monsieur de Rien est un fonctionnaire ou un notable : sa façon de n'être pas est d'un fat agressif. Personne, lui, est silencieux et timide, résigné. Il est sensible et intelligent. Il a toujours un sourire aux lèvres. Il espère toujours. Et chaque fois qu'il veut parler, il se heurte à un mur de silence; quand il salue, il rencontre un accueil glacial; quand il supplie ou qu'il pleure, ses gestes et ses cris se perdent dans le vide que Monsieur de Rien a créé avec sa voix désagréablement forte. Personne ne se résigne pas à n'être pas : il essaye et il essaye. Pour, finalement, disparaître, avec de vains gestes, dans ces limbes d'où il a surgi.

Ce serait une erreur de croire que les autres l'empêchent d'exister. Simplement, ils dissimulent son existence et agissent comme s'il n'existait pas. Ils le nullifient, ils l'annulent, ils le dépersonnalisent. Il est inutile pour Personne de parler, de publier des livres, de peindre des tableaux. Personne est l'absence de nos regards, la pause de notre conversation, la retenue de notre silence. C'est ce nom que nous oublions toujours, par une fatalité étrange, l'éternel absent, l'invité qu'on n'invite pas, le vide qu'on ne remplit pas. Il est une omission. Et néanmoins, Personne est toujours présent. C'est notre secret, notre crime et notre remords. C'est pourquoi celui qui dépersonnalise se dépersonnalise aussi : il est l'omission de Quelqu'un. Et si nous sommes tous Personne, nul d'entre nous n'existe. Le cercle se referme et l'ombre de Personne s'étend sur le Mexique, asphyxiant le Gesticulador, recouvrant tout. Et sur notre pays, plus puissant que les pyramides et les sacrifices, que les églises, les émeutes et les chansons populaires, le silence, antérieur à l'Histoire, règne à nouveau.

III

TOUSSAINT, JOUR DES MORTS

Le solitaire mexicain aime les fêtes et les réunions publiques. Tout lui est occasion de se réunir. Tout prétexte est bon pour interrompre la marche du temps, et célébrer par des fêtes et des cérémonies les hommes et les événements. Nous sommes un peuple rituel. Cette tendance, favorise notre imagination et notre sensibilité, toutes deux toujours en éveil. L'Art de la Fête, avili presque partout, se conserve intact chez nous. En peu d'endroits du monde, on peut vivre un spectacle semblable à celui des grandes fêtes religieuses du Mexique, avec leurs couleurs violentes, acides et pures, leurs danses, leurs cérémonies, leurs feux d'artifice, leurs costumes insolites, et l'inépuisable cascade de fruits, de confiseries et d'objets qui se vendent ce jour-là sur toutes les places et marchés.

Notre calendrier est peuplé de fêtes. Certains jours, dans les endroits les plus reculés aussi bien que dans les grandes villes, le pays tout entier prie, crie, mange, s'enivre et tue en l'honneur de la Vierge de Guadalupe ou du général Zaragoza [1]. Chaque année, le 15 septembre [2], à 11 heures du soir, sur toutes les places du Mexique, nous célébrons la fête du Cri; et une multitude excitée crie en effet pendant une heure, afin peut-être

1. Ignacio Zaragoza, général libéral qui lutta contre l'invasion de Napoléon III; vainqueur à la bataille du Cinq Mai.

2. La nuit du 15 septembre 1810, dans le village de Dolores, Miguel Hidalgo engagea la guerre d'Indépendance qui devait durer jusqu'en 1821.

de mieux se taire le reste de l'année. Durant les journées qui entourent le 12 décembre [1], le temps suspend son cours, observe une halte, et au lieu de nous entraîner vers un lendemain toujours hors d'atteinte et fallacieux, nous offre un présent plein et parfait, un présent de danse et de ripaille, de festin et de communion avec ce qu'il y a de plus antique et de plus secret au Mexique. Le temps cesse d'être succession, et devient ce qu'il a été, et ce qu'il est originellement : un présent où le passé et le futur enfin se réconcilient.

Mais les fêtes offertes à tout le pays par l'Église et la République ne suffisent pas. La vie de chaque ville et de chaque village est régie par un saint, que l'on fête avec dévotion et régularité. Les quartiers et les corporations ont aussi leur fête annuelle, leurs cérémonies et leurs foires. Enfin, chacun de nous — athée, catholique ou indifférent — a son saint, que tous les ans il honore. Incalculables sont les fêtes que nous célébrons, et l'argent et le temps que nous dépensons à les fêter. Je me souviens, il y a quelques années, d'avoir demandé au maître d'un petit village près de Mitla : « A combien se montent les revenus que la commune tire des contributions ? » « A peu près à trois mille pesos par an. Nous sommes très pauvres. Mais heureusement, le Gouverneur de l'État et le pouvoir fédéral viennent à notre aide pour les dépenses. » « Et quel usage faites-vous de ces trois mille pesos ? » « C'est surtout pour les fêtes, Monsieur. Notre village n'est pas grand, mais il a ses deux saints Patrons. »

Réponse qui n'a rien d'étonnant. Notre pauvreté peut se mesurer au nombre et à la somptuosité des fêtes populaires. Les pays riches en ont peu : ils n'en ont ni le temps ni le goût. Elles ne sont pas nécessaires : les gens ont d'autres choses à faire, et quand ils se divertissent, ils le font par petits groupes. Les masses modernes sont des conglomérats de solitaires. Dans les grandes occasions, à Paris ou à New York, quand le public se rassemble sur les places ou les stades, l'absence du

1. Fête de la Vierge de Guadalupe.

peuple est remarquable : on voit des couples et des groupes, jamais une communauté vivante dans laquelle la personne humaine se dissout et trouve son salut en même temps. Mais un pauvre Mexicain, comment pourrait-il vivre sans ces deux ou trois fêtes annuelles, qui compensent sa détresse et sa misère ? Les fêtes sont notre unique luxe; elles se substituent, parfois avantageusement, au théâtre et aux vacances, au week-end et à la cocktail-party, aux réceptions de la bourgeoisie et aux cafés des Méditerranéens.

Au cours de ces cérémonies — nationales, locales, professionnelles ou familiales — le Mexicain s'ouvre à l'extérieur. Elles lui donnent toutes l'occasion de se révéler et de dialoguer avec la divinité, la patrie, les amis ou les parents. Durant ces jours-là, le silencieux Mexicain siffle, crie, chante, allume des pétards, décharge son pistolet en l'air. Décharge son âme. Et son cri, telles ces fusées qui nous plaisent tant, monte jusqu'au ciel, s'étoile en une explosion verte, bleue, blanche, et retombe, vertigineuse traîne d'étincelles dorées. En de telles nuits, des amis qui, des mois durant, n'ont pas prononcé plus de paroles que celles exigées par la courtoisie indispensable, s'enivrent ensemble, se font des confidences, pleurent les mêmes peines, se découvrent frères et parfois, pour s'éprouver, s'entretuent. La nuit se peuple de chansons et de hurlements. Les amoureux réveillent les filles avec des orchestres. De balcon à balcon, ce ne sont que dialogues et moqueries, et de trottoir à trottoir. Nul ne parle à voix basse. On lance en l'air les sombreros. Les mauvaises paroles et les saillies tombent comme une grêle de pièces d'argent. Les guitares jaillissent. Parfois, il est vrai, la joie finit mal : il y a des querelles, des injures, des coups de couteau. Mais cela aussi fait partie de la fête. Parce que le Mexicain ne se divertit pas : il veut se surpasser, sauter le mur de la solitude qui l'isole le reste de l'année. Tous, ils sont en proie à la violence et à la frénésie. Les âmes étincellent comme les couleurs, les voix, les sentiments. Est-ce qu'on s'oublie alors, est-ce qu'on montre son vrai visage ? Nul ne le sait. L'important est de sortir, de se frayer un passage, de s'enivrer de bruit, de gens et de couleurs. C'est la fête au Mexique. Et cette Fête, traversée d'éclairs et de délires, est comme l'envers brillant de notre silence et de notre apathie, de notre réserve et de notre dureté.

On connaît l'interprétation sociologique de l'école française. La Fête est un excès, une dépense. Par le gaspillage, la communauté se met à l'abri de l'envie, céleste ou humaine. Les sacrifices et les offrandes calment ou achètent dieux et saints patrons; les jeux et réjouissances publiques, le peuple. L'excès des dépenses et la dilapidation des énergies affirment la richesse de la collectivité. Ce luxe est une preuve de santé, une démonstration d'abondance et de force. Ou bien une ruse magique. On espère, par le gaspillage, attirer la véritable abondance. L'argent appelle l'argent. Risquer sa vie, c'est vivre plus; l'orgie, excès sexuel, est aussi une cérémonie de régénération génésique; dilapider fortifie. Les cérémonies de fin d'année, dans toutes les cultures, signifient bien plus que la commémoration d'une date. Ce jour-là est une pause : le temps s'achève effectivement, il s'éteint. Les rites qui célèbrent son extinction sont destinés à provoquer sa renaissance; la fête de fin d'année est aussi celle de l'an neuf, celle du temps qui commence. Toute chose attire son contraire. En somme, la fonction de la Fête est beaucoup plus utilitaire qu'on ne pense : le gaspillage attire ou suscite l'abondance, c'est un investissement comme un autre. Mais ici, on ne mesure ni ne compte le gain. Il s'agit d'acquérir la puissance, la vie, la santé. En ce sens, la Fête est l'une des formes économiques les plus anciennes, avec le don et l'offrande.

Cette interprétation m'a toujours paru incomplète. Inscrite dans l'orbite du sacré, la Fête est avant tout l'avènement de l'insolite. Elle est régie par des règles spéciales et exclusives, qui l'isolent et en font un jour d'exception. Ces règles, de plus, imposent une logique, une morale et même une économie qui contredisent celles des autres jours. Tout se passe alors dans un monde enchanté : le temps est un *autre temps* (situé dans un passé mythique ou dans une actualité pure); l'espace dans lequel il se vérifie, change d'aspect, se détache du reste de la terre, se décore, converti en un « lieu des fêtes » (en général, on choisit des lieux aimantés ou peu fréquentés); les personnages qui interviennent abandonnent leur rang humain ou social pour des représentations vivantes et éphémères. Tout se passe de façon incertaine, comme dans les rêves. Quoi qu'il arrive, nos actes ont plus de légèreté — une autre pesanteur : ils revêtent des significations différentes, ils ont des conséquences singulières. Nous nous allégeons de notre charge de raison et de temps.

Dans certaines fêtes, la notion même d'ordre disparaît. Le chaos revient et la licence règne. Tout est permis : les hiérarchies habituelles s'effacent, et les distinctions sociales, les sexes, les classes, les professions. Les hommes se déguisent en femmes, les messieurs en esclaves, les pauvres en riches. L'armée, le clergé, la magistrature, sont ridiculisés. Les enfants et les fous prennent le gouvernement. On commet des profanations rituelles et des sacrilèges obligatoires. L'amour devient promiscuité. Parfois, la Fête se fait Messe Noire. Règlements, habitudes et coutumes sont violés. L'individu respectable arrache son masque de chair et le costume sombre qui l'isole; vêtu de couleurs voyantes, il se cache derrière un masque qui le délivre de lui-même.

Ainsi donc, la Fête n'est pas seulement un excès, un gaspillage rituel des biens péniblement accumulés durant toute l'année : elle est aussi une révolte, une subite immersion dans l'informe, dans la vie à l'état pur. Par la Fête la société se libère des normes qu'elle s'est elle-même imposées. Elle se moque de ses dieux, de ses principes et de ses lois : elle se nie elle-même.

La Fête est une Révolte, au sens littéral du mot. Dans la confusion qu'elle engendre, la société se dissout, se noie, en tant qu'organisme régi par certaines lois. Mais elle se dissout en elle-même, en son chaos, sa liberté originelle. Tout communique : le bien et le mal se mêlent, le jour et la nuit, le saint et le maudit. Tout cohabite et perd forme et singularité : c'est un retour à la pâte primordiale. La Fête est une opération cosmique, l'expérience du Désordre, la réunion des éléments et des principes contraires pour provoquer la renaissance de la vie. La mort rituelle suscite la résurrection; le vomissement, l'appétit; l'orgie, stérile en elle-même, la fécondité des mères ou de la terre. La Fête est une régression à un état lointain et indifférencié, prénatal ou présocial, pour ainsi dire. Régression qui est aussi un commencement, comme le veut la dialectique inhérente aux faits sociaux.

Le groupe sort purifié et réconforté de ce bain de chaos. Il s'est plongé en lui-même, dans le sein même dont il est issu. En d'autres termes, la Fête est une négation de la société en tant qu'ensemble organique de formes et de principes différenciés, bien qu'elle la renforce, en tant que source d'énergie et de création. Elle est une véritable recréation, contrairement à ce qui se passe avec les vacances modernes, qui n'entraînent ni rites ni cérémonies, et sont individuelles et stériles comme le monde qui les a inventées.

Dans la Fête, la société communie avec elle-même. Ses membres retournent à la confusion et à la liberté originelles. La structure sociale s'effondre, et de nouvelles formes de relation se créent, des règles inattendues, des hiérarchies capricieuses. Dans le désordre général, chacun se laisse aller et se trouve dans des situations et des lieux qui lui sont habituellement interdits. Les frontières entre acteurs et spectateurs, officiants et fidèles s'effacent. Ils participent tous à la Fête, ils sont tous emportés dans son tourbillon. Quel que soit son caractère, quelle que soit sa signification, la Fête est participation. C'est en cela qu'elle se distingue des autres cérémonies : laïque ou religieuse, orgiaque ou saturnale, la Fête est un fait social déterminé par l'active participation des spectateurs.

Grâce à la Fête, le Mexicain s'ouvre, participe, communie avec ses semblables et les valeurs qui donnent un sens à son existence politique ou religieuse. Il est significatif qu'un pays aussi triste que le nôtre ait tant de fêtes et de fêtes aussi joyeuses. Leur fréquence, l'éclat qu'elles revêtent, l'enthousiasme avec lequel nous y participons tous, semblent indiquer que, sans elles, nous nous désagrégerions. Elles nous libèrent, quand bien même ce n'est que momentanément, de toutes ces impulsions sans issue et de toutes ces matières inflammables que nous avons en nous. Mais, contrairement à ce qui se passe dans d'autres sociétés, la Fête mexicaine n'est pas une régression à un état originel d'indifférenciation et de liberté; le Mexicain ne veut pas retourner à, mais au contraire, sortir de lui-même, se dépasser. Pour nous, la Fête est une explosion, un éclatement. Mort et vie, jubilation et lamentation, chanson et hurlement se mêlent dans nos réjouissances publiques : il ne s'agit pas de se recréer, de se retrouver, mais de s'entre-dévorer. Il n'y a rien de plus joyeux qu'une fête mexicaine, mais il n'y a aussi rien de plus triste. La nuit de fête est aussi une nuit de deuil.

Si, dans la vie quotidienne, nous nous dérobons et nous nous cachons, dans le tourbillon de la Fête, nous nous révélons, nous nous évadons. Plus encore que nous ouvrir, nous nous déchirons. Tout finit en hurlement et déchirement : le chant, l'amour, l'amitié. La violence de nos réjouissances publiques montre jusqu'à quel point notre hermétisme nous ferme les voies de communication avec le monde. Nous connaissons le délire, la chanson, le hurlement et le monologue; nous ne connaissons pas le dialogue. Nos Fêtes, de même que nos confidences, nos amours et nos tentatives de réorganiser notre société, sont de violentes ruptures avec ce qui est ancien et établi. Chaque fois que nous essayons de nous exprimer, nous devons rompre avec nous-mêmes. La Fête est l'exemple sans doute le plus typique d'une rupture violente. On peut en énumérer d'autres, également révélateurs : le jeu, où il s'agit toujours d'atteindre les extrêmes, souvent mortels; notre prodigalité dans les dépenses, par rapport à la timidité de nos investissements et de nos entreprises économiques; enfin, nos confessions. Le Mexicain, être sombre, enfermé en lui-même, éclate soudain, s'exhibe la poitrine à nu, avec une certaine complaisance, découvrant les replis inavouables et terribles de sa personnalité. Nous ne sommes pas francs et pourtant notre sincérité peut toucher à des extrêmes qui horrifieraient les Européens. Notre façon explosive et dramatique, véritable suicide parfois, de nous dénuder et de nous déchirer, sans recours, révèle que quelque chose nous asphyxie et nous brime. Quelque chose nous empêche d'être. C'est parce que nous n'osons pas ou que nous ne pouvons pas affronter notre être que nous avons besoin de la Fête. Elle nous lance dans le vide, ivresse qui se consume elle-même, et se décharge dans l'air, feu d'artifice.

La mort est un miroir pour les vaines gesticulations de la vie. Toute cette bigarrée confusion d'actes, d'omissions, de répétitions et de tentatives, utiles et inutiles, qu'est chaque vie, trouve dans la mort, sinon un sens et une explication, du moins une fin. Face à elle, notre vie se dessine et s'immobilise. Avant de s'écrouler et de s'enfoncer dans le néant, elle se sculpte et prend sa forme immuable; nous ne changerons plus que pour disparaître. Notre mort illumine notre vie. Si notre mort manque de sens, c'est que notre vie en a manqué. C'est pourquoi, lorsque quelqu'un meurt de mort violente, nous disons seulement : « Il l'a cherché ». Et il est vrai que chacun a la mort qu'il mérite, la mort qu'il fait. Mort de chrétien ou mort de chien sont des façons de mourir qui reflètent des façons de vivre. Si la mort nous trahit et que nous mourions de mauvaise façon, tout le monde se lamente : il faut mourir comme on vit. La mort est intransférable, comme la vie. Si nous ne mourons pas comme nous vivons, c'est que réellement notre vie ne fut pas nôtre : elle ne nous appartenait pas, comme ne nous appartient pas la mauvaise mort qui nous tue. Dis-moi comment tu meurs et je te dirai qui tu étais.

Pour les anciens Mexicains, l'opposition entre la mort et la vie n'était pas aussi absolue que pour nous. La vie se prolongeait dans la mort. Et inversement. La mort n'était pas la fin naturelle de la vie, mais une phase d'un cycle infini. Vie, mort et résurrection étaient les stades d'un processus cosmique qui se répétait, insatiable. La vie ne possédait pas de fonction plus haute que de déboucher dans la mort, son contraire et son complément; et la mort, à son tour, n'était pas une fin en soi; l'homme alimentait de sa mort la voracité de la vie, toujours insatisfaite. Le sacrifice avait un double but. D'une part, l'homme accédait au processus créateur (payant aux dieux par la même occasion, la dette contractée par l'espèce) et de l'autre, il alimentait et la vie cosmique, et la vie sociale qui se nourrissait de la première.

Sans doute, le trait le plus caractéristique de cette conception était-il le sens impersonnel du sacrifice. De même que les anciens Mexicains ne possédaient pas leur vie, leur mort manquait de tout projet personnel. Les morts — y compris les guerriers tombés au combat et les femmes mortes en couches, compagnons de Huitzilopochtli, dieu solaire — disparaissent au bout d'un certain temps pour retourner au pays indifférencié des ombres, pour devenir air, terre, feu, substance animatrice de l'univers. Nos ancêtres indigènes ne croyaient pas que leur mort leur appartînt ni que leur vie fût réellement « leur vie », au sens chrétien du mot. Tout se conjuguait pour déterminer, dès la naissance, la vie et la mort de chaque homme : classe sociale, âge, lieu, jour, heure. L'Aztèque était aussi peu responsable de ses actes que de sa mort.

Espace et temps étaient liés et formaient une unité inséparable. A chaque espace, à chacun des points cardinaux et au centre où ils s'immobilisaient, correspondait un « temps » particulier. Et ce complexe espace-temps possédait des vertus et des pouvoirs qui influençaient et déterminaient profondément la vie humaine. Naître un certain jour signifiait appartenir à un espace, à un temps, à une couleur et à un destin tracé à l'avance. Alors que nous, nous dissocions espace et temps, véritables scènes où se passe notre vie, pour eux, il y avait autant « d'espace-temps » que de combinaisons possibles au calendrier sacerdotal. Et chacune d'elles était dotée d'une signification qualitative particulière, supérieure à la volonté humaine.

Religion et destin réglaient leur vie comme morale et liberté président à la nôtre. Tandis que nous vivons sous le signe de la liberté et que tout — en dépit de la fatalité grecque et de la grâce des théologiens — est choix et lutte, pour les Aztèques le problème revenait à chercher quelle était la volonté, rarement explicite, des dieux. De là l'importance des pratiques divinatoires. Seuls, les dieux étaient libres. Eux seuls pouvaient choisir — et donc, au sens profond, pécher. La religion aztèque est pleine de grands dieux pécheurs (Quetzalcoatl en est le meilleur exemple), de dieux qui commettent des fautes et peuvent abandonner leurs fidèles, de la même façon que les chrétiens renient parfois leur dieu. La conquête du Mexique serait inexplicable sans la trahison des dieux, qui renièrent leur peuple.

L'avènement du catholicisme change radicalement cette situation. Le sacrifice et l'idée de salut, de notions collectives deviennent des notions personnelles. La liberté s'humanise, s'incarne dans l'homme. Pour les anciens Aztèques, l'essentiel était d'assurer la continuité de la création; le sacrifice n'entraînait pas le salut dans l'au-delà, mais le salut cosmique. Le monde, et non l'individu, vivait grâce au sang et à la mort des hommes. Pour les chrétiens, l'individu est ce qui compte. Le monde — l'histoire, la société — est condamné à l'avance. La mort du Christ sauve chaque homme en particulier. Chacun de nous est l'Homme, et en chacun de nous sont déposées les espérances et les possibilités de l'espèce. La rédemption est œuvre personnelle.

Ces deux attitudes, pour opposées qu'elles paraissent, possèdent un point commun : la vie, collective ou individuelle, est ouverte à la perspective d'une mort qui est, à sa façon, une vie nouvelle. La vie se justifie et se transcende seulement quand elle se réalise dans la mort. Et elle aussi est transcendance, au-delà, puisqu'elle se résout en une nouvelle vie. Pour les chrétiens, la mort est un passage, un saut mortel entre deux vies, la vie temporelle et celle de l'au-delà. Pour les Aztèques, c'est la manière la plus élevée de participer à la continuelle régénération des forces créatrices, toujours en danger de s'épuiser si on ne les pourvoit pas en sang, aliment sacré. Dans les deux systèmes, vie et mort manquent d'autonomie; ce sont les deux faces d'une même réalité. Leur signification provient d'autres valeurs, qui les commandent. Ce sont des références à des réalités invisibles.

La mort moderne ne possède aucune signification qui la transcende, ou la relie à d'autres valeurs. Presque toujours, c'est simplement la fin inévitable d'un processus naturel. Dans un monde de faits, la mort est un fait de plus. Mais comme c'est un fait désagréable et qui met à l'épreuve nos conceptions et le sens même de notre vie, la philosophie du progrès (progrès qui vient d'où? qui va où? se demandait Scheler) prétend nous escamoter sa présence. Dans le monde moderne, tout fonctionne comme si la mort n'existait pas. Personne ne compte avec elle. Tout la supprime; les prêches des politiciens, les annonces des commerçants, la morale publique, les coutumes, la joie à bas prix et la santé à la portée de tous qu'offrent les hôpitaux, les pharmacies, les stades. Pourtant la mort, non plus passage mais grande bouche vide que rien n'assouvit, la mort se retrouve dans tout ce que nous entreprenons. Le siècle de la santé, de l'hygiène, des anticonceptionnels, des drogues-miracles et des aliments synthétiques est aussi le siècle des camps de concentration, de l'état policier, de l'extermination atomique et de la « murder story ». Personne ne pense à la mort, à sa propre mort, comme le voulait Rilke, parce que personne ne vit une vie personnelle. La tuerie collective n'est rien d'autre que le résultat de la collectivisation de la vie.

Pour le Mexicain moderne aussi, la mort manque de signification. Ce n'est plus ce passage, cet accès à une autre vie plus vie que la nôtre. Pourtant, la non-transcendance de la mort ne nous amène pas à l'éliminer de notre vie quotidienne. Pour l'habitant de Paris, New York ou Londres, la mort est ce mot qu'on ne prononce jamais parce qu'il brûle les lèvres. Le Mexicain, en revanche, la fréquente, la raille, la brave, dort avec, la fête, c'est l'un de ses amusements favoris, et son amour le plus fidèle. Certes, dans cette attitude, il y a peut-être autant de crainte que dans l'attitude des autres hommes : mais au moins, le Mexicain ne se cache pas d'elle, ni ne la cache ; il la contemple face à face avec impatience, dédain ou ironie : « S'ils doivent me tuer demain, qu'ils y aillent pour de bon. »

L'indifférence du Mexicain devant la mort se nourrit de son indifférence devant la vie. Le Mexicain non seulement postule la non-transcendance de la mort, mais aussi celle de la vie. Nos chansons, nos refrains, nos fêtes, notre sagesse populaire montrent sans équivoque que la mort ne nous effraie pas, « parce que la vie nous a guéris de la peur ». Mourir est naturel et même désirable ; le plus vite sera le mieux. Notre indifférence devant la mort est l'autre versant de notre indifférence devant la vie. Nous tuons parce que la vie, la nôtre et celle d'autrui, n'a pas de valeur. Et qu'il en soit ainsi est tout naturel : vie et mort sont inséparables, et chaque fois que la première perd sa signification, la seconde perd sa transcendance. La mort mexicaine est le miroir de la vie des Mexicains. Devant l'une comme devant l'autre, le Mexicain se referme, il les ignore.

Le mépris de la mort n'est pas en opposition avec le culte que nous professons pour elle. Elle est présente dans nos fêtes, nos jeux, nos amours et nos pensées. Mourir et tuer sont des idées qui nous abandonnent rarement. La mort nous séduit. La fascination qu'elle exerce sur nous vient peut-être de notre hermétisme, et de la fureur avec laquelle nous le faisons éclater. La pression de notre vitalité, contrainte à s'exprimer dans des formes qui la trahissent, explique le caractère mortel — agression ou suicide — de nos explosions. Or, quand nous explosons, nous atteignons au plus haut point de tension, nous frôlons le sommet vibrant de la vie. Là, du haut de cette frénésie, nous ressentons un vertige : la mort nous attire.

De plus, la mort nous venge de la vie, la dépouillant de ses vanités et de ses prétentions, et la changeant en ce qu'elle est : rien que des os et une grimace lamentable. Dans un monde fermé et sans issue, où tout est mort, l'unique valeur est la mort. Nous affirmons ainsi quelque chose de négatif. Crânes de sucre ou de papier de soie, squelettes coloriés des feux d'artifice, nos représentations populaires sont toujours des railleries de la vie, et affirment l'insignifiance de l'existence humaine. Nous décorons nos maisons de crânes, nous mangeons le Jour des Morts des pains qui imitent des os, nous nous amusons de chansons et de mots où rit la mort pelée, mais cette familiarité fanfaronne ne nous dispense pas de la question que tous nous nous posons : Qu'est-ce que la mort? Nous n'avons pas inventé une réponse nouvelle. Et chaque fois que nous nous interrogeons ainsi, nous haussons les épaules : « Quelle importance a la mort quand la vie n'a pas d'importance? »

Le Mexicain, obstinément fermé au monde et aux autres, s'ouvre-t-il devant la mort? Il l'adule, il la fête, la cultive, l'embrasse, définitivement et pour toujours, mais ne s'y abandonne pas. Tout est loin du Mexicain, tout lui est étranger et par-dessus tout, la mort, l'étrangère par excellence. Le Mexicain ne s'abandonne pas à la mort, parce que l'abandon entraîne le sacrifice. Et le sacrifice, à son tour, exige que quelqu'un donne et que quelqu'un reçoive, c'est-à-dire que quelqu'un s'ouvre et se dresse face à une réalité qui le transcende. Dans un monde sans transcendance, fermé sur lui-même, la mort mexicaine ne donne ni ne reçoit : elle se consume elle-même, elle se satisfait elle-même. Ainsi, nos relations avec la mort, pour être intimes — plus intimes sans doute que celles de bien d'autres peuples —, n'en sont pas moins dépouillées de signification et dépourvues d'érotisme. La mort mexicaine est stérile, et ne crée pas comme celle des Aztèques ou celle des chrétiens.

Rien de plus opposé à cette attitude que celle des Européens ou des Américains. Lois, coutumes, morale publique et privée, tendent à protéger la vie humaine. Cette protection n'évite toutefois pas qu'apparaissent, avec une fréquence chaque fois plus grande, des assassins raffinés et ingénieux, auteurs efficaces de crimes parfaits. L'irruption réitérée des criminels professionnels qui mûrissent et calculent leurs crimes avec une précision inaccessible à tout Mexicain; la complaisance avec laquelle ils relatent leurs expériences; la fascination avec laquelle le public et les journaux accueillent leurs confessions;

enfin, le manque reconnu d'efficience des systèmes de répression par lesquels on tente d'éviter de nouveaux crimes, montrent bien que le respect de la vie humaine dont s'enorgueillit la civilisation occidentale est une notion incomplète et hypocrite.

Le culte de la vie, quand il est véritable, profond, total est aussi culte de la mort. Les deux sont inséparables. Une civilisation qui nie la mort en vient à nier la vie. La perfection des criminels modernes n'est pas une conséquence du progrès de la technique moderne ou de la vogue des romans policiers, mais bien plutôt de celle du mépris de la vie inexorablement sous-entendu par l'escamotage de la mort. Et l'on pourrait ajouter que la perfection de la technique criminelle et la popularité de la « murder story » sont (de même que les camps de concentration et les systèmes d'extermination collective) les fruits d'une conception optimiste et unilatérale de l'existence. Il est inutile d'exclure la mort de nos représentations, de notre vocabulaire ou de nos idées, parce que c'est elle qui finira par nous supprimer tous et en premier lieu ceux-là qui vivent en l'ignorant ou en feignant de l'ignorer.

Quand le Mexicain tue — par vengeance, plaisir ou caprice — il tue une personne, un de ses semblables. Les criminels et les hommes d'État modernes ne tuent pas : ils suppriment. Ils font des expériences sur des êtres qui ont déjà perdu leur qualité d'hommes. Dans les camps de concentration, on dégrade d'abord l'homme; une fois converti en chose, on l'extermine massivement. Le criminel-type des grandes villes — au-delà des mobiles concrets qui le poussent — réalise sur une petite échelle ce que font, sur une plus grande échelle, les caudillos modernes. A sa façon, il pratique lui aussi des expériences : il use de poisons, il dissout les cadavres dans l'acide, il incinère les ossements, il convertit sa victime en objet. L'antique relation entre le sacrifié et le sacrificateur qui, seule, humanisait le crime, et seule, le rendait imaginable, a disparu. Comme dans les romans de Sade, il n'y a que des bourreaux et des objets, instruments de plaisir et de destruction. L'inexistence de la victime rend du reste plus intolérable et plus totale l'infinie solitude du sacrificateur. Pour nous, le crime est toujours une révélation, et, en ce sens, possède la même signification libératrice que la Fête ou la confession. De là vient son tragique, sa poésie et — pourquoi ne pas le dire ? — sa grandeur. Grâce au crime, nous accédons à une éphémère transcendance.

Dans les premiers vers de la *Huitième Elégie de Duino*, Rilke dit que la créature — l'être dans son innocence animale — voit l'Ouvert, au contraire de nous, qui ne voyons jamais *en avant*, qui ne voyons jamais l'absolu. La peur nous fait détourner le visage, montrer le dos à la mort. Et en nous refusant à la regarder, nous nous fermons fatalement à la vie, totalité qui la contient en elle. L'Ouvert est le monde où les contraires se réconcilient, où lumière et ombre se fondent. Cette conception veut restituer à la mort son sens originel, dont notre époque l'a dépouillé : mort et vie sont des contraires qui se complètent. Ce sont les deux moitiés d'une sphère que, sujets au temps et à l'espace, nous ne pouvons embrasser du regard dans sa totalité. Dans le monde prénatal, mort et vie se confondent; dans le nôtre, ils s'opposent. Dans l'au-delà, ils se réunissent à nouveau, et non plus comme une cécité animale, antérieure au péché et à la conscience, mais comme une innocence reconquise. L'homme peut transcender l'opposition temporelle qui sépare vie et mort — et qui n'existe que dans sa conscience — et les percevoir comme une unité supérieure. Cette connaissance ne s'opère que par un véritable renoncement : la créature doit renoncer à sa vie temporelle, à la nostalgie du limbe, du monde animal. Elle doit s'ouvrir à la mort si elle veut s'ouvrir à la vie; alors, elle sera « semblable aux anges ».

Il y a donc deux attitudes face à la mort : tournée vers l'avant, celle qui la conçoit comme création; et celle, de recul, qui s'exprime comme fascination du néant et nostalgie du limbe. Aucun poète mexicain ou hispano-américain, à l'exception, peut-être, de Cesar Vallejo, ne s'est approché de la première de ces conceptions. Par contre, deux poètes mexicains, José

Gorostiza et Xavier Villaurrutia, ont incarné la deuxième direction. Pour Gorostiza, la vie est une « mort sans fin », une chute continue dans le néant; pour Villaurrutia, la vie n'est rien d'autre que la « nostalgie de la mort ».

L'image heureuse qui donne son titre au livre de Villaurutia, *Nostalgie de la Mort*, est bien plus qu'une trouvaille. Par elle, l'auteur entend nous signaler la signification dernière de sa poésie. Considérer la mort comme nostalgie, et non comme fruit ou fin de la vie, c'est affirmer que nous ne sommes pas issus de la vie mais de la mort. Ce qui est ancien et originel, n'est pas la matrice mais l'ossement. Cette assertion court le risque de paraître un simple paradoxe, ou la reprise d'un lieu commun du genre : poussière tu es et poussière tu seras. Pour ma part, je pense que le poète désirait trouver dans la mort (qui est bien notre origine) une révélation que la vie temporelle ne lui avait pas fournie : celle d'une vie véritable. Quand viendra la mort

l'aiguille des secondes
fera le tour du cadran,
un seul instant contiendra tout
et peut-être il sera possible
de vivre encore après la mort.

Rejoindre la mort originelle sera revenir à la vie d'avant la vie, à la vie d'avant la mort : au limbe, au sein maternel.

Mort sans fin, le poème de José Gorostiza, est peut-être le plus haut témoignage que les Hispano-Américains possèdent d'une conscience vraiment moderne, penchée sur elle-même, en proie à elle-même, à sa propre clarté aveuglante. Le poète, en même temps lucide et exaspéré, cherche à arracher son masque à l'existence, afin de la contempler dans sa nudité. Le dialogue entre le monde et l'homme, vieux comme la poésie et l'amour, se transforme en celui de l'eau et de la jarre qui la contient, de la pensée et de la forme dans laquelle elle se verse et qu'elle finit par dissoudre. En proie aux apparences — arbres et pensées, pierres et émotions, jours et nuits et crépuscules, toutes métaphores, rubans de couleurs — le poète énonce que le souffle qui gonfle la substance, la modèle et la dresse Forme, est aussi le souffle qui la grangrène, la ride et la détruit. Dans ce drame sans personnages, puisqu'il ne s'agit guère que de reflets, que des déguisements d'un suicide qui dialogue avec lui-même dans un langage de miroirs et d'échos — l'intelligence n'est elle-même qu'un reflet, ou une forme — la plus pure — de la mort, d'une mort amoureuse d'elle-même. Tout se précipite dans sa propre clarté, se noie dans sa lueur, tout se dirige vers cette mort transparente : la vie n'est qu'une métaphore, une invention par laquelle la mort — elle aussi ! — veut se tromper elle-même. Le poème est un développement tendu du vieux thème de Narcisse — auquel du reste il n'est pas fait allusion une seule fois dans le texte. Mais la conscience, comme dans le poème de Valéry, ne se satisfait pas de la contemplation d'elle-même dans ses eaux transparentes et vides, miroir et regard à la fois; le néant, dont le mensonge est la Forme et la Vie, la respiration et la poitrine, qui joue à la destruction et à la mort, en vient à se dénuder, et vide, se penche sur lui-même : il s'enamoure de lui-même, il tombe en lui-même, infatigable mort sans fin.

En somme, si dans la Fête, l'ivresse ou la confidence, nous nous ouvrons, nous le faisons avec une telle violence que nous nous déchirons, et que nous finissons par nous annuler. Et devant la mort comme devant la vie, nous haussons les épaules et nous opposons un silence ou un sourire dédaigneux. La Fête et le crime passionnel ou gratuit montrent que l'équilibre dont nous tirons vanité n'est qu'un masque, toujours en danger d'être arraché par une explosion soudaine de notre intimité.

Toutes ces attitudes indiquent que le Mexicain sent en lui-même et dans la chair de son pays une tache dont la présence, pour être diffuse, n'est pas moins vive, originelle, ineffaçable. Tous nos gestes tendent à cacher cette blessure, toujours fraîche, toujours prête à s'enflammer et à brûler sous le soleil du regard d'autrui.

Or, tout dessaisissement provoque une blessure. Sous réserve d'indiquer comment et à quel moment se produit ce dessaisissement, je dois noter que toute rupture (avec nous-mêmes ou avec ceux qui nous entourent, avec le passé ou le présent) engendre un sentiment de solitude. Dans les cas extrêmes, séparation d'avec les parents, d'avec la Matrice ou la terre natale, mort des dieux ou conscience aiguë de soi — — la solitude s'identifie avec l'état d'orphelin. Et tous deux se manifestent généralement comme conscience du péché. Les peines et les souffrances qu'inflige la séparation peuvent être considérées, grâce à l'introduction des notions d'expiation et de rédemption, comme des sacrifices nécessaires, gages et promesses d'une communion future qui terminera l'exil. La faute peut disparaître, la blessure se cicatriser, l'exil se changer en communion. La solitude acquiert ainsi un caractère cathartique, purificateur. Le solitaire ou isolé transcende sa solitude, la vit comme une épreuve et comme une promesse de communion.

Le Mexicain, lui, ne transcende pas sa solitude. Au contraire, il s'enferme en elle. Nous habitons notre solitude comme Philoctète son île, n'espérant pas, mais craignant de revenir au monde. Nous ne supportons pas la présence de nos compagnons. Emprisonnés en nous-mêmes, quand ce n'est pas déchirés ou exilés, nous buvons jusqu'à la lie une solitude sans référence à un au-delà rédempteur ou un en deçà créateur. Nous oscillons entre l'abandon et la réserve, le cri et le silence, la fête et le deuil, sans jamais nous libérer. Notre impassibilité impose à la vie le masque de la mort; notre cri déchire ce masque et monte en longues traînées dans le ciel avant de retomber, déroute et silence. Le Mexicain se ferme au monde par les deux chemins de la vie et de la mort.

IV

LES FILS DE MALINCHE

Cette étrangeté qu'engendre notre hermétisme, a créé la légende du Mexicain être insondable. Notre méfiance provoque la méfiance des autres. Notre courtoisie attire, mais notre réserve glace. Et les inattendues violences qui nous déchirent, la splendeur convulsive ou solennelle de nos fêtes, le culte de la mort, le dérèglement de nos joies et de nos deuils, finissent par déconcerter l'étranger. La sensation que nous causons n'est pas différente de celle que produisent les Orientaux. Eux aussi, Chinois, Hindous ou Arabes, sont hermétiques et indéchiffrables. Eux aussi traînent les haillons d'un passé toujours vivant. Il y a un mystère mexicain comme il y a un mystère jaune, ou un mystère noir. Le contenu concret de ces représentations dépend de chaque spectateur. Mais tous les spectateurs sont d'accord pour se faire de nous une image ambiguë, sinon contradictoire : nous ne sommes pas sûrs, et nos réponses, comme nos silences, sont imprévisibles et inattendues. Trahison et loyauté, crime et amour sont tapis au fond de notre regard. Nous attirons et nous repoussons.

Il n'est pas difficile de comprendre les origines de cette attitude. Pour un Européen, le Mexique est un pays en marge de l'histoire universelle. Et tout ce qui se trouve éloigné du centre de la société apparaît comme étrange et impénétrable. Les paysans, oubliés, tant soit peu archaïsants dans leur façon de s'habiller et de parler, rudes, aimant s'exprimer par des formes et des formules traditionnelles, fascinent toujours le citadin. Partout ces paysans représentent l'élément le plus ancien et le plus secret de la société. Pour tous, excepté pour eux-mêmes, ils incarnent l'occulte, le caché, ce qui ne se livre qu'avec difficulté : trésor enterré, épi qui mûrit dans le sein de la terre, vieux savoir enfoui dans le sillon.

La femme, qui appartient, elle aussi, aux êtres à part, est une autre figure énigmatique... Mieux : elle est l'Énigme. De même que l'homme de race ou de nationalité étrangère, elle attire et repousse. Elle est l'image de la fécondité, mais aussi, par là-même, l'image de la mort. Dans presque toutes les cultures, les déesses de la création sont aussi des déités de destruction. La femme, qui est le signe vivant de l'étrangeté de l'univers et de son hétérogénéité radicale, cache-t-elle la mort ou la vie ? A quoi pense-t-elle ? Pense-t-elle seulement ? A-t-elle vraiment des sentiments ? Est-elle notre égale ?... Le sadisme est au départ une vengeance contre l'hermétisme féminin ou une tentative désespérée pour obtenir une réponse d'un corps que nous craignons insensible. Aussi, le désir est-il, comme le dit Luis Cernuda, « *une question à laquelle il n'existe pas de réponse* ». Même quand elle est dénudée — une nudité pleine et ronde —, il y a toujours dans les formes de la femme quelque chose à dévoiler :

Eve et Cypris résument le mystère
du cœur de l'univers.

Pour Ruben Dario comme pour tous les grands poètes, la femme est plus qu'un instrument de connaissance : elle est la connaissance même. La connaissance que nous ne posséderons jamais, la somme de notre définitive ignorance : le mystère suprême.

Il est remarquable que nos représentations de la classe ouvrière ne soient pas teintes de semblables sentiments, car elle est, elle aussi, éloignée du centre de la société — au sens propre et figuré : elle est en effet confinée dans des quartiers et des villes spéciales. Si un romancier contemporain veut introduire un personnage qui symbolise le salut ou la destruction, la fertilité ou la mort, il ne recourt pas, comme on pourrait s'y attendre, à un ouvrier, qui figure pourtant la mort de la vieille société et la naissance d'une autre. D. H. Lawrence, qui est l'un des critiques les plus violents et les plus profonds du monde moderne, décrit dans presque tous ses livres les vertus qui manquent à l'homme fragmentaire de notre temps, pour être un homme véritable, maître d'une vision totale du monde. Pour incarner ces vertus, il crée des personnages appartenant à d'anciennes races, non européennes. Ou encore, il invente la figure de Mellors, le forestier, un fils de la terre. Il est possible que l'enfance de Lawrence, passée dans les mines anglaises de charbon, explique cette absence délibérée. On sait qu'il détestait également ouvriers et bourgeois. Pourtant, comment expliquer que dans tous les romans révolutionnaires les héros ne soient jamais des prolétaires, mais des aventuriers, des intellectuels, des révolutionnaires professionnels ? Des hommes à part, qui ont renoncé à leur classe, à leur origine, à leur patrie. Héritage du romantisme sans doute, qui faisait du héros un être antisocial. En outre, l'ouvrier est une apparition trop récente. Et il ressemble à ses maîtres : tous, ils sont fils de la machine.

L'ouvrier moderne manque d'individualité. La classe est plus forte que l'individu, et la personne se dissout dans la généralité. Telle est bien la première et la plus grave mutilation dont souffre l'homme devenu salarié industriel. Le capitalisme le dépouille de sa nature humaine — ce qui n'advenait jamais au serf —; le travail le transforme en un simple objet. Et comme tous les objets, il est une marchandise, une chose qui peut être achetée et vendue. L'ouvrier perd brusquement, à cause de son statut social, toute possibilité de relation humaine et concrète avec le monde : les outils qu'il emploie ne sont pas à lui, le fruit de ses efforts ne lui appartient pas. Il ne le voit même pas. En réalité, ce n'est même pas un *ouvrier*, car il ne produit pas d'œuvre, et, perdu dans un des aspects de la production, il n'a plus conscience de ce qu'il fait. C'est un *travailleur,* nom abstrait, et il n'accomplit pas une tâche particulière mais une fonction. Son travail ne le distingue pas des autres hommes, comme le travail du médecin, de l'ingénieur, ou du charpentier. L'abstraction qui le qualifie — un travail mesuré en heures — au lieu de le séparer, le lie à d'autres abstractions. De là vient son absence de mystère, de problèmes, sa transparence.

La complexité de la société contemporaine et la spécialisation exigée par le travail étendent cette condition abstraite de l'ouvrier à d'autres groupes sociaux. On dit que nous vivons dans un monde de techniciens. Mis de côté les différences de salaires et de niveau de vie, la situation de ces techniciens ne diffère pas dans son essence de celle des ouvriers, : ce sont, eux aussi, des salariés et eux non plus ils n'ont guère conscience de l'œuvre qu'ils réalisent. Le gouvernement des techniciens, idéal de la société contemporaine, sera bien plutôt un gouvernement d'instruments. La fonction prendra la place de la fin; le moyen, celle du créateur. La société se fera plus efficace mais aussi se développera sans but. La répétition du même geste conduira à une forme inconnue de l'immobilité : l'immobilité d'un mécanisme qui vient de nulle part et va nulle part.

Avec la force et la propagande, les régimes totalitaires n'ont fait qu'étendre et généraliser ces conditions. Tous les hommes soumis à leur emprise en souffrent. En un certain sens, il s'agit d'une transposition à la sphère sociale et politique des systèmes économiques du capitalisme. La production de masse se fait à travers la confection de pièces détachées qu'on réunit ensuite dans des ateliers spécialisés. La propagande et l'action politique totalitaires — de même que la terreur et la répression — obéissent aux mêmes lois. La propagande diffuse des vérités incomplètes, en série, par pièces détachées. Plus tard, ces fragments s'organisent et deviennent des théories politiques, vérités absolues pour les masses. La terreur obéit au même principe. La persécution s'exerce d'abord contre les groupes isolés — certaines races, ou classes dissidentes, suspectes — pour finalement atteindre tout le monde. Au début, une partie du peuple contemple avec indifférence l'extermination des autres groupes sociaux, puis elle contribue à leur persécution quand les haines internes s'exaspèrent. Tout le monde se sent complice, le sentiment de culpabilité atteint toute la société. La terreur se généralise : il n'y a plus que des persécuteurs et des persécutés. Le persécuteur, du reste, se transforme aisément en persécuté. Il suffit d'un changement de la machine politique. Nul ne saurait échapper à cette dialectique féroce, pas même les dirigeants.

Le monde de la terreur, comme celui de la production en série, est un monde de choses, d'outils. (D'où la vanité de la discussion sur la valeur historique de la terreur moderne.) Les outils ne sont jamais mystérieux ou énigmatiques, car le mystère provient de l'indétermination de l'être ou de l'objet qui le contient. Un anneau mystérieux cesse immédiatement d'appartenir au genre des anneaux : il acquiert une vie propre, il n'est plus un objet. Dans sa forme gît, cachée et prête à surgir, la surprise. Le mystère est une force ou une vertu obscure, qui ne nous obéit pas et dont nous ne savons jamais quand il doit se manifester. Les outils, eux, ne cachent rien, ne nous demandent rien et ne nous répondent rien. Ils sont sans équivoque et transparents. Simples prolongations de nos mains, ils n'ont de vie que celle que notre volonté leur octroie. Ils nous servent; puis, usés, vieillis, nous les jetons sans regret, aux ordures, au cimetière de voitures, au camp de concentration. Ou bien nous les donnons à nos alliés ou à nos ennemis en échange d'autres objets.

Au Mexique, toutes nos facultés, comme aussi bien tous nos défauts, s'opposent à cette conception du travail comme effort impersonnel et répété le long d'égales portions de temps : notre application et notre lenteur dans l'élaboration, notre amour de l'œuvre et de chacun de ses détails, et aussi notre goût pour la perfection, cet héritage millénaire. Si nous ne fabriquons guère de produits en série, nous sommes passés maîtres dans l'art de dresser des puces. Ce qui ne veut pas dire que le Mexicain soit incapable de se convertir en un bon ouvrier. Tout est question de temps. Et rien, sauf un changement historique chaque fois plus impensable et plus éloigné, ne pourra empêcher que le Mexicain, cet être obscur et énigmatique, devienne à son tour une abstraction de plus.

En attendant qu'arrive ce moment qui résoudra, en les annihilant, toutes nos contradictions, j'aimerais signaler que ce qui est extraordinaire dans notre situation vient du fait que nous ne sommes pas énigmatiques seulement pour les autres, mais aussi pour nous-mêmes. Un Mexicain est toujours un problème pour un autre Mexicain comme pour lui-même. Il n'est évidemment pas difficile de réduire tout cet ensemble complexe d'attitudes qui nous caractérisent — et d'abord celle qui fait de nous un problème pour nous-mêmes — à ce qu'on pourrait nommer une « morale d'esclave » par opposition, non seulement à la « morale du maître » mais aussi à la morale moderne, prolétarienne ou bourgeoise.

La méfiance, la dissimulation, la réserve courtoise qui ferment le chemin à l'étranger, l'ironie, enfin toutes les oscillations psychiques avec lesquelles, nous évitant nous-mêmes, nous évitons le regard étranger, sont des caractéristiques de personnes soumises qui ont peur et dissimulent devant leur maître. Il est révélateur que notre intimité n'affleure jamais d'elle-même, naturellement, et qu'elle ait besoin de l'aiguillon de la fête, de l'alcool ou de la mort. Les esclaves, les serfs et les races soumises présentent toujours un masque souriant ou hostile. Et ce n'est que dans l'intimité des grands moments qu'ils se montrent enfin comme ils sont. Toutes leurs manifestations sont empoisonnées par la crainte et la méfiance. Crainte du maître, méfiance des égaux. Chacun observe l'autre, parce que chaque compagnon peut aussi bien être un traître. Pour sortir de lui-même, le serf a besoin de sauter des barrières, de s'enivrer, d'oublier sa condition. Vivre seul, sans témoin. Il n'ose être que dans la solitude.

L'indubitable analogie qu'on trouve entre plusieurs de nos attitudes et celles des groupes soumis à un maître, une caste ou une puissance étrangère, peut se résoudre dans cette simple affirmation : le caractère des Mexicains est un produit des circonstances sociales qui règnent dans notre pays. Par conséquent, l'histoire du Mexique, qui est l'histoire de ces circonstances, détient la réponse à toutes ces questions. La situation du peuple pendant la période coloniale serait ainsi la cause de notre attitude fermée et instable. Notre histoire de nation indépendante contribuerait aussi à perpétuer et à rendre plus nette cette psychologie servile, étant donné que nous n'avons pas réussi à supprimer la misère populaire, ou les exaspérantes différences sociales, en dépit d'un siècle et demi de luttes et d'expériences constitutionnelles. L'emploi de la violence comme expédient dialectique, les abus d'autorité des pouvoirs — vice qui n'a pas encore disparu — et finalement le scepticisme et la résignation du peuple, plus visibles aujourd'hui après les successives désillusions post-révolutionnaires, confirment cette explication historique.

Mais le défaut de semblables interprétations réside précisément dans leur simplicité. Notre attitude devant la vie n'est pas conditionnée par les faits historiques, du moins aussi rigoureusement que, dans le monde mécanique, la vitesse ou la trajectoire d'un projectile est déterminée par un ensemble de facteurs connus. Notre attitude vitale — qui est un facteur que nous ne connaîtrons jamais totalement, étant bien entendu que l'indétermination et le changement sont ses deux uniques constantes — est elle aussi histoire. Je veux dire par là que les faits historiques sont des faits colorés par la nature humaine, c'est-à-dire par la problématicité. Ils ne sont pas les simples conséquences d'autres faits, leurs causes, mais d'une volonté singulière capable de dominer, dans certaines limites, sa fatalité. L'histoire n'est pas un mécanisme, et les diverses composantes d'un fait historique exercent une action réciproque, on l'a souvent fait remarquer. Ce qui distingue un fait proprement historique des autres faits, est son caractère historique, c'est-à-dire, qu'il est en soi et par soi une unité irréductible à d'autres. Irréductible et inséparable. Un fait historique n'est pas la somme de ce qu'on nomme les facteurs de l'histoire : il est une réalité indissoluble. Les circonstances historiques expliquent notre caractère dans la mesure où notre caractère les explique à leur tour. Il y a équivalence. C'est pourquoi toute explication purement historique est insuffisante — ce qui ne veut pas dire qu'elle soit fausse pour autant.

Une simple remarque suffira pour réduire à ses véritables proportions l'analogie entre la morale des serfs et la nôtre : les habituelles réactions du Mexicain ne sont pas spécifiques d'une classe, d'une race ou d'un groupe isolé, en situation d'infériorité. Les classes riches aussi se ferment au monde extérieur, et se blessent chaque fois qu'elles essayent de s'ouvrir. Il s'agit bien là d'une attitude qui dépasse les circonstances historiques, si même elle se sert d'elles pour se manifester, ou se transformer. Le Mexicain, comme tous les hommes, en se servant des circonstances, les convertit en une matière façonnable à son gré. En les sculptant, il se sculpte lui-même.

Il n'est donc pas possible d'identifier notre caractère avec celui des groupes soumis; mais il ne faudrait pourtant pas en nier la parenté. Dans les deux situations, l'individu et le groupe luttent, simultanément et contradictoirement, pour se cacher et se révéler. Mais plus d'une différence fondamentale nous sépare. Serfs, valets ou victimes d'un pouvoir étranger quelconque (les nègres américains, par exemple) mènent tous un combat contre une réalité concrète. Nous autres, par contre, nous luttons contre des entités imaginaires, vestiges du passé ou fantasmes engendrés par nous-mêmes. Ces fantasmes et ces vertiges sont réels, au moins pour nous. Leur réalité est d'un ordre subtil et atroce : c'est une réalité fantasmagorique. Ils sont impondérables et invincibles puisqu'ils ne sont pas hors de nous-mêmes mais en nous-mêmes. Dans la lutte que notre volonté d'être soutient contre eux, ils disposent d'un allié secret et puissant : notre peur d'être. Car le Mexicain, comme nous l'avons vu, peut se réduire à cette formule : il ne veut ou n'ose pas *être lui-même*.

Dans bien des cas, ces fantasmes sont des vestiges de réalités passées. Ils datent de la Conquête, de la Colonie, de l'Indépendance ou des guerres contre les Américains et les Français. D'autres reflètent nos problèmes actuels, d'une manière indirecte, en cachant leur véritable nature. Mais n'est-il pas extraordinaire que, les causes ayant disparu, les effets persistent? Et que les effets cachent les causes? Dans cette sphère, il est impossible de séparer les effets des causes. Et, au fond, il n'y a ni causes ni effets, mais un ensemble de réactions et de tendances qui se pénètrent mutuellement. La persistance de certaines attitudes et la liberté et l'indépendance qu'elles ont acquises par rapport aux causes dont elles résultent, conseillent de les étudier dans la chair vive du présent, et non dans les textes historiques.

En somme, l'histoire pourrait éclaircir l'origine de bon nombre de nos fantasmes, mais non les dissiper. Nous pouvons seuls les affronter. Ou, si l'on préfère : l'histoire nous aide à comprendre certains traits de notre caractère à condition que nous soyons capables de les isoler et de les dénoncer au préalable. Nous seuls pouvons répondre aux questions que nous posent la réalité et notre propre être.

Dans le langage de tous les jours, il y a un groupe de mots interdits, secrets, sans définition claire et à l'ambiguïté magique desquels nous confions l'expression de nos émotions et de nos réactions les plus brutales. Des paroles maudites que nous ne prononçons à voix haute que lorsque nous ne sommes pas maîtres de nous-mêmes. Elles reflètent confusément notre intimité : les explosions de notre vitalité les illuminent et les dépressions de notre courage les obscurcissent. C'est un langage sacré, comme celui des enfants, de la poésie et des sectes. Chaque lettre et chaque syllabe sont douées d'une vie double, en même temps éclatante et obscure qui nous révèle et nous cache. Paroles qui ne disent rien et disent tout. Les adolescents, quand ils veulent se faire passer pour des hommes, les prononcent d'une voix rauque. Les femmes les répètent, soit pour souligner la vérité de leurs sentiments, soit pour montrer leur liberté d'esprit. Car ces paroles sont définitives, catégoriques, en dépit de leur ambiguïté et des variations de leur signification. Il s'agit des jurons, seul langage vivant dans ce monde de mots anémiques, et poésie à portée de tous.

Chaque pays possède les siens. Les nôtres, avec leurs rapides syllabes agressives, griffues et sifflantes, pareilles à l'éclair soudain d'une lame qui heurte un corps dur et opaque, condensent tous nos appétits, toutes nos colères, et ces enthousiasmes et ces aspirations qui combattent en nous, inexprimés. Par eux et en eux, nous nous reconnaissons parmi des étrangers, et nous recourons à eux chaque fois qu'affleure à nos lèvres la condition de notre être. Les connaître, en user, les lancer dans l'air comme des jouets voyants, ou les faire vibrer comme des armes effilées, est une façon d'affirmer notre mexicanité.

La tension angoissée qui nous habite s'exprime entièrement dans une phrase qui nous vient à la bouche quand la colère, la joie ou l'enthousiasme nous amènent à exalter notre condition de Mexicains : *Vive le Mexique, enfants de la Chingada !* Véritable cri de guerre, chargé d'une électricité particulière, cette phrase est un défi et une affirmation, un coup de feu dirigé contre un ennemi imaginaire et une explosion dans l'air. C'est aussi, avec une certaine fatalité pathétique et plastique, la fusée qui monte dans le ciel, éclate en étincelles et retombe sans laisser de trace. Ou c'est encore le hurlement qui termine nos chansons, et qui possède une même résonance ambiguë : allégresse haineuse, affirmation blessée qui s'ouvre la poitrine et se consume elle-même.

Avec ce cri, qu'il est de rigueur de pousser le 15 septembre, anniversaire de l'Indépendance, nous nous affirmons et nous affirmons notre patrie, en face, en dépit et contre les autres. Mais qui sont ces autres ? Les autres sont les « enfants de la Chingada », les étrangers, les mauvais Mexicains, nos ennemis, nos rivaux. En tout cas, les « autres ». C'est-à-dire, tous ceux qui ne sont pas ce que nous sommes. Et ces autres se définissent comme enfants d'une mère aussi vague et indéterminée qu'eux-mêmes.

Qui est la Chingada ? Avant tout, la Mère. Non pas une Mère en chair et en os, mais une figure mythique. La Chingada est l'une des représentations mexicaines de la Maternité, de même que la Llorona [1], l'Éplorée ou la « douloureuse mère mexicaine », que nous fêtons le 10 mai. La Chingada est la mère qui a souffert, métaphoriquement ou réellement, l'action corrosive et infamante implicite dans le verbe qui lui donne son nom. Elle vaut bien la peine qu'on s'y arrête un peu.

Le mot et ses dérivés sont utilisés dans toute l'Amérique et dans quelques régions d'Espagne, associés aux boissons alcooliques ou non : à Oaxaca, on appelle *chingaditos* les restes du café; dans tout le Mexique, on appelle l'alcool *chinguere ;* au Chili, au Pérou et en Écuador, la taverne est la *chingana ;* en Espagne, *chingar* est l'équivalent de boire beaucoup, de s'enivrer; et à Cuba, un *chinguirito* est un coup d'alcool. *Chingar* implique aussi l'idée d'échec, ou de moquerie et d'humiliation, dont on est victime. C'est un verbe agressif : couper la queue des animaux, exciter et taquiner les coqs, se moquer, se jouer, nuire, perdre, frustrer.

Au Mexique, les significations en sont innombrables. C'est un mot magique. Il suffit d'un changement de ton, d'une inflexion à peine, pour que le sens varie. Il y a autant de nuances que d'intonations, autant de significations que de sentiments. On peut être un *chingon,* un *Gran Chingon* (en affaires, en politique, dans le crime ou avec les femmes), un *chingaquedito* (silencieux, dissimulé, ourdissant de noirs desseins, cauteleux, calculateur), un *chingoncito.* Pourtant, la pluralité des significations n'empêche nullement que l'idée d'agression — à tous degrés, depuis incommoder, piquer au vif, brocarder, jusqu'à violer, blesser et tuer — en soit toujours la signification ultime. Le verbe dénote la violence, sortir de soi, pénétrer par force dans un autre. Et aussi blesser, déchirer, violer — des corps, des âmes, des objets —, détruire. *Chingar* est faire violence à autrui.

1. Légende de l'époque coloniale, non sans analogie avec l'histoire de Jason et Médée. La *Llorona* était une Indienne de sang noble et qui vivait en concubinage avec un caballero espagnol. Lorsque celui-ci, fiancé à une femme de sa race et de son rang l'abandonna, elle étrangla ses enfants et se suicida. Son spectre rôde la nuit dans les rues de Mexico, pleurant ses fils sacrifiés, d'où vient son surnom de *Llorona,* l'Éplorée.

C'est un verbe masculin, actif, cruel : il pique, il blesse, il déchire, il tache. Et il provoque une amère et profonde satisfaction chez l'exécutant.

Le *chingado* est le passif, l'inerte, l'ouvert, par opposition à celui qui *chinga,* qui est actif, agressif et fermé. Le *chingon* est le mâle, celui qui ouvre. La *chingada,* la femelle, la passivité pure, sans réaction devant l'extérieur. La relation entre les deux est violente, déterminée par le pouvoir cynique du premier et l'impuissance de la seconde. L'idée de viol domine obscurément toutes ces significations. La dialectique du « fermé » et de « l'ouvert » s'accomplit ainsi avec une précision presque féroce.

Le pouvoir magique du mot est encore intensifié par son caractère prohibé. Personne ne le prononce en public. Seuls un excès de colère, une émotion ou un enthousiasme délirant, justifient son emploi franc et clair. On ne l'entend qu'entre les hommes, ou à l'occasion des grandes fêtes. En le criant, nous déchirons un voile de pudeur, de silence ou d'hypocrisie. Nous nous montrons tels que nous sommes en vérité. Les jurons grouillent dans notre être intérieur comme grouillent nos sentiments mêmes. Quand ils montent, ils le font brusquement, brutalement, cris de douleur, de défi ou d'injure. Ce sont des projectiles ou des couteaux. Ils blessent.

Les Espagnols aussi abusent des expressions fortes. En comparaison, le Mexicain est singulièrement délicat. Mais tandis que les Espagnols se complaisent dans le blasphème et la scatologie, nous nous spécialisons dans la cruauté et le sadisme. L'Espagnol est simple : il insulte Dieu parce qu'il croit en lui. Le blasphème, dit Machado, est une prière à l'envers. Le plaisir qu'expérimentent bien des Espagnols, y compris les plus grands poètes, à faire allusion aux ordures et à mélanger la merde et le sacré ressemble un peu à celui des enfants qui jouent dans la boue. Il y a, outre le ressentiment, le goût des contrastes qui a engendré le style baroque et le dramatisme de la grande peinture espagnole. Seul, un Espagnol peut parler avec autorité d'Onan et de Don Juan. Dans les tournures mexicaines, par contre, n'apparaît pas le dualisme espagnol symbolisé par l'opposition du réel et de l'idéal, des mystiques et des picaros, du Quevedo funèbre et du Quevedo scatologique, mais bien la dichotomie entre le fermé et l'ouvert. Le verbe *chingar* indique le triomphe du fermé, du mâle, du fort, sur l'ouvert.

Le mot *chingar,* avec ses multiples significations, définit une grande part de notre vie, et qualifie nos relations avec nos amis et nos compatriotes. Pour le Mexicain, la vie est une possibilité de *chingar,* d'humilier, de châtier ou d'offenser — ou bien d'être *chingado,* c'est-à-dire l'inverse. Cette conception de la vie sociale comme combat engendre forcément la division de la société en forts et en faibles. Les forts — les *chingones* sans scrupule, durs et inexorables — s'entourent de fidélités ardentes et intéressées. La servilité devant les puissants — spécialement dans la caste des politiciens, des professionnels des affaires publiques — est une des conséquences déplorables de cette situation. Une autre, non moins dégradante, est l'adhésion aux personnes et non aux principes. Assez fréquemment, nos politiciens confondent affaires publiques et privées. Il n'importe. Leur richesse ou leur influence sur l'administration leur permet d'entretenir une cour que le peuple appelle, avec sagesse, les lécheurs, les *lambiscones.*

Le verbe *chingar* — méchant, agile et folâtre comme un animal de proie — engendre maintes expressions qui font de notre monde une jungle : il y a des tigres dans les affaires, des aigles dans les écoles et dans les prisons, des lions parmi les amis. Corrompre, c'est « mordre ». Les bureaucrates rongent des os (leur emploi). Et dans un monde de *chingones,* de relations tendues, dominées par la violence et le défi, où personne ne s'ouvre ni ne se « fissure », les idées et le travail comptent peu. La seule valeur est la virilité qui s'impose par elle-même.

Le mot détient encore d'autres significations. Quand nous disons : *Va-t'en à la Chingada,* nous renvoyons notre interlocuteur très loin, dans le vague et l'indéterminé. Au pays des choses cassées et finies. Un pays gris et qui n'est nulle part, immense et vide. Ce n'est pas par simple association phonétique si nous le comparons à la *Chine,* qui, elle aussi, est immense et lointaine. La *Chingada,* à force d'usage, de significations contraires et de l'effleurement de lèvres coléreuses ou enthousiastes, a fini par s'user, perdre son contenu, disparaître. C'est un mot vide. Il ne veut plus rien dire. Il est le Néant.

Et pourtant, on peut répondre à la question : qu'est-ce que la *Chingada ?* La *Chingada* est la Mère, ouverte, violée, trompée. L'*enfant de la Chingada* est la créature du viol, du rapt, de la tromperie. Si on la compare à l'expression espagnole *enfant de putain* on voit immédiatement la différence. Pour l'Espagnol, le déshonneur consiste à être l'enfant d'une femme qui se livre volontairement, une prostituée; pour le Mexicain, d'être le fruit d'un viol.

Manuel Cabrera m'a fait observer que l'attitude espagnole reflète une conception historique et morale du péché originel, tandis que celle du Mexicain, plus profonde et plus naturelle, transcende anecdote et morale. En effet, toute femme, et même celle qui se donne volontairement, est déchirée, *chingada* par l'homme. En un sens, nous sommes tous, par le fait même que nous sommes nés de la femme, des *enfants de la Chingada,* des enfants d'Ève. Mais ce qui caractérise le Mexicain, à mon sens, c'est cette violente et sarcastique humiliation de la Mère, et cette non moins violente affirmation du Père. Une amie — les femmes sont plus sensibles à l'étrangeté de la situation — me fit remarquer que cette admiration pour le Père, symbole du fermé et de l'agressif, de ce qui est capable de *chingar* et d'ouvrir, transparaît dans l'expression que nous employons quand nous voulons imposer notre supériorité à quelqu'un : *Je pourrais être ton père*. En somme, la question de l'origine est le foyer secret de notre anxiété et de notre angoisse. Et il ne semble pas inutile de se demander de quel sens tout ceci est revêtu pour nous.

Nous sommes seuls. La solitude, fond obscur d'où l'angoisse sourd, commence le jour où nous quittons le sein maternel et où nous tombons dans un monde étranger et hostile. Nous tombons; et cette chute, cette conscience de nous savoir tombés, nous rend coupables. Coupables de quoi ? D'un délit sans nom : d'être nés. Ces sentiments sont communs à tous les hommes, et il n'y a rien en eux qui soit spécifiquement mexicain. Il ne s'agit donc pas de répéter une description qui a souvent été faite, mais d'isoler quelques traits et quelques émotions qui illuminent de façon particulière la condition universelle de l'homme.

Dans toutes les civilisations, l'image du Dieu-Père — dès qu'il a détrôné les divinités féminines — se présente comme une figure ambivalente. Dieu créateur comme Jéhovah ou simple régent cosmique, ou roi de la création comme Zeus, le Père incarne d'une part la puissance génésique, origine de la vie ; et d'autre part, il est le principe antérieur, l'Unique, dont tout naît et où tout s'achève. Mais aussi il est le maître de la foudre et du fouet, le tyran et l'ogre, dévorateur de la vie. Cet aspect Jéhovah colérique, Dieu de la colère, Saturne, Zeus violateur de femmes, est celui qui apparaît presque exclusivement dans les représentations populaires que le Mexicain se fait du pouvoir viril. Le « mâle » représente le pôle masculin de la vie. La phrase : *Je pourrais être ton père* n'a aucune saveur paternelle ni protectrice ; on ne la prononce pas pour défendre quelqu'un ou l'aider, mais pour imposer une supériorité, c'est-à-dire, pour humilier. Sa signification réelle n'est pas différente de celle du verbe *chingar* et de ses dérivés. Le « Mâle » est le *Grand Chingon.* Un mot résume l'agressivité, l'impassibilité, l'invulnérabilité, le recours à la violence et autres attributs du « mâle » : *pouvoir.* La force, déliée de toute notion d'ordre : le pouvoir arbitraire, la volonté sans frein.

L'arbitraire ajoute un élément imprévu à la figure du « mâle ». Il est un humoriste. Ses plaisanteries sont énormes, extraordinaires et rejoignent toujours l'absurde. On connaît l'histoire de celui qui, pour guérir de ses migraines un compagnon de ripaille, lui décharge un pistolet dans le crâne. Véritable ou non, cette anecdote montre avec quelle inexorable rigueur la logique de l'absurde est introduite dans la vie. Le « mâle » fait des *chingaderies,* c'est-à-dire, des actes imprévus, qui entraînent la confusion, l'horreur, la destruction. Il ouvre le monde et, en l'ouvrant, il le déchire. Ce déchirement provoque un grand rire sinistre. A sa façon, il est juste : il rétablit l'équilibre, il remet les choses à leur place, c'est-à-dire qu'il les réduit en poussière misérable, en rien. L'humour du « mâle » est un acte de vengeance.

Un psychologue dirait que le ressentiment est le fond de ce caractère. Et il ne serait guère difficile, non plus, d'y découvrir certaines inclinations homosexuelles, telles que l'us et l'abus du pistolet, symbole phallique porteur de mort et non de vie. Mais quelle que soit l'origine de ces attitudes, le fait est que l'attribut essentiel du « mâle », la force, se manifeste presque toujours comme capacité de blesser, d'annihiler, d'humilier. Rien de plus naturel, dès lors, que son indifférence devant les enfants qu'il engendre. Il n'est pas le fondateur d'une cité; il n'est pas le patriarche revêtu d'autorité; il n'est ni roi, ni juge, ni chef de clan. Il est le pouvoir, isolé dans sa propre puissance, sans relation ni compromis avec le monde extérieur. Il est la non-communication pure, la solitude qui se dévore elle-même et qui dévore ce qui la touche. Il n'appartient pas à notre monde; il n'est pas de notre ville, il n'est pas de notre quartier. Il vient de loin, il est toujours loin. Il est l'Étranger. Impossible dès lors, de ne pas apercevoir la ressemblance qu'il y a entre le « mâle » et le conquistador espagnol. Car ce dernier est le modèle — plus mythique que réel — qui commande toutes les représentations que les Mexicains se font des puissants : caciques, seigneurs féodaux, grands propriétaires, politiciens, généraux, industriels. Ils sont tous des « mâles », des *chingones*.

Le « mâle » n'a pas de contrepartie héroïque ou divine. Miguel Hidalgo, le « père de la patrie », comme on le nomme dans le jargon rituel de la République, est un vieillard inerte, une incarnation du peuple abandonné, beaucoup plus qu'une image de la force et de la colère du Père terrible. Parmi les nombreux saints patrons des Mexicains, on n'en trouve guère qui offrent une ressemblance avec les grandes divinités masculines. Finalement, il n'existe pas de vénération particulière pour le Dieu

Père de la Trinité, qui est une figure d'ailleurs effacée. Par contre, la dévotion au Christ est très fréquente et très constante : c'est un Dieu fils, un Dieu jeune, et une victime rédemptrice. Dans les églises de villages abondent des statues de Jésus — sur la croix et couvert de plaies et de blessures — où le réalisme écorché des Espagnols s'allie au symbolisme tragique des Indiens : les blessures sont des fleurs, gages de résurrection, et par là même réitération que la vie est le masque douloureux de la mort.

La ferveur du culte adressé au Dieu fils peut s'expliquer, à première vue, comme un héritage des religions pré-hispaniques. En effet, à l'arrivée des Espagnols, presque toutes les divinités masculines — à l'exception de Tlaloc, enfant et vieillard simultanément, et qui remontait à la plus haute antiquité — étaient des dieux fils, tel Xipe, dieu du maïs jeune, ou Huitzilopochtli, le « guerrier du Sud ». Et il ne sera peut-être pas inutile de rappeler que la naissance de Huitzilopochtli offre plus d'une analogie avec celle du Christ : il fut, lui aussi, conçu sans contact charnel; le messager divin est, là encore, un oiseau qui laisse tomber une plume dans le sein de Coatlicue; enfin, l'enfant Huitzilopochtli doit échapper à la persécution d'un Hérode mythique. Néanmoins, il serait abusif d'utiliser ces analogies pour expliquer la dévotion au Christ, et plus encore de l'attribuer à une simple survivance du culte des dieux fils. Le Mexicain vénère le Christ sanglant et humilié, frappé par les soldats, condamné par les juges parce qu'il trouve en lui l'image transfigurée de son propre destin. Et il se reconnaît de même en Cuauhtemoc, le jeune empereur aztèque détrôné, torturé et assassiné par Cortés.

Cuauhtemoc veut dire « l'Aigle qui tombe ». Le chef mexicain était monté sur le trône au début du siège de Mexico-Tenochtitlan, alors que les Aztèques avaient successivement été abandonnés par leurs dieux, leurs vassaux, leurs alliés. Il ne s'éleva que pour tomber, comme un héros mythique. Sa relation avec la femme correspond aussi à l'archétype du héros jeune, à la fois amant et fils de la Déesse. Ainsi, le poète Lopez

Velarde dira que Cuauhtemoc va à la rencontre de Cortés, c'est-à-dire du sacrifice final *après s'être arraché à la douce poitrine de l'Impératrice.* C'est un guerrier, et aussi un enfant. Mais le cycle héroïque n'est pas achevé : héros tombé, il attend toujours sa résurrection. Il n'est pas surprenant que, pour la majorité des Mexicains, Cuauhtemoc soit le « jeune aïeul », l'origine du Mexique : la tombe du héros est le berceau du peuple. Car telle est la dialectique du mythe, et Cuauhtemoc, plus qu'une figure historique, est un mythe. Ici intervient un autre élément décisif, une analogie qui fait de cette histoire un véritable poème en quête de dénouement : on ignore où se trouve la tombe de Cuauhtemoc. Et ce mystère est l'une de nos obsessions. L'élucider ne signifie pas moins que revenir à notre origine, renouer notre filiation, rompre la solitude. Ressusciter.

Si l'on interroge la troisième figure de la triade, la Mère, nous recevrons une réponse double. Ce n'est un secret pour personne que le catholicisme mexicain se concentre dans le culte de la Vierge de Guadalupe. D'abord, il s'agit d'une Vierge indienne; ensuite, l'endroit de son apparition (devant l'Indien Juan Diego) est une colline qui possédait jadis un sanctuaire dédié à Tonantzin, « notre mère », déesse de la fertilité pour les Aztèques. Or, la Conquête coïncida avec l'apogée du culte des divinités masculines : Quetzalcoatl, le dieu de l'autosacrifice (il crée le monde, selon le mythe, en se précipitant dans un bûcher à Teotihuacan) et Huitzilopochtli, le jeune dieu guerrier sacrificateur. La déroute de ces dieux — car telle fut la Conquête pour les Indiens : la fin d'un cycle cosmique, et l'instauration d'un nouveau règne divin — produisit chez les fidèles une sorte de régression vers les antiques divinités féminines. Ce phénomène de retour au sein maternel, bien connu des psychologues, est sans doute une des causes déterminantes de la rapide popularité du culte de la Vierge. En outre, les déités indiennes représentaient la fertilité; elles étaient reliées aux rythmes cosmiques, aux saisons, aux rites agraires. La Vierge catholique est aussi une Mère (certains pèlerins indiens la nomment même Guadalupe-Tonantzin) mais son attribut majeur n'est pas de veiller à la fertilité de la terre : c'est d'être le refuge des désemparés. La situation a changé : il ne s'agit plus d'assurer les récoltes mais de trouver un refuge. La Vierge est la consolation des pauvres, le bouclier des faibles, le recours des opprimés. En somme, c'est la Mère de tous les orphelins. Tous tant que nous sommes, nous naissons déshérités, et notre condition véritable est celle de l'orphelin; mais cela est encore plus vrai pour les Indiens et les pauvres, au Mexique. Le culte de la Vierge ne reflète pas seulement la condition générale des hommes, mais aussi une situation historique concrète, spirituellement et matériellement. Il y a plus encore : Mère universelle, la Vierge est aussi l'intermédiaire, la messagère entre l'homme déshérité et la puissance inconnue, sans visage : l'Étranger.

Par opposition à Guadalupe qui est la Mère Vierge, la *Chingada* est la Mère violée. Mais pas plus en l'une qu'en l'autre, nous ne trouvons les attributs noirs de la Grande Déesse : lascivité d'Amaterasau et d'Aphrodite, cruauté d'Artémis et d'Astarté, magie funeste de Circé, amour de Kâli pour le sang. Ce sont des figures passives. Guadalupe est la réceptivité pure, ce qu'elle apporte est de même caractère : elle console, elle calme, elle tarit les larmes, elle apaise les passions. La *Chingada* est encore plus passive. Et sa passivité est abjection : elle n'offre aucune résistance à la violence, elle est une masse inerte de sang, d'os et de poussière. Sa tache est constitutionnelle : elle réside, comme nous l'avons vu, dans son sexe. C'est cette passivité ouverte à l'extérieur qui l'amène à perdre son identité : elle est la *Chingada*. Elle a perdu son nom, elle n'est plus personne, elle se confond avec le néant, elle est le néant. Et néanmoins, elle reste une atroce incarnation de la condition féminine.

Car si la *Chingada* est une représentation de la Mère violée, il ne me paraît pas abusif de l'associer à la Conquête, qui fut aussi un viol, non seulement dans un sens historique, mais dans la chair même des Indiens. Le symbole de la déchirure est Doña Malinche, la maîtresse indienne de Cortés. Il est vrai qu'elle s'est donnée volontairement au Conquistador, mais celui-ci, dès qu'elle cessa de lui être utile, l'oublia. Doña Marina — pour lui donner son nom chrétien — s'est convertie en une figure qui représente les Indiennes, fascinées, violées ou séduites par les Espagnols. Et de la même façon que l'enfant ne saurait pardonner à sa mère qui l'abandonne pour aller à la recherche de son père, le peuple mexicain ne pardonne pas sa trahison à Malinche. Elle incarne l'ouvert, le *chingado*, face à nos Indiens, stoïques, impassibles et fermés. Cuauhtemoc et doña Marina sont ainsi deux symboles opposés et complémentaires. Et s'il n'y a rien de surprenant dans le culte que nous professons pour le jeune empereur — « seul héros à la hauteur de l'art », image du fils sacrifié — il ne faut pas s'étonner non plus de la malédiction qui pèse sur Malinche. De là vient le succès de l'adjectif péjoratif *malinchiste,* récemment mis en circulation par les journaux pour dénoncer tous ceux qui sont attirés par l'étranger. Les *malinchistes* sont les partisans d'une ouverture du Mexique à l'extérieur : les véritables fils de Malinche qui est la *Chingada* en personne. Et voici que réapparaît le fermé opposé à l'ouvert.

Notre cri est l'expression de la volonté mexicaine de vivre fermée à l'extérieur, certes; mais par-dessus tout, fermée au passé. Par ce cri, nous condamnons notre origine et nous renions notre caractère hybride. L'extraordinaire permanence de Cortés et de Malinche dans l'imagination et la sensibilité des Mexicains actuels, montre que ce sont là plus que des figures historiques : ce sont les symboles d'un conflit secret que nous n'avons pas encore résolu. En répudiant Malinche — l'Ève mexicaine, comme la représente Orozco dans sa fresque de l'École nationale préparatoire —, le Mexicain rompt ses liens avec le passé, renie ses origines et se retrouve seul dans une vie tout historique.

Le Mexicain condamne en bloc toute sa tradition, qui est un ensemble de gestes, d'attitudes et de tendances dans lequel il est difficile de distinguer l'Espagnol de l'Indien. Aussi, la thèse hispaniste qui nous fait descendre de Cortés, excluant Malinche, n'est-elle que le patrimoine de quelques extravagants, qui ne sont pas même de purs blancs. On peut en dire autant de la propagande indigéniste que soutiennent les créoles et les métis maniaques, sans que jamais les Indiens lui aient prêté attention. Le Mexicain ne veut être ni Indien ni Espagnol. Il ne veut pas non plus descendre d'eux. Il les renie. Il ne s'affirme pas comme métis, mais comme abstraction : il est un homme. Il se veut fils du Néant. C'est en lui-même qu'il commence.

Cette attitude se manifeste non seulement dans notre vie quotidienne, mais aussi au cours de notre histoire qui fut, à certains moments, une volonté déclarée de déracinement. N'est-il pas remarquable que ce pays au passé si vivant, si riche en antiquité légendaire et si pauvre en histoire moderne, ne puisse se concevoir qu'en niant ses origines ?

Notre cri populaire nous dénude et révèle quelle est cette plaie qu'alternativement nous cachons et nous exhibons ; mais il n'indique pas pourquoi il y eut cette séparation et cette négation de la Mère, ni quand se réalisa la rupture. Sous réserve d'examiner plus longuement ce problème, on peut avancer que la Réforme libérale du milieu du siècle passé paraît être ce moment où le Mexicain s'est décidé à rompre avec sa tradition, et ce fut comme rompre avec lui-même. L'Indépendance a pu couper les liens politiques qui nous unissaient à l'Espagne ; mais c'est la Réforme de Juárez qui a posé que la nation mexicaine, en tant que projet historique, ne continuerait pas la tradition coloniale. Juárez et sa génération fondent un état dont les idéaux sont différents de ceux qui animaient la Nouvelle-Espagne ou les sociétés précortésiennes. L'État mexicain proclame une conception universelle et abstraite de l'homme : la République n'est pas composée de créoles, d'Indiens et de métis, comme le spécifiaient avec leur grand amour des nuances et leur respect de la nature hétéroclite du monde colonial, les Lois des Indes, — mais seulement d'hommes. Et d'hommes seuls.

La Réforme de Juárez est la grande rupture avec la Mère. Cette séparation était un acte fatal et nécessaire, parce que toute vie vraiment autonome commence par une rupture avec la famille et le passé. Nous souffrons pourtant encore d'une telle séparation. La blessure nous brûle encore. De là vient que le sentiment d'être orphelin est le fond constant de nos tentatives politiques et de nos conflits intimes. Le Mexique est aussi seul que chacun de ses enfants.

Le Mexicain et la mexicanité se définissent comme rupture et négation. Et aussi, finalement, comme recherche, comme volonté de transcender ce statut d'exilé : comme conscience vivante de la solitude, personnelle et historique. L'histoire, qui ne pourrait rien dire sur la nature de nos sentiments et de nos conflits, saura au moins nous montrer comment s'est réalisée la rupture, et quelles ont été nos tentatives de transcender la solitude.

V

CONQUÊTE ET COLONIE

Tout contact avec le peuple mexicain, si bref soit-il, montre que les formes occidentales recouvrent encore maintes coutumes et croyances antiques. Ce fonds témoigne de la vitalité des cultures précortésiennes. Et depuis les découvertes des archéologues et des historiens, il n'est plus possible de considérer ces anciennes sociétés comme barbares ou primitives. Au-delà de la fascination ou de l'horreur qu'elles provoquent, on doit admettre que les Espagnols, en arrivant au Mexique, rencontrèrent des civilisations complètes et raffinées.

La Méso-Amérique, c'est-à-dire le noyau de ce qui sera plus tard la Nouvelle-Espagne, est un territoire qui comprend le centre et le sud de l'actuel Mexique et une partie de l'Amérique centrale. Au nord, sur les déserts et les plateaux incultes, erraient les nomades, les Chichimèques, ainsi que les habitants du Plateau central nommaient de façon générale et sans distinction de nation, les barbares. Les frontières entre les uns et les autres étaient instables, comme à Rome. Les derniers siècles de la Méso-Amérique peuvent être réduits, sommairement, à l'histoire des rencontres des vagues de chasseurs venus du nord, presque tous appartenant à la famille nahuatl, avec les populations sédentaires. Les Aztèques furent les derniers à s'établir dans la Vallée de Mexico. Le travail d'érosion de ceux qui les avaient précédés et l'usure du ressort intime des vieilles cultures rendirent possible leur extraordinaire entreprise visant à la fondation de ce qu'Arnold Toynbee appelle un Empire Universel, érigé sur les vestiges des anciennes communautés. Les Espagnols, selon l'historien anglais, ne firent autre chose que se substituer à eux, résolvant dans une synthèse politique la tendance à la désagrégation qui menaçait le monde méso-américain.

Quand on réfléchit à ce qu'était notre pays à l'arrivée de Cortés, on est supris par la pluralité des villes et des cultures qui contraste avec l'homogénéité relative de leurs traits les plus caractéristiques. La multiplicité des noyaux indigènes et les rivalités qui les opposaient permettent de dire que la Méso-Amérique était constituée par un ensemble de peuples, nations et cultures autonomes, avec leurs traditions propres, exactement comme le monde méditerranéen. La Méso-Amérique était en soi un univers historique.

D'autre part, l'homogénéité culturelle de ces centres prouve que la singularité originelle de chaque culture avait été remplacée, à une époque assez proche, par des formes religieuses et politiques communes. En effet, les cultures-mères, au centre et au sud, avaient à l'arrivée des Espagnols disparu depuis déjà plusieurs siècles. La variété de ces expressions locales avait été confondue par les derniers envahisseurs. Et cette synthèse s'était achevée avec l'élaboration d'un archétype, le même, à quelques légères différences près, pour tous.

En dépit du juste discrédit qui pèse sur les analogies historiques, dont on a abusé avec autant de virtuosité que de légèreté, il est difficile de ne pas comparer l'image que nous offre la Méso-Amérique au début du XVIe siècle avec celle du monde hellénistique, au moment où Rome commence sa course vers le pouvoir universel. L'existence de plusieurs grands États et la persistance d'un grand nombre de villes indépendantes, dans la Grèce insulaire et continentale, soulignent encore l'unité culturelle de cet univers. Les Séleucides, les Ptolémées et les nombreux petits États éphémères, se distinguent entre eux non par la diversité ou l'originalité de leurs sociétés respectives, mais par les querelles qui, fatalement, les divisent. On peut en dire autant des sociétés méso-américaines. Diverses traditions et héritages culturels s'y mêlent et finissent par se fondre. Et l'homogénéité culturelle fait contraste avec les querelles perpétuelles.

Dans le monde hellénistique, l'unité est atteinte grâce à la prédominance de la culture grecque, qui absorba les cultures orientales. Il est difficile de déterminer quel fut l'élément unificateur des sociétés indigènes. Une hypothèse, qui ne fait que s'appuyer sur une simple réflexion, laisse penser que le rôle joué par la culture grecque dans le monde antique, fut joué en Méso-Amérique par une culture qu'on ne sait pas encore véritablement nommer et qui fleurit à Tula et Teotihuacan : la culture « toltèque ». L'influence des cultures du Plateau central sur le Sud, spécialement dans l'aire occupée par la civilisation maya, justifie cette idée. Il est remarquable qu'il n'y a aucune trace d'influence maya à Teotihuacan. Chichen-Itza, au Yucatan, par contre, est une ville toltèque. Tout semble indiquer qu'à un certain moment les formes culturelles du centre du Mexique finirent par s'étendre et prédominer.

D'un point de vue très général, on a pu décrire la Méso-Amérique comme une aire historique unie, déterminée par la présence constante de certains éléments communs à toutes les cultures : agriculture du maïs, calendrier rituel, jeu de pelote, sacrifices humains, mythes solaires, mythes de végétation, etc... On a dit que tous ces éléments ont une origine méridionale et qu'ils furent assimilés, au fur et à mesure, par les envahisseurs nordiques. Ainsi, la culture méso-américaine serait le fruit de diverses créations du Sud recueillies, développées et systématisées par des groupes nomades. Un tel schéma toutefois omet l'originalité de chaque culture locale. La ressemblance qu'on observe entre les conceptions religieuses, politiques et mythiques des peuples indo-européens, par exemple, n'exclut pas l'originalité de chacun d'eux. De toute façon, et au-delà de l'originalité particulière de chaque culture, il est évident que, décadentes et débilitées, elles étaient toutes prêtes à être absorbées par l'Empire aztèque, héritier des civilisations de l'Altiplane.

Toutes ces sociétés étaient imprégnées de religion. La société aztèque constituait, elle aussi, un État théocratique et militaire. Ainsi, l'unification religieuse précéda, compléta ou correspondit en quelque façon à l'unification politique. Sous des noms différents, dans des langues différentes, mais avec des cérémonies, des rites et des significations très proches, chaque ville précortésienne adorait des dieux de plus en plus confondus entre eux. Les divinités agraires — les dieux du sol, de la végétation et de la fertilité, comme Tlaloc — et les dieux nordiques — célestes, guerriers ou chasseurs, comme Tezcatlipoca, Huitzilopochtli, Mixcoatl — coexistaient dans un même culte. Le trait le plus accusé de la religion aztèque au moment de la Conquête en était l'incessante spéculation théologique qui refondait, systématisait, unifiait toutes les croyances, proches ou étrangères. Cette synthèse n'était pas le fruit d'un mouvement religieux populaire, comme les religions prolétariennes qui se diffusaient dans le monde antique au début du christianisme, mais la tâche d'une caste au sommet de la pyramide sociale. Les systématisations, adaptations et réformes de cette caste sacerdotale montrent que dans le domaine des croyances aussi on procédait par superpositions — caractéristique des cités préhispaniques. De la même façon qu'une pyramide aztèque recouvre parfois un édifice plus ancien, l'unification religieuse affectait seulement la surface de la conscience, laissant intactes les croyances primitives. Cette situation préfigurait celle qu'introduirait le catholicisme qui est, lui aussi, une religion superposée à un fond religieux original et toujours vivant. Tout préparait la domination espagnole.

La conquête du Mexique serait inexplicable sans ces prémices. L'arrivée des Espagnols parut une libération aux populations soumises par les Aztèques. La plupart des États-Cités s'allièrent avec les Conquistadors, ou assistèrent indifférents, quand ce n'était pas avec délices, à la chute de chacun de leurs rivaux, et en particulier, du plus puissant : Tenochtitlan. Mais ni le génie politique de Cortés, ni la supériorité technique des Espagnols — qui ne joua pas dans des faits d'armes décisifs comme la bataille d'Otumba —, ni la défection de ses vassaux et alliés n'auraient suffi pour ruiner l'Empire Aztèque, si celui-ci n'avait ressenti une défaillance, une hésitation intérieure qui le fit vaciller et céder. Quand Moctezuma ouvre les portes de Tenochtitlan aux Espagnols et reçoit Cortés avec des présents, les Aztèques ont perdu la partie. Leur lutte finale est un suicide, c'est ce que font entendre tous les textes que nous possédons et qui concernent cet épisode grandiose et tragique.

Pourquoi Moctezuma a-t-il cédé? Pourquoi s'est-il senti étrangement fasciné par ces Espagnols, comme pris par un vertige qu'il n'est pas exagéré de dire sacré — ce vertige lucide du suicide au bord de l'abîme? C'est parce que les dieux l'ont abandonné. La grande trahison par quoi commence l'histoire du Mexique, n'est ni celle des Tlaxcaltèques, ni celle de Moctezuma et de ses partisans, mais celle des dieux. Aucun peuple ne s'est senti aussi totalement abandonné que la nation aztèque devant les avertissement, les prophéties et les signes qui annonçaient sa chute. On risque de ne pas saisir le sens que ces signes et prophéties avaient pour les Indiens si l'on oublie leur conception cyclique du temps. Comme on le trouve dans maintes autres civilisations, le temps, pour les Aztèques, n'était pas une mesure abstraite et vide de contenu, mais quelque chose de concret, une force, une substance, un fluide qui se détruit et se consume. De là venait la nécessité des rites et des sacrifices destinés à redonner force à l'année ou au siècle. Mais le temps — ou plus exactement les temps — était une sorte de retour éternel. Un temps s'achevait, un autre revenait. L'arrivée des Espagnols fut interprétée par Moctezuma — au début du moins — non pas tant comme un danger extérieur que comme l'achèvement interne d'une ère cosmique et le début d'une autre. Les dieux s'en vont, parce que le temps est fini, et c'est le retour d'un autre temps, d'autres dieux, d'une autre ère.

Cette désertion divine paraît encore plus pathétique quand on pense à la jeunesse et à la vigueur de l'État naissant. Tous les vieux Empires, comme Rome ou Byzance, ressentirent la séduction de la mort à la fin de leur histoire. Les citoyens haussaient les épaules quand l'étranger assenait le coup final. Il y a une lassitude impériale, et la servitude paraît légère à qui est fatigué du pouvoir. Les Aztèques connurent le frisson de la mort en pleine jeunesse, alors qu'ils marchaient vers leur maturité.

En somme, la Conquête du Mexique est un fait historique dans lequel interviennent des circonstances nombreuses et diverses, mais il me semble qu'on oublie fréquemment celle-là qui est sans doute la plus significative : le suicide du peuple aztèque. Nous nous souvenons que la fascination de la mort est aussi bien un trait de maturité ou de vieillesse que de jeunesse. Midi et minuit sont des heures de suicide rituel. A midi, durant un instant, tout est arrêté et vacille : la vie, de même que le soleil, se demande si continuer vaut la peine. Dans ce moment d'immobilité, qui est aussi de vertige, au centre de son destin, le peuple aztèque interroge : les signes célestes lui sont contraires. Il ressent l'attraction de la mort :

Je pense, sur le bord doré de l'univers,
A ce goût de périr qui prend la Pythonisse
En qui mugit l'espoir que le monde finisse.

Une partie du peuple aztèque se rend à l'envahisseur. L'autre, sans espoir d'être sauvée, trahie par tous, choisit la mort. Devant la simple présence des Espagnols, une scission s'accomplit dans la société aztèque, correspondant au dualisme de ses dieux, de son système religieux et de ses castes supérieures.

La religion aztèque, comme celle de tous les peuples conquérants, était une religion solaire. Dans le soleil, ce dieu qui est la source de toute vie, ce dieu-oiseau, et dans sa marche qui, chassant les ténèbres, lui permet de s'établir au centre du ciel comme une armée victorieuse, prend possession du champ de bataille, l'Aztèque condense toutes les aspirations et les entreprises belliqueuses de son peuple. Car les dieux ne sont pas de simples représentations de la nature. Ils incarnent aussi les désirs et la volonté d'une société qui se divinise en eux. Huitzilopochtli, le guerrier du Sud, « est le dieu tribal de la guerre et du sacrifice... Il commence sa carrière par un massacre. Quetzalcoatl-Nanauatzin est le dieu-soleil des sacerdotes qui voient dans le volontaire sacrifice de soi l'expression la plus haute de sa doctrine du monde et de la vie; Quetzalcoatl est un roi-sacerdote, respectueux des rites et des décrets du destin, qui ne combat pas et se donne la mort pour renaître. Huitzilopochtli, au contraire, est le soleil-héros des guerriers, qui se défend, lutte et triomphe, soleil invaincu qui terrasse ses ennemis avec les flammes de son xiucoatl. Chacune de ces personnalités divines correspond à l'idéal de l'une des fractions principales de la classe dirigeante [1] ».

La dualité de la religion aztèque, reflet de sa division théocratico-militaire et de son système social, correspond aussi aux impulsions contradictoires qui habitent chaque être et chaque groupe humain. L'instinct de la mort et celui de la vie combattent en chacun de nous. Ces tendances profondes imprègnent l'activité des castes, des classes ou des individus et se révèlent à nu dans les moments critiques. La victoire de l'instinct de mort montre que le peuple aztèque avait perdu la conscience de son destin. Cuauhtemoc lutte sans douter de sa défaite. Le caractère tragique de son combat réside dans cette acceptation intime et courageuse de la défaite. Et le drame de cette conscience qui voit tout s'écrouler autour d'elle, en premier lieu les dieux créateurs de la grandeur de son peuple, semble dominer notre histoire entière. Cuauhtémoc et son peuple meurent solitaires, abandonnés par leurs amis, leurs alliés, leurs vassaux et leurs dieux. Ils meurent orphelins.

La chute de la société aztèque précipite celle de tout le monde indien. Toutes les nations qui le composent sont en proie à la même horreur, qui s'exprime presque toujours comme une acceptation fascinée de la mort. Le peu de documents qui nous restent, sur ces catastrophes qui apportèrent tristesse à tant d'êtres, sont impressionnants. Voici le témoignage maya, tel

1. J. Soustelle, *La Pensée cosmologique des anciens Mexicains*, Paris, 1940.

que le raconte le Chilam Balam de Chuyamel : « Le 11 Ahan Katun arrivèrent les étrangers à barbe blonde, les fils du soleil, les hommes de couleur claire. Hélas, attristons-nous parce qu'ils sont venus... Le bâton du blanc tombera, viendra du ciel, viendra de partout... Triste sera la parole de Hunab-Ku, notre déité-Unique, quand s'étendra sur toute la terre la parole des cieux... » Et plus loin : « Ce sera le commencement des pendaisons, l'explosion de la foudre au bout des bras des blancs » (les armes à feu) ... « quand tombera sur les Frères la rigueur du combat, quand l'impôt avec l'eau du baptême leur tombera dessus, quand se fondera le principe des sept Sacrements, quand les peuples devront se crever au travail et que la misère régnera sur la terre ».

Le caractère de la Conquête n'est pas moins complexe dans la perspective que nous offrent les témoignages légués par les Espagnols. Tout y paraît contradictoire. De même que la Reconquête sur les Maures, c'est une entreprise privée et une tâche nationale. Cortés et le Cid guerroient pour leur compte, sous leur propre responsabilité et contre la volonté de leurs maîtres, mais au nom et au profit du Roi. Ils sont des vassaux, des rebelles et des croisés. Dans leur conscience et dans celle de leurs armées, combattent à leur tour des notions opposées : les intérêts de la Monarchie et les leurs, ceux de la foi et ceux du lucre. Chaque Conquistador, chaque missionnaire et chaque bureaucrate est un champ de bataille. Si, considérés isolément, ils représentent les grandes puissances qui se disputent la direction de la société — le féodalisme, l'Église et la Monarchie absolue —, en leur for intérieur s'affrontent d'autres tendances. Celles-là mêmes qui distinguent l'Espagne du reste de l'Europe et qui en font, au sens littéral, une nation excentrique.

L'Espagne est le champion de la foi et ses soldats sont les soldats du Christ. Cette circonstance n'empêche nullement l'Empereur et ses successeurs de soutenir des polémiques acharnées contre le pape, que le Concile de Trente ne parvient pas à enrayer tout à fait. L'Espagne est une nation encore médiévale, et maintes lois promulguées dans la Colonie, de même que les hommes qui les promulguent, appartiennent au Moyen-Age. Pourtant, la Découverte et la Conquête de l'Amérique sont des entreprises de la Renaissance. C'est donc que l'Espagne participe aussi à la Renaissance — à moins que l'on ne soutienne que ces aventures outre-mer, provoquées par la science, la technique et même par les rêveries et les utopies renaissantes, ne participent pas de ce mouvement historique.

Mais, d'autre part, les Conquistadors ne sont que la répétition du guerrier médiéval, qui lutte contre les Maures et les Infidèles. Ce sont des aventuriers, c'est-à-dire des gens qui pénètrent dans les espaces libres et se risquent dans l'inconnu, caractéristiques certes renaissantes. Le chevalier médiéval, lui, vit dans un monde fermé. Sa grande tâche fut la Croisade, événement historique très différent de la Conquête. Le premier était une délivrance, le second une découverte et une fondation. Et, finalement, maints Conquistadors — Cortés, Jiménez de Quesada — sont des figures inconcevables au Moyen Age. Leurs goûts littéraires comme leur réalisme politique, leur conscience de l'œuvre qu'ils réalisent tout autant que ce qu'Ortega y Gasset appellerait leur *style de vie*, offrent peu d'analogie avec la sensibilité médiévale.

Quand l'Espagne se ferme à l'Occident et renonce à l'avenir au moment de la Contre-Réforme, elle le fait en adoptant et en assimilant toutes les formes artistiques de la Renaissance : poésie, peinture, roman, architecture. Ces formes, et celles de la philosophie et de la politique, mêlées avec des traditions et des institutions espagnoles de caractère médiéval, sont transplantées sur notre continent. Et il est significatif que la partie la plus vivante de l'héritage espagnol en Amérique soit constituée par ces éléments universels que l'Espagne a assimilés à une période universelle de son histoire. L'absence de *casticismo,* de traditionalisme ou d'hispanité, au sens médiéval, castillan, est un trait permanent de la culture hispano-américaine, toujours ouverte à l'extérieur avec sa volonté d'universalité. Ni Juan Ruiz de Alarcon, ni Sœur Juana, ni Dario, ni Bello ne sont des esprits traditionnels, *castizos*. La tradition espagnole, dont nous autres, hispano-américains, avons hérité, est celle-là même qui, en Espagne, est considérée avec méfiance et dédain : celle des hétérodoxes, tournés vers la France ou l'Italie. Notre culture, comme une partie de la culture espagnole, est le choix libre de quelques esprits. Ainsi se définit-elle comme liberté en face du traditionalisme passif de nos peuples. C'est une *forme,* qui peut être, soit superposée, soit indifférente à la réalité qui la soutient. Et dans ce caractère réside sa grandeur et aussi, parfois, sa vacuité et son impuissance. Le développement de notre poésie lyrique — qui est, par nature, dialogue entre le poète et le monde — et la relative pauvreté de nos formes épiques et dramatiques, résident peut-être dans ce dégagement, dans cet éloignement de la réalité qui définit notre tradition.

La diversité des éléments et des tendances qu'on trouve dans la Conquête ne trouble cependant pas sa claire unité historique. Ils reflètent tous, en effet, la nature de l'État espagnol, caractérisé par le fait qu'il est une création artificielle, une construction politique, au sens le plus strict des mots. La monarchie espagnole est née de la violence : celle que les rois catholiques et leurs successeurs ont faite aux différents peuples et aux différentes nations soumis à leur pouvoir. L'unité espagnole a été, et continue d'être, en tant que fruit de la volonté politique de l'État, différente de celle des éléments qui la composent. (Le catholicisme a toujours vécu en fonction de cette volonté. De là, sans doute, son ton belliqueux, autoritaire et inquisitorial.) La rapidité avec laquelle l'État espagnol assimile et organise les conquêtes réalisées par des particuliers montre qu'une même volonté, poursuivie avec une certaine inflexibilité cohérente, animait les entreprises européennes et celles d'outre-mer. Les colonies atteignirent en peu de temps une complexité et une perfection qui contrastent avec le lent développement de celles qui furent fondées par d'autres pays. La préalable existence de sociétés stables et mûries facilita sans doute la tâche des Espagnols, mais la volonté espagnole de créer un monde à son image est aussi évidente. En 1604, moins d'un siècle après la chute de Tenochtitlan, Balbuena peut écrire son poème baroque de « *La Grandeur mexicaine* [1] ».

En résumé, que l'on considère la Conquête du point de vue indigène ou du point de vue espagnol, on y retrouve l'expression d'une volonté unitaire. En dépit de ses contradictions, la Conquête est un fait historique qui transforme en unité la pluralité politique et culturelle précortésienne. Face à la variété de races, de langues, de tendances et d'états du monde préhispanique, les Espagnols imposent un seul idiome, une seule foi, un seul Seigneur. Si le Mexique est né au XVIe siècle, c'est en tant que fils d'une double violence impériale et unitaire : celle des Aztèques et celle des Espagnols.

L'empire que fonde Cortés sur les ruines des vieilles cultures aborigènes est un organisme subsidiaire, satellite du soleil espagnol. Le sort des Indiens aurait pu être ainsi celui de tous les peuples qui voient leur culture nationale humiliée, et auxquels les portes de la participation au nouvel ordre, pure superposition tyrannique, sont fermées. Mais l'État fondé par les Espagnols fut un ordre ouvert. Et cette circonstance, de même que les modalités de participation des vaincus à cette activité centrale de la nouvelle société qu'est la religion, mérite un examen attentif. L'histoire du Mexique, et singulièrement de chaque Mexicain, prend sa racine précisément dans cette situation. Aussi l'étude de l'ordre colonial est-elle indispensable. La détermination des notes les plus saillantes de la religiosité coloniale — dans ses manifestations populaires aussi bien que chez ses esprits les plus représentatifs — nous montrera le sens de notre culture et l'origine de bon nombre de nos conflits postérieurs.

La rapidité avec laquelle l'État espagnol — éliminant les ambitions des colons, les infidélités des fonctionnaires et les rivalités de toute espèce — refond les nouvelles possessions

1. Bernardo de Balbuena, poète baroque (1561-1627). Un de ses premiers poèmes est *La Grandeur mexicaine*, chant en l'honneur de la ville de Mexico, capitale de la Nouvelle-Espagne.

à l'image et à la ressemblance de la métropole, est aussi étonnante que la solidité de l'édifice social qui se construit. La société coloniale est un ordre fait pour durer. C'est-à-dire, une société régie conformément à des principes juridiques, économiques et religieux pleinement cohérents et qui établissent une relation vivante et harmonique entre le tout et les parties. Un monde qui se suffit, fermé à l'extérieur mais ouvert à l'extra-terrestre.

Il est facile de se moquer des prétentions extra-terrestres de la société coloniale. Et plus facile encore de la dénoncer comme une forme vide, destinée à recouvrir les abus des conquérants ou à les justifier pour eux-mêmes et pour leurs victimes. Cela est vrai sans doute, mais il est tout aussi vrai que cette aspiration extra-terrestre n'était pas un simple artifice, mais une foi vivante et qui soutenait, comme la racine l'arbre, fatale et nécessaire, les autres formes culturelles et économiques. Le catholicisme est au centre de la société coloniale parce qu'il est véritablement la source de vie qui nourrit les activités, les passions, les vertus et jusqu'aux péchés des serfs et des seigneurs, des fonctionnaires et des prêtres, des commerçants et des militaires. Grâce à la religion, l'ordre colonial n'est pas une simple superposition de formes historiques nouvelles, mais un organisme vivant. Avec la clef du baptême, le catholicisme ouvre les portes de la société et la transforme en ordre universel, destiné à tous. En parlant d'Église catholique, je n'entends pas me référer à l'œuvre apostolique des missionnaires, mais au corps entier, avec ses saints, ses prélats rapaces, ses ecclésiastiques pédants, ses juristes passionnés, ses œuvres de charité et sa monstrueuse thésaurisation des richesses.

Il est certain que si les Espagnols ne massacrèrent pas les Indiens, c'est qu'ils avaient besoin de la main-d'œuvre native pour exploiter les énormes domaines féodaux et les mines. Les Indiens étaient des biens qu'il convenait de ne pas dilapider. Il est difficile d'imaginer qu'à ces considérations s'en soient mêlées d'autres, de caractère humanitaire. Une telle hypothèse ferait sourire tous ceux qui connaissent la conduite des colons envers les indigènes. Mais sans l'Église, le destin des Indiens aurait été tout autre. Et je ne pense pas seulement à la lutte entreprise pour adoucir les conditions de vie et pour les organiser de façon plus juste et plus chrétienne; il y avait aussi la possibilité offerte par le baptême, de participer, grâce à ce sacrement, à un ordre et à une Église. Les Indiens, qui sont comme orphelins, après la rupture des liens avec leurs anciennes cultures et la mort de leurs dieux et de leurs cités, retrouvent par la foi catholique une place dans le monde. Cette possibilité d'appartenir à un ordre vivant, fût-ce à la base de la pyramide sociale, fut impitoyablement refusée aux indigènes par les protestants de la Nouvelle-Angleterre. On oublie fréquemment qu'appartenir à la foi catholique signifie trouver une place dans le Cosmos. La fuite des dieux et la mort des chefs avaient laissé les indigènes dans une solitude si complète qu'il est difficile de l'imaginer pour un homme moderne. Le catholicisme leur permit de renouer des liens avec le monde et l'au-delà. Il donne un sens à leur présence sur terre, alimente leurs espérances et apporte une justification à leur vie et à leur mort.

Il n'est pas nécessaire de souligner combien la religion des Indiens, comme celle du peuple mexicain dans sa presque totalité, est un mélange de croyances antiques et nouvelles. Il ne pouvait pas en être autrement, étant donné que le catholicisme fut une religion imposée. Cette circonstance, qui devrait être, autrement, de la plus haute transcendance, manque d'intérêt immédiat pour les nouveaux croyants. L'essentiel était que leurs relations sociales, humaines et mystiques avec le monde environnant et avec le Sacré fussent rétablies. Leur existence particulière s'insérait dans un ordre plus vaste. Ce n'était pas par simple dévotion ou servilité que les Indiens appelaient « papas » les missionnaires et « mère » la Vierge de Guadalupe.

La différence avec les colonies saxonnes est radicale. La Nouvelle-Espagne connut bien des horreurs, mais ignora pour le moins la plus grave de toutes : refuser une place, quand ce serait au plus bas de l'échelle sociale, aux hommes qui la composaient. Il y avait des castes, des classes, des esclaves, mais il n'y avait pas de parias, personnes sans condition sociale déterminée ou sans statut juridique, moral et religieux. La différence avec le monde des sociétés totalitaires est tout aussi nette.

Il est certain que la Nouvelle-Espagne, en tant que société satellite, ne créa ni art, ni pensée, ni mythe, ni formes de vie. (Les uniques créations vraiment originales de l'Amérique — les États-Unis inclus — sont précolombiennes.) Et il est certain, aussi, que la supériorité technique du monde colonial et l'introduction de formes culturelles plus riches et plus complexes que celles du monde précolombien, ne suffisent pas à justifier une époque. Mais la création d'un ordre universel, réussite extraordinaire de la Colonie, justifie, elle, cette société et lui permet d'échapper à ses fatales limites. La grande poésie coloniale, l'art baroque, les Lois des Indes, les chroniqueurs, les historiens et les sages, l'architecture néo-hispanique enfin, dans laquelle tout, et jusqu'aux fruits fantastiques et aux délires profanes, s'harmonise dans un ordre aussi large que rigoureux, sont les reflets de l'équilibre d'une société dans laquelle tous les hommes et toutes les races trouvent une place, une justification, un sens. La société était régie par un ordre chrétien, celui-là même qu'on admire dans les basiliques et les poèmes. Je ne prétends pas, ce faisant, justifier la société coloniale. Dans l'absolu, tant que subsiste en son sein une forme quelconque d'oppression, il n'est pas de société qui se justifie. Je voudrais la comprendre comme un tout vivant et, par là même, contradictoire. De la même façon, je me refuse à voir dans les sacrifices humains des Aztèques une expression isolée de cruauté, sans relation avec le reste de cette civilisation : l'extraction du cœur et les pyramides monumentales, la sculpture et le cannibalisme rituel, la poésie et la « guerre fleurie », la théocratie et les mythes grandioses forment un tout indissoluble. Le nier est aussi puéril que de nier l'art gothique ou la poésie provençale au nom de la situation des serfs au Moyen Age; ou que nier Eschyle parce qu'il y avait des esclaves à Athènes. L'histoire a la même réalité atroce que le cauchemar : la grandeur de l'homme consiste à faire avec cette substance de cauchemar des œuvres belles et durables. Ou si l'on préfère :

de transfigurer le cauchemar en vision, de nous délivrer, ne serait-ce qu'un instant, de la réalité informe par le moyen de la création.

Des siècles durant, l'Espagne digère et perfectionne les idées qui lui ont permis d'être. L'activité intellectuelle ne cessera pas d'être créatrice, du moins en ce qui concerne les arts et dans les limites que l'on sait. La critique, qui est, au cours de ces années et en d'autres pays, la forme la plus haute de la création, existe à peine dans ce monde fermé et satisfait. Il y a, certes, la satire, la dispute théologique et une activité incessante pour étendre, perfectionner et assurer encore l'édifice qui abritait tant de populations différentes. Mais les principes qui régissent la société sont immuables et intouchables. L'Espagne n'invente ni ne découvre plus : elle s'étend, se défend, se recrée. Elle ne cherche pas à changer mais à durer. Et ce qui se passe dans ses possessions outre-mer n'est pas différent. Passé la première époque de désordres et de bourrasques, la Colonie souffre de crises périodiques, mais aucune d'elles n'attaque les racines du régime, ou ne remet en question les principes qui le fondent.

Le monde colonial était la projection d'une société qui avait déjà atteint sa maturité et sa stabilité en Europe. Son originalité était faible. La Nouvelle-Espagne ne cherche ni n'invente : elle applique et adapte. Toutes ses créations, y compris celles de son être propre, sont des reflets des créations espagnoles. Et la perméabilité que montrent les formes hispaniques en acceptant lentement les modifications imposées par la réalité néo-hispanique, ne contredit pas le caractère conservateur de la Colonie. Les sociétés traditionnelles, observe Ortega y Gasset, sont réalistes; elles se méfient des arrêts brusques, mais changent lentement, en acceptant les suggestions de la réalité. La « Grandeur Mexicaine » est celle d'un soleil immobile, midi prématuré qui ne saura plus éclairer que sa décomposition.

La spéculation religieuse avait cessé depuis plusieurs siècles déjà. La doctrine était faite, et il s'agissait avant tout de la vivre. L'Église s'était immobilisée en Europe, sur la défensive. La scolastique se défendait mal, comme ces lourdes nefs espagnoles, proies des Anglais et des Hollandais. La décadence du catholicisme européen coïncide avec son apogée hispano-américain : il se répand sur des terres nouvelles au moment où il cesse d'être créateur. Il offre une philosophie achevée et une foi pétrifiée, de telle sorte que l'originalité des nouveaux croyants ne trouve pas la possibilité de se manifester. Leur adhésion est passive. La ferveur, la profondeur de la religiosité mexicaine contrastent avec la relative pauvreté de ses créations. Nous n'avons pas de grande poésie religieuse, pas plus que de philosophie originale, ou de mystique ou de réformateur notable.

Cette situation qui, pour être paradoxale, n'en était pas moins réelle, explique notre histoire pour une bonne part, et elle est la clef de maints de nos conflits. Le catholicisme offre un refuge aux descendants de ceux qui ont vu l'extermination de leurs classes dirigeantes, la destruction de leurs temples et de leurs manuscrits, la suppression des formes supérieures de leur culture; mais aussi, à cause de sa décadence européenne, il leur enlève toute possibilité d'exprimer leur singularité. Et il réduit la participation des fidèles à la plus élémentaire et à la plus passive des attitudes religieuses : celle du simple croyant. Rares étaient ceux qui trouvaient une compréhension plus attentive à leurs croyances. Et leur immobilité, aussi bien que celle de l'appareil scolastique rouillé, rendait plus difficile toute participation créatrice. Il faut ajouter que les croyants venaient des classes inférieures de l'ancienne société. Aussi étaient-ils des gens dont la tradition culturelle était pauvre (les dépositaires du savoir magique et religieux, guerriers et prêtres, avaient été exterminés ou hispanisés). En somme, c'est à cause des circonstances qui déterminaient la participation des croyants que la création religieuse leur était interdite. De là vient la relative stérilité du catholicisme colonial, surtout si on se souvient de sa fertilité chez les Barbares et les Romains, christianisés alors que la religion était l'unique force vivante du monde antique. On peut comprendre comment notre attitude antitraditionnelle ainsi que l'ambiguïté de notre position face au catholicisme est déterminée par ce fait. Religion et Tradition se sont toujours présentées à nous comme des formes mortes, inutiles, qui mutilent ou asphyxient notre singularité.

Comment s'étonner, dès lors, de la persistance du fond religieux précortésien ? Le Mexicain est un être religieux, et son expérience du Sacré est très profonde ; mais quel est son Dieu : les antiques divinités de la terre ou le Christ ? Une invocation chamula, véritable prière en dépit de la présence de certains éléments magique, répond clairement à cette question :

« Terre sainte, saint ciel ; Seigneur Dieu, Fils de Dieu, Sainte Terre, Saint Ciel, aide-moi, regarde-moi : vois mon travail, vois ma tâche, vois mes souffrances. Grand Homme, Grand Seigneur, Grand Père, grand *petome*, grand esprit de la femme, aide-moi. Je dépose en tes mains mon tribut ; voici mon *chulel*. Par mon encens et mes cierges, vierge mère du ciel, vierge mère de la terre ; Sainte Rose, vois ton fils torturé dans son esprit et son *petome* par ton Fils, par ta gloire. »

Dans bien des cas, le catholicisme ne fait que recouvrir d'anciennes croyances cosmogoniques. Lisons, par exemple, comment l'Indien chamula Juan Pérez Jolotte, notre contemporain selon l'état civil, notre aïeul si l'on considère ses croyances, décrit l'image du Christ dans une église de son village, expliquant ce qu'il signifie pour lui et ceux de sa race :

« Celui qui se trouve dans le coin, c'est le seigneur San Manuel ; on l'appelle aussi le seigneur San Salvador ou San Mateo ; c'est lui qui veille sur les gens, les créatures. A lui on demande la protection pour celui qui est à la maison, en chemin, sur la terre. L'autre qui est sur la croix est aussi San Mateo ; il montre, il enseigne comment on meurt sur la croix, pour nous montrer comment vénérer... Avant la naissance de San Manuel, le soleil était aussi froid que la lune. Sur terre il y avait les *pukules* qui mangeaient les gens. Le soleil s'est mis à chauffer quand l'Enfant-Dieu est né, le fils de la Vierge, le seigneur San Salvador [1]. »

Dans le récit du Chamula, cas extrême et par là même exemplaire, la superposition religieuse et la présence ineffaçable des mythes indigènes sont visibles. Avant la naissance du Christ, le soleil — œil de Dieu — ne chauffait pas. L'astre est un attribut de la divinité. C'est ainsi que le chamula explique la mise en marche de la nature, par la présence de Dieu. N'est-ce pas là une version déformée du merveilleux mythe de la création du monde ? A Téotithuacan aussi, les dieux durent affronter le problème de l'astre source de toute vie. Et Quetzalcoatl seul, par son sacrifice, peut mettre en mouvement le soleil et sauver le monde de l'incendie sacré. La persistance du mythe précortésien souligne la différence entre les conceptions chrétienne et indigène : le Christ sauve le monde par notre rédemption, nous lavant du péché originel. Quetzalcoatl, lui, n'est pas un dieu rédempteur, mais re-créateur. La notion de péché, pour les Indiens, reste liée à l'idée de santé et de maladie, personnelle, sociale et cosmique. Pour le chrétien, il s'agit de sauver l'âme individuelle, indépendante du groupe ou du corps. Le christianisme condamne le monde, et l'Indien ne peut concevoir le salut personnel qu'en relation avec le cosmos et la société.

Rien n'a bouleversé la relation filiale du peuple avec le Sacré, force constante et qui confère permanence à notre nation, donnant profondeur à la vie affective des dépossédés. Et rien, non plus, n'a réussi à la rendre plus ouverte et féconde, pas même la mexicanisation du catholicisme par la Vierge de Guadalupe. C'est pourquoi les meilleurs n'ont pas hésité à sortir de l'Église. Et, dans la solitude et la nudité du combat

1. Ricardo Pozas : *Juan Perez Jolote*, Autobiografia de un Tzotzil, Mexico, 1948.

spirituel, ils ont respiré un peu de cet « air frais de religion » que réclamait Jorge Cuesta.

L'époque de Charles II est l'une des plus tristes et des plus vides de l'histoire d'Espagne. Toutes ses réserves spirituelles ont été dévorées dans le feu d'une vie et d'un art dynamiques et déchirés par les extrêmes et les antithèses. La décadence de la culture espagnole dans la Péninsule coïncide avec son apogée en Amérique. C'est au cours de cette période que l'art baroque atteint sa plénitude. Les meilleurs n'écrivent pas uniquement des poèmes. Ils s'intéressent à l'astronomie, à la physique ou aux antiquités américaines. Esprits ouverts dans une société arrêtée par la tradition, ils annoncent une autre époque, avec d'autres préoccupations, en même temps qu'ils portent jusqu'à ses conséquences ultimes l'esthétique de leur temps. En eux se devine déjà une certaine opposition entre leurs conceptions religieuses et les exigences de leur curiosité et de leur rigueur intellectuelle. Certains tentent une impossible synthèse. Sœur Juana, par exemple, compose le *Premier Songe*, pour concilier science et poésie, baroquisme et illuminisme.

Il serait inexact d'identifier le drame de cette génération avec celui qui déchire ses contemporains européens et que le XVIIIe siècle mettra en lumière. Le conflit qui les habite, et qui finira par les réduire au silence, n'est pas tant celui de la foi et de la raison que celui de la pétrification de certaines croyances qui avaient perdu toute fraîcheur et toute fertilité, et ne parvenaient plus à satisfaire leur appétit spirituel. Edmundo O'Gorman pose ainsi les termes du conflit : « État intermédiaire où la raison fait des dégâts et où la consolation de la religion n'est plus suffisante. » Or, si les consolations de la foi ne sont plus suffisantes, c'est qu'il s'agit d'une foi immobile et sèche. La critique de la raison viendra, en Amérique, un peu plus tard. O'Gorman précise le caractère de l'alternative en ces termes : « Croire, en même temps, en Dieu et en la raison, c'est vivre avec son être enraciné, ou déraciné si l'on veut, dans la possibilité réelle, extrémiste et contradictoire, constituée par deux possibles impossibles de l'existence humaine [1]. » Cette pénétrante description reste valable si l'on atténue tant soit peu les deux termes de ces possibilités impossibles. Car on ne saurait nier l'authenticité des sentiments religieux de cette génération, non plus que leur immobilité, leur épuisement. Et, pour ce qui concerne l'autre terme de l'alternative, il ne faut pas exagérer le rationalisme de Sigüenza ou de Sœur Juana, qui n'eurent jamais une conscience claire du problème qui commençait à agiter les esprits. La lutte me semble beaucoup plus celle de leur vitalité intellectuelle, de leur besoin de connaître et de pénétrer des mondes mal explorés à cause de l'inefficacité des instruments que leur offraient la théologie et la culture néohispanique. Leur conflit est celui de la société coloniale, qui ne doutait pas, mais ne parvenait pas à exprimer son intimité par ces formes pétrifiées. L'ordre colonial était un ordre imposé du haut vers le bas; ses formes sociales, économiques, juridiques et religieuses étaient immuables. Société régie par le droit divin et l'absolutisme monarchique, il avait été créé dans toutes ses pièces comme une immense et compliquée machinerie faite pour durer sans se transformer. A l'époque de Sœur Juana, les meilleurs esprits commencent à montrer — bien que timidement — une vitalité et une curiosité intellectuelle qui contrastent avec l'anémie de l'Espagne noire de Charles II. Sigüenza y Góngora s'intéresse aux antiques civilisations indiennes, et, avec Sœur Juana et quelques autres, à la philosophie de Descartes, à la physique expérimentale et à l'astronomie. L'Église voit avec méfiance toutes ces curiosités; le pouvoir temporel, pour sa part, pousse à l'extrême l'isolement politique, économique et spirituel de ses colonies, jusqu'à en faire des terres interdites. Dans les campagnes et les villes, les désordres sont réprimés implacablement. Dans ce monde clos, la génération de Sœur Juana se pose certaines questions, ou plutôt

1. Edmundo O'Gorman : *Crisis y Porvenir de la Ciencia Historica*, Mexico, 1947.

les insinue, auxquelles leur tradition spirituelle ne peut répondre; les réponses avaient déjà été données ailleurs à l'air libre de la culture européenne. Cela peut expliquer pourquoi personne n'entreprend alors la critique des principes qui fondent la société coloniale. Et quand la crise se déclare, cette génération abdique. Sa lutte ambiguë est terminée. Son renoncement — qui n'a rien à voir avec une conversion religieuse — débouche sur le silence. Ils ne s'en remettent pas à Dieu mais finissent par se nier eux-mêmes. Cette négation est celle du monde colonial qui se referme sur lui-même. Il n'y a pas d'issue, sinon dans une rupture.

Personne, mieux que Sœur Juana n'incarne la dualité de ce monde, bien qu'en surface, son œuvre, de même que sa vie, ne laissent voir aucune fissure. On y trouve bien tout ce que son époque pouvait exiger d'une femme. En même temps et sans contradiction profonde, Sœur Juana était poète, appartenait à l'ordre de Saint-Jérôme, était l'amie de la comtesse de Paredes, était auteur dramatique. Ses rêveries amoureuses, qu'elles fussent réelles ou simplement d'enflammées fleurs de rhétorique, son amour de la conversation et de la musique, ses tentatives littéraires et jusqu'aux tendances sexuelles que certains lui attribuent, ne s'opposent nullement à sa fin exemplaire. Sœur Juana affirme son temps tout autant que son temps s'affirme en elle. Mais deux œuvres d'elle, la *Réponse à Sœur Filotea* et le *Premier Songe* [1], jettent une lumière étrange sur sa figure et sur son temps. Elles la rendent exemplaire, mais dans un sens différent de celui que pensent ses panégyristes catholiques.

On a pu comparer le *Premier Songe* aux *Solitudes* de Góngora. Et de fait, le poème de Sœur Juana est une imitation de ceux de don Luis. Pourtant, les différences profondes sont plus importantes que les ressemblances extérieures.

1. Le *Premier Songe* est un poème philosophique sur le désir de connaître dont souffre l'esprit, et l'impossibilité d'atteindre au savoir total. Le texte en prose *Réponse à Sœur Filotea* est une défense du droit des femmes à la connaissance.

Menendez y Pelayo reproche à Góngora son vide. Si l'on dit plutôt qu'il est « superficiel », on s'approchera mieux de la conception poétique de Góngora qui ne voulait que construire — ou, comme disait Bernado Balbuena : contrefaire — un monde d'apparences. La trame des *Solitudes* compte peu; la substance philosophique, s'il en existe une, importe encore moins. Tout y est prétextes à digressions et à descriptions. Et chacune d'elles se dissout, à son tour, en images, antithèses et figures rhétoriques. Si quelque chose s'exprime, dans le poème de Góngora, ce n'est point le naufragé ni même sa pensée, mais l'imagination du poète. Et, comme il est dit dans le prologue, les vers sont « *allure d'un son errant qui va* ». Et ce son errant, ce voyageur qui chante, s'arrête à un mot ou à une couleur, les caresse et les prolonge, et fait de chaque période une image et de chaque image un monde. Le discours poétique coule lentement, dérive en « parenthèses feuillues », qui sont des îles sveltes, et continue parmi des paysages, des ombres, des éclairs et des réalités qu'il sauve et immobilise. La poésie est plaisir pur, recréation artificielle d'une nature idéale, comme l'indique Damaso Alonso. Ainsi, il n'y a pas conflit entre substance et forme, parce que Góngora donne à toute chose une forme, une surface cristalline ou tremblante, brillante ou voilée.

Sœur Juana utilise les procédés de Góngora mais entreprend un poème philosophique. Elle veut pénétrer la réalité, et non la transmuer en merveilleuse surface. Les obscurités du poème sont doubles : il y a celles qui sont syntactiques et mythologiques, et celles qui sont conceptuelles. Ce poème, dit Alfonso Reyes, est une tentative pour « *atteindre une poésie de pure émotion intellectuelle* ». La vision que nous présente le *Premier Songe* est celle de la nuit universelle au cours de laquelle le monde et l'homme rêvent et sont rêvés, cosmos qui se rêve jusqu'à rêver qu'il s'éveille. Rien de plus éloigné de la nuit charnelle et spirituelle des mystiques, que cette nuit intellectuelle. Le poème de Sœur Juana n'a pas d'antécédents dans la poésie de langue espagnole et, comme le soutient Vossler, préfigure le mouvement poétique de l'*Aufklärung* allemande. Pourtant, le *Premier Songe* est beaucoup plus un essai qu'une œuvre achevée, contrairement aux *Solitudes* que leur auteur a pourtant laissées inachevées. Et il ne pouvait en être autrement : dans le poème de Sœur Juana, tout autant que dans sa vie, il y a une zone neutre, vide : celle qui est produite par les tendances opposées qui la dévoraient et qu'elle ne parvint pas à réconcilier.

Sœur Juana nous a laissé un texte révélateur, qui est en même temps une profession de foi en l'intelligence et une renonciation à l'utiliser : la *Réponse à Sœur Filotea*. Défense de l'intellectuel et de la femme, la *Réponse* est aussi l'histoire d'une vocation. Et s'il faut prendre au sérieux ces confessions, il n'y avait pas de science qui ne la tentât. Sa curiosité n'était pas celle du savant, mais de l'esprit cultivé qui aspire à intégrer dans une vision cohérente toutes les particularités de la connaissance. Et si l'on pense à la diversité de ses études, on comprend que ses contradictions soient plus apparentes que réelles, « *au moins dans le formel et le spéculatif* ». Les sciences et les arts, pour opposés qu'ils soient, ne gênent en rien la compréhension générale de la nature, et même « *y aident, en donnant de la lumière et en entrouvant des voies de passage, dans des détours cachés, de telle sorte qu'on dirait qu'ils correspondent et sont unis dans un admirable travail et arrangement* »...

Si elle n'était pas une femme de sciences, Sœur Juana n'était pas non plus un esprit philosophique. Sa soif de savoir ne la privait ni d'ironie ni de versatilité et, en d'autres temps, elle eût écrit des essais ou de la critique. Elle ne vivait pas pour une idée, ou pour créer des idées nouvelles : elle vivait les idées qui étaient son atmosphère et son aliment naturel. Elle était une intellectuelle : une conscience. Il n'est pas possible de douter de la sincérité de ses sentiments religieux, mais là où un esprit dévot trouverait des preuves de l'existence de Dieu et de son pouvoir, Sœur Juana formulait des hypothèses et posait des questions. Et bien qu'elle répétât fréquemment que tout venait de Dieu, elle chercha sans cesse une explication rationnelle : « Il *y avait en ma présence deux petites filles qui jouaient avec une toupie, et à peine eus-je aperçu le mouvement et la figure que je commençai, selon ma folie, à considérer le facile* motu *de la forme sphérique...* »

De telles déclarations contrastent avec celles des écrivains espagnols de la même époque — et même des générations postérieures. Pour aucun d'entre eux le monde physique n'était un problème : ils acceptaient la réalité telle quelle, ou la condamnaient. Hors de l'action, il n'y a que la contemplation, semble nous dire la littérature espagnole du Siècle d'Or. Ni Gracian, ni Quevedo, pour ne point parler des auteurs religieux, ne montrent le moindre intérêt pour la connaissance en soi. Ils dédaignent la curiosité intellectuelle, et tout leur savoir concerne la conduite de la vie, la morale ou le salut. Stoïques ou chrétiens, ils ignorent l'activité intellectuelle pure. Faust est impensable dans cette tradition. L'intelligence ne leur procure aucun plaisir; elle est une arme dangereuse; elle sert à vaincre les ennemis mais aussi à nous faire perdre notre âme. La figure solitaire de Sœur Juana s'isole encore plus, dans ce monde fait d'affirmations et de négations et qui ignore la valeur du doute et de l'examen.

La *Réponse* n'est pas qu'un autoportrait; c'est aussi le plaidoyer d'un esprit toujours adolescent, toujours avide et ironique, passionné et réticent. Sa double solitude, de femme et d'intellectuelle, condense un conflit double lui aussi : celui de sa société et de sa féminité. La *Réponse à Sœur Filotea* est une défense de la femme. Prendre cette défense et se risquer à proclamer son affection pour la pensée désintéressée, voilà qui est d'une figure moderne. Si, dans son affirmation de la valeur de l'expérience, il n'est pas illusoire de voir une réaction instinctive contre la pensée traditionnelle de l'Espagne, dans sa conception de la connaissance — qu'elle ne confond point avec l'érudition et n'identifie pas avec la religion — il y a un plaidoyer implicite pour la conscience intellectuelle. Tout la porte à concevoir le monde comme un problème ou comme une énigme beaucoup plus que comme un lieu de perdition ou de salut. Et ceci donne à sa pensée une originalité qui mérite mieux que les éloges de ses contemporains, ou que les reproches de son confesseur, et qui, de nos jours encore, sollicite un jugement plus complet et un examen plus risqué.

« *Comment se peut-il que des paroles grosses de tant d'avenir montent soudain d'un couvent de nonnes mexicaines ?* » se demande Vossler. Et de répondre : « *Sa curiosité pour la mythologie antique et pour la physique moderne, pour Aristote et Harvey, pour les idées de Platon et la lanterne magique de Kirchner... n'aurait certes pu prospérer dans les universités pédantes et craintivement dogmatiques de la vieille Espagne.* » Elles ne prospérèrent pas longtemps non plus au Mexique. Après les émeutes de 1692, la vie intellectuelle s'obscurcit rapidement. Sigüenza y Góngora abandonne brusquement ses passïons historiques et archéologiques. Sœur Juana renonce à ses livres et meurt, peu après. La crise sociale, Vossler le souligne, coïncide avec celle des esprits.

En dépit de l'éclat de sa vie, du pathétique de sa mort et de l'admirable géométrie qui domine ses meilleures créations poétiques, il y a dans la vie et dans l'œuvre de Sœur Juana quelque chose d'irréalisé, un manque. On comprend la mélancolie d'un esprit qui ne réussit jamais à se faire pardonner ses audaces et sa condition de femme. Son époque ne sut lui offrir les aliments intellectuels que son avidité exigeait, et elle-même ne sut se créer — mais qui le pouvait ? — un monde d'idées où vivre seule. La conscience de sa singularité fut toujours très vive en elle : « *Que pouvons-nous savoir, nous autres femmes, sinon la philosophie de la cuisine ?* » demande-t-elle avec un sourire. Mais la blessure la fait souffrir : « *Qui ne croirait, au son de tant d'applaudissements unanimes, que j'ai navigué le vent en poupe, sous les palmes des acclamations unanimes ?* » Sœur Juana est une figure solitaire. Indécise et souriante, elle passe entre deux lumières, consciente de la duplicité de sa condition et de l'impossibilité de sa tentative. On entend souvent des reproches adressés aux hommes qui ont vécu au-dessous de leur destin. Comment ne pas plaindre le sort d'une femme qui dominait à ce point sa société et sa culture ?

Son image est celle, mélancolique, de la solitaire qui sourit et se tait. Le silence, dit-elle quelque part, est peuplé de voix. Et que nous dit son silence? Dans l'œuvre même de Sœur Juana, la société coloniale s'exprime et s'affirme; mais dans son silence, cette même société se condamne. L'expérience de Sœur Juana, qui finit dans le silence et l'abdication, complète ainsi l'examen de l'ordre colonial. Monde ouvert à la participation et, par là, monde vivant sans doute, mais aussi implacablement fermé à toute expression personnelle, à toute aventure. Monde fermé à l'avenir. Pour être nous-mêmes, nous devions interrompre cet ordre sans issue, même au risque de nous retrouver orphelins. Le XIXe siècle sera le siècle de la rupture, et en même temps, le siècle de la tentative d'établir de nouvelles relations avec une autre tradition, plus lointaine mais non moins universelle que celle que nous offrait l'Église catholique : la tradition du rationalisme européen.

VI

DE L'INDÉPENDANCE A LA RÉVOLUTION

Les réformes entreprises par la dynastie des Bourbons, en particulier par Charles III, assainissent l'économie et facilitent les affaires, mais accentuent aussi le centralisme administratif et convertissent la Nouvelle-Espagne en une véritable colonie, c'est-à-dire en un territoire soumis à une exploitation systématique, et étroitement assujetti au pouvoir central. L'absolutisme de la Maison d'Autriche avait encore un autre sens : les colonies avaient une certaine autonomie, et l'Empire ressemblait à un système solaire. La Nouvelle-Espagne, surtout au début, gravitait autour de la Couronne comme un astre mineur, guère plus maître de sa propre lumière que les autres possessions et royaumes. Les Bourbons transformèrent la Nouvelle-Espagne, royaume vassal, en simple territoire d'outre-mer. Or, pour réanimer la société coloniale, la création des Intendances ne suffit pas, non plus que l'impulsion donnée à l'investigation scientifique, le développement de l'humanisme, la construction d'œuvres monumentales pour le service public, ou, enfin, le bon gouvernement de plusieurs vice-rois. La Colonie, comme la Métropole, n'était déjà plus qu'une forme, un corps inhabité. Dès la fin du XVIIe siècle, les liens qui unissaient Madrid et ses possessions avaient cessé d'être les liens harmonieux qu'on trouve dans un organisme vivant. L'Empire survit grâce à la perfection et à la complexité de sa structure, à sa vaste géographie et à son inertie. Grâce, aussi, aux querelles qui divisent ses rivaux. Et la réforme de Charles III montre jusqu'à quel point l'action politique pure est insuffisante, si elle n'est pas précédée par une transformation de la structure même de la société, et par un examen des principes qui la fondent.

On a répété que le XVIIIe siècle prépara le mouvement de l'Indépendance. Et en effet, la science et la philosophie de l'époque (à travers la réforme de la scolastique entreprise par des hommes comme Francisco Javier Clavijero, ou celle de la pensée et de l'action comme Benito Diaz de Gamarra et Antonio Alzate) constituent les nécessaires prémices intellectuelles de l'Indépendance. Mais on oublie que l'Indépendance survint quand plus rien ne nous unissait à l'Espagne, sinon l'inertie. Cette inertie terrible de l'agonisant qui immobilise sa main dans un geste dur, qui griffe, comme pour retenir un instant de vie de plus. Mais la vie l'abandonne, dans un ultime et bref sursaut. La Nouvelle-Espagne, en tant que création universelle, en tant qu'ordre vivant et non pas masque d'un ordre, s'éteint quand la foi cesse de l'alimenter. Sœur Juana, incapable de résoudre en une forme créatrice et organique le conflit entre sa curiosité intellectuelle et les principes religieux de l'époque, renonce et meurt, de façon exemplaire. De façon certes moins exemplaire, la société se traîne encore tout un siècle, se défendant avec une stérile ténacité.

L'Indépendance offre la même figure ambiguë que la Conquête. L'œuvre de Cortes fut précédée par la synthèse politique réalisée en Espagne par les rois catholiques et commencée en Méso-Amérique par les Aztèques. De même, l'Indépendance se présente comme un phénomène à la signification double : désagrégation du corps mort de l'Empire et naissance d'une pluralité d'États nouveaux. Conquête et Indépendance semblent être des moments de flux et de reflux d'une grande vague historique qui se forme au XVe siècle, roule jusqu'en Amérique, atteint un harmonieux équilibre aux XVIe et XVIIe siècles pour finalement se retirer et se disperser en mille fragments.

Le philosophe José Gaos vient confirmer cette image quand

il divise la pensée moderne de langue espagnole en deux parties : la pensée proprement péninsulaire — qui consiste en une longue réflexion sur la décadence espagnole — et la pensée hispano-américaine, qui est, plus qu'une méditation, un plaidoyer en faveur de l'Indépendance et une quête de notre destin. La pensée espagnole se tourne vers le passé et vers elle-même, pour chercher les causes de la décadence ou pour isoler, parmi tant de morts, les éléments encore vivants qui donnent sens et actualité au fait, étrange entre tous, d'être espagnol. La pensée hispano-américaine commence avec une justification de l'Indépendance, puis se transforme presque immédiatement en projet : l'Amérique n'est pas tant une tradition à perpétuer qu'un avenir à réaliser. Projet et utopie sont inséparables de la pensée hispano-américaine, dès la fin du XVIIIe siècle, et ceci jusqu'à nos jours; élégie et critique sont inséparables de la pensée péninsulaire — même chez Unamuno, le poète élégiaque, ou chez Ortega y Gasset, le philosophe critique.

Dans les pays sud-américains, la dualité antérieure est encore plus sensible. La personnalité des dirigeants est plus nette, et plus radicale leur opposition à la tradition espagnole. Aristocrates, intellectuels, voyageurs cosmopolites ne se contentent pas de connaître les idées nouvelles : ils se mêlent aux hommes nouveaux, aux sociétés nouvelles. Miranda participe à la Révolution Française et se bat à Valmy. Bello vit à Londres. Bolivar passe ses années d'apprentissage dans une atmosphère qui prépare les héros et les princes : dès son enfance, on lui apprend à libérer et à gouverner. Notre Révolution d'Indépendance est moins brillante, moins riche en idées et en phrases universelles, sans doute parce que plus déterminée par les circonstances locales. Nos chefs, humbles prêtres et obscurs capitaines, n'ont pas une notion si exaltée de leur tâche. En échange, ils possèdent un sens plus profond de la réalité et écoutent mieux ce qu'à demi-voix leur dit le peuple.

Ces différences influeront sur l'histoire ultérieure de nos pays. L'Indépendance sud-américaine commence comme un grand mouvement continental : San Martin libère une moitié du continent et Bolivar l'autre. On crée de grands États, Confédérations, amphictyonies. On pense que l'émancipation de l'Espagne n'entraînera pas le démembrement du monde hispanique. En peu de temps, la réalité réduit en miettes ces hypothèses. Le processus de désagrégation de l'Empire espagnol se révèle plus fort que la clairvoyance de Bolivar.

En somme, dans le mouvement d'Indépendance s'affrontent deux tendances opposées : l'une, d'origine européenne, libérale et utopique, et qui conçoit l'Amérique espagnole comme un tout unitaire, une assemblée de nations libres; l'autre, traditionnelle, qui rompt les liens avec la Métropole dans le but d'accélérer le processus de dispersion de l'Empire.

L'indépendance hispano-américaine, comme toute l'histoire de notre peuple, est un fait ambigu, dont l'interprétation présente certaines difficultés car, là aussi, les idées masquent la réalité au lieu de la révéler et de l'exprimer. Les groupes et les classes qui réalisent l'Indépendance en Amérique du Sud appartiennent à l'aristocratie féodale créole; ce sont les descendants des colons espagnols qui se trouvent en état d'infériorité par rapport aux métropolitains. La métropole, engagée dans une politique protectionniste, s'opposait au commerce libre dans les colonies et faisait obstacle à leur développement économique et social par toutes sortes d'entraves administratives et sociales; en outre, elle fermait le passage aux « créoles » qui désiraient, à juste titre, accéder aux plus hautes fonctions, à la direction de l'État. Ainsi, la lutte pour l'indépendance tendait à délivrer les créoles de cette bureaucratie péninsulaire momifiée, mais sans toutefois se proposer de changer la structure sociale des colonies. Certes, le programme et le langage des chefs de l'Indépendance rappellent ceux des révolutionnaires de l'époque. Et ils étaient sincères, sans aucun doute. Ce langage faisait « moderne », il était un écho de celui des révolutionnaires français, et surtout, des idées de l'Indépendance en Amérique du Nord. Mais, pour l'Amérique saxonne, ces idées étaient l'expression réelle de groupes qui se proposaient en vérité, de transformer le pays, conformément à une nouvelle philosophie politique. Cela et plus encore : avec ces principes, plus qu'imposer un nouvel ordre, on voulait créer, différence radicale, une nouvelle nation. En effet, les États-Unis sont, dans l'histoire du XIXe siècle, une nouveauté mondiale, une société qui grandit et s'étend naturellement. Chez nous, par contre, une fois l'Indépendance consommée, les classes dirigeantes consolident leur pouvoir en tant qu'héritières du vieil ordre espagnol. Elles rompent avec l'Espagne, mais elle se montrent incapables de créer une société moderne. Il ne pouvait en être autrement, étant donné que les groupes qui prirent la tête du mouvement d'Indépendance ne constituaient pas de nouvelles forces sociales, mais bien plutôt la prolongation du système féodal. La « nouveauté » des nouvelles nations sud-américaines est trompeuse : en vérité, il s'agit de sociétés en décadence, à l'immobilité perdue, survivances et fragments d'un tout décomposé.

L'Empire espagnol fut divisé en une multitude de républiques par le fait des oligarchies qui favorisèrent ou mirent en mouvement un processus de désintégration. Il ne faut pas oublier, du reste, l'influence déterminante des chefs révolutionnaires. Certains, plus heureux en ceci que les consquistadors, réussirent à « se retirer » avec leur royaume, comme s'il s'agissait d'un butin médiéval. L'image du « dictateur sud-américain » apparaît alors, embryonnaire, dans le « libertador ». Ainsi, les nouvelles républiques furent inventées par les nécessités politiques et militaires du moment, et non parce qu'elles étaient l'expression de réalités historiques particulières. Les « caractères nationaux » ne vinrent qu'après : et souvent, ils ne sont que des conséquences de la propagande nationaliste des gouvernements. Et encore maintenant, plus d'un siècle et demi après, nul ne peut dire de façon satisfaisante en quoi consistent les différences « nationales » entre Argentins et Uruguayens, Péruviens et Equatoriens, Guatémaltèques et Mexicains. Rien non plus — sinon la persistance des oligarchies locales, soutenues par l'impérialisme nord-américain — n'explique l'existence, en

Amérique centrale et dans les Antilles, de *huit* Républiques.

Ce n'est pas tout. Chacune de ces nouvelles nations se donna, avec l'Indépendance, une constitution plus ou moins (et presque toujours moins que plus) libérale et démocratique. En Europe et aux États-Unis, ces lois correspondaient à une réalité historique : elles étaient l'expression de l'ascension de la bourgeoisie, la conséquence de la révolution industrielle et de la destruction de l'ancien régime. En Amérique Latine, elles ne servirent qu'à habiller à la mode moderne les survivances du système colonial. L'idéologie libérale et démocratique, loin d'exprimer notre situation historique concrète, la cachait. Le mensonge politique s'installa parmi nous de façon presque constitutionnelle. Le dommage moral a été incalculable, atteignant des zones très profondes de notre être. Plus de cent années durant, nous avons souffert des régimes de force, au service d'oligarchies féodales mais qui utilisaient le langage de la liberté. Cette situation s'est prolongée jusqu'à nos jours. De là vient que le combat contre le mensonge officiel et constitutionnel est le premier pas de toute tentative sérieuse de réforme. Et tel paraît être le sens des actuelles transformations en Amérique latine, dont l'objectif commun consiste à réaliser, une fois pour toutes, l'Indépendance. Ou, si l'on préfère : transformer nos pays en sociétés réellement modernes, et non plus en simples décors pour démagogues et touristes. Dans ce combat, nos pays ont à affronter le legs de l'Espagne (Église, armée et oligarchie) et aussi le Dictateur, le Chef dont la bouche répand les formules légales et démocratiques, et qui fait alliance avec un pouvoir bien différent du vieil impérialisme espagnol : les grands intérêts du capitalisme étranger.

Ce schéma est applicable, dans sa presque totalité, au Mexique, avec quelques réserves. L'une, c'est que notre révolution d'Indépendance n'a jamais manifesté les prétentions universelles qui nourrissaient l'action d'un Bolivar. Et même, les insurgés hésitaient entre l'indépendance (comme Morelos) et des formes modérées d'autonomie (comme Hidalgo). La guerre commença en protestation contre les abus de la métropole et de la haute bureaucratie espagnole, certes, mais aussi et surtout, contre les grands propriétaires fonciers, les *latifundistes*. Ce n'est pas la rébellion de l'aristocratie locale contre la métropole, mais celle du peuple contre l'aristocratie locale. Cela explique pourquoi les révolutionnaires ont accordé plus d'importance à certaines réformes sociales qu'à l'Indépendance elle-même : Hidalgo décrète l'abolition de l'esclavage, Morelos la répartition des terres. La guerre d'Indépendance fut une guerre de classes, et l'on en comprendrait mal le caractère si l'on oubliait que, contrairement à ce qui se passa en Amérique du Sud, notre Indépendance fut une révolution agraire en gestation. C'est pourquoi l'armée (où servaient des créoles comme Iturbide), l'Église et les grands propriétaires s'allièrent avec la Couronne d'Espagne. Ces forces furent celles qui vainquirent Hidalgo, Morelos et Mina. Un peu plus tard, alors que le mouvement était terrassé, l'inattendu survint : en Espagne, les Libéraux prennent le pouvoir, transforment la Monarchie d'absolue en constitutionnelle, et menacent les privilèges de l'aristocratie et de l'Église. Un brusque changement s'opère alors : devant ce nouveau péril extérieur, le haut clergé, les grands propriétaires, la bureaucratie et les militaires créoles recherchent l'alliance de ce qui reste des insurgés, et achèvent l'Indépendance. Il s'agit d'un véritable acte de prestigidation : la séparation politique d'avec la métropole se réalise contre les classes qui avaient lutté pour l'indépendance. Le vice-royaume de Nouvelle-Espagne se transforme en Empire Mexicain. Iturbide, le vieux général réaliste, devient Augustin Ier. Peu après, une révolte le détrône. Et c'est le début de l'ère des *pronunciamientos*.

Durant plus de vingt-cinq années, dans une lutte confuse qui n'excluait pas les alliances occasionnelles, les libéraux tentent de consommer la rupture avec la tradition coloniale. Dans un certain sens, ils sont les continuateurs des premiers chefs, Hidalgo et Morelos. Mais pour eux, il s'agit surtout, plus que la réalité, de changer la législation. Tous pensent, avec un optimisme hérité de l'Encyclopédie, qu'il suffit de décréter de nouvelles lois pour que la réalité soit transformée.

Ils voient dans les États-Unis un modèle, et croient que leur prospérité vient de l'excellence de leurs institutions républicaines. De là, leur fédéralisme, qui s'oppose au centralisme des conservateurs. Ils espèrent qu'une constitution démocratique, qui limite le pouvoir temporel de l'Église et met fin aux privilèges de l'aristocratie terrienne, produira presque automatiquement une nouvelle classe sociale : la bourgeoisie. Les libéraux ont à la fois à lutter contre les conservateurs et à tenir compte des militaires qui changent de drapeau selon leurs intérêts. Et tandis que les factions se déchirent, le pays se désintègre. Les États-Unis saisissent l'occasion et dans l'une des guerres les plus injustes de l'histoire, déjà bien noire, de l'expansion capitaliste, ils nous arrachent la moitié du territoire. Cette défaite produisit, à la longue, une réaction salutaire, car elle blessa à mort le militarisme, incarné dans le dictateur Santa-Ana. (Alternativement libéral et conservateur, gardien de la liberté et bradeur du pays, Santa-Ana est l'un des archétypes du dictateur sud-américain : à l'apogée de sa carrière politique, il ordonne des funérailles nationales pour la jambe qu'il a perdue dans une bataille et se fait appeler Altesse Sérénissime.) Une révolte populaire chasse Santa-Ana et donne le pouvoir aux libéraux. Une nouvelle génération, héritière de José Maria Mora et Valentin Gomez Farias, maître de « l'intelligentsia » libérale, se propose de donner de nouvelles bases à la nation. En effet, en 1857, le Mexique adopte une constitution libérale. Les conservateurs reprennent les armes. Juárez répond en promulguant les Lois de Réforme, qui mettent un terme aux privilèges, ainsi qu'au pouvoir matériel de l'Église. Vaincu, le parti conservateur demande l'aide de l'étranger et, appuyé par les troupes de Napoléon III, installe dans la capitale Maximilien, deuxième Empereur du Mexique. (Nouvelle ambiguïté historique : Maximilien était libéral et rêvait à un Empire latin qui s'opposerait à l'impérialisme yankee. Ses idées étaient très différentes de celles des conservateurs bornés qui le soutenaient.) Les revers, en Europe, de l'Empire napoléonien, la pression nord-américaine (sur le sens de laquelle on ne peut se tromper que si l'on oublie que Lincoln était alors au pouvoir) et, enfin, la profonde résistance populaire, cause première et déterminante, concourent à la victoire des Républicains. Juárez fusille Maximilien, épisode qui ne manque pas d'analogie avec l'exécution de Louis XVI : la « raison géométrique » est tranchante.

La Réforme consomme l'Indépendance et lui donne sa véritable signification, posant les bases mêmes de la société mexicaine en examinant les fondements philosophiques et historiques sur lesquels elle repose. Cet examen se termine par une triple négation : celle de l'héritage espagnol, celle du passé indigène et celle du catholicisme, qui conciliait les deux premières en une affirmation supérieure. La Constitution de 1857 et les Lois de Réforme sont l'expression juridique et politique de cet examen, et entraînent la destruction des deux institutions qui représentaient la continuité de notre triple héritage : les associations religieuses et la propriété communale indigène. La séparation de l'Église et de l'État, la sécularisation des biens ecclésiastiques et l'enseignement laïc (à quoi s'ajoute la dissolution des ordres religieux qui le monopolisaient) composent l'aspect négatif de la Réforme. Avec la même violence qu'elle reniait la tradition, la génération de 1857 affirmait quelques principes. Son œuvre est plus qu'une rupture avec le monde colonial; c'est un projet tendant à instaurer une nouvelle société.

Le projet historique des libéraux était de substituer à la tradition coloniale, basée sur la doctrine catholique, une affirmation également universelle : la liberté de la personne humaine. La nation mexicaine fut fondée sur un principe distinct de la hiérarchie qui animait la Colonie : l'égalité devant la loi de tous les Mexicains, en tant qu'êtres humains, en tant qu'êtres raisonnables. La Réforme fonde le Mexique en niant son passé. Elle répudie le passé et cherche une justification dans l'avenir.

Le sens de ce nécessaire matricide n'a pas échappé à la pénétration des meilleurs. Ramirez, la figure la plus extraordinaire de ce groupe d'hommes extraordinaires, termine ainsi l'un de ses poèmes :

> *Mère nature, il n'y a pas de fleurs*
> *sur le chemin que je suis, vacillant ;*
> *né sans espoir et sans terreur,*
> *ainsi vers toi je reviens maintenant.*

Dieu, axe de la société coloniale, étant mort, la nature redevient une Mère. Comme plus tard le marxisme de Diego Rivera, l'athéisme de Ramirez se résout en une affirmation matérialiste, non exempte de religiosité. Une authentique conception scientifique, ou simplement rationnelle, de la matière ne voit pas dans la nature une Mère, ou une marâtre comme Leopardi, mais un processus indifférent qui crée et détruit, s'invente et se répète, sans fatigue, sans mémoire, sans réflexion.

Si, comme le veut Ortega y Gasset, une nation n'est pas seulement constituée par un passé qui la détermine passivement, mais surtout par la validité d'un projet historique capable d'entraîner les volontés dispersées et de donner unité et transcendance à l'effort solitaire, le Mexique est bien né à l'époque de la Réforme. En elle et par elle, il se conçoit, s'invente et se projette. Pourtant, la Réforme est le projet d'un groupe assez réduit de Mexicains qui s'isolent volontairement de la grande masse passivement religieuse et traditionaliste. La nation mexicaine est donc le projet d'une minorité qui impose son schéma au reste du peuple, en s'opposant à une autre minorité activement traditionnelle.

Comme le catholicisme colonial, la Réforme est un mouvement inspiré par une philosophie universelle. Les différences et les ressemblances de l'un et l'autre sont révélatrices. Le catholicisme fut imposé par une minorité d'étrangers, à travers une conquête militaire; le libéralisme, par une minorité native, bien que formée intellectuellement par la France, après une guerre civile. Le premier est l'autre visage de la Conquête; une fois détruite la théocratie indigène, morts ou exilés les dieux, l'Indien sans terre ni refuge voit dans la religion chrétienne une

Mère. Comme toutes les mères, celle-ci est entrailles, repos, retour aux origines, et, en même temps, bouche dévorante, maîtresse qui mutile et châtie : mère terrible. Le libéralisme est une critique de l'ordre ancien et un projet de pacte social. Ce n'est pas une religion mais une idéologie utopique; il ne console pas, il combat; à la notion d'un au-delà, il substitue celle d'un futur terrestre. Il affirme l'homme, tout en en ignorant une moitié : celle qui s'exprime par les mythes, la communion, le festin, le songe, l'érotisme. La Réforme est, avant tout, une négation, et c'est là que réside sa grandeur. Mais ce qu'affirme cette négation — les principes mêmes du libéralisme européen — c'étaient des idées d'une beauté précise, stérile et, pour finir, vide. La géométrie ne remplace pas les mythes. Pour que le schéma libéral se convertît en un véritable projet national, il eût fallu obtenir l'adhésion de tout le pays aux nouvelles formes politiques. Mais la Réforme opposait à une affirmation très concrète et personnelle : tous les hommes sont fils de Dieu — affirmation qui permettait une relation exceptionnelle et véritablement filiale entre le Cosmos et la créature — un postulat abstrait : l'égalité de tous les hommes devant la loi. La liberté et l'égalité étaient, et restent, des concepts vides, des idées sans autre contenu historique concret que celui que lui donnent les relations sociales, Marx l'a montré. Et l'on sait en quoi fut convertie cette égalité abstraite, et quelle fut la signification réelle de cette liberté vide. D'autre part, en fondant le Mexique sur une notion générale de l'Homme et non sur la situation réelle des habitants de notre territoire, on sacrifiait la réalité aux mots et on livrait des hommes de chair et de sang à la voracité des plus forts.

Contrairement aux prévisions des plus lucides, la Révolution libérale ne provoqua point la naissance d'une bourgeoisie forte, dans l'action de laquelle tous, et jusqu'à Justo Sierra, voyaient l'unique espoir du Mexique. Bien au contraire, la vente des biens de l'Église et la disparition de la propriété communale indigène — qui avait résisté, de façon précaire certes, à plus de trois siècles d'abus de toutes sortes venant de *encomenderos* et des propriétaires d'*haciendas* — accentuent le caractère féodal de notre pays. Et cette fois, au profit d'un groupe de spéculateurs qui allaient constituer l'aristocratie du nouveau régime. C'est ainsi que surgit une nouvelle caste latifundiste. La République, sans ennemis qui l'affrontent, après la défaite des conservateurs et des impérialistes, se retrouve immédiatement sans base sociale. En brisant ses liens avec le passé, elle brisait aussi avec la réalité mexicaine. Le pouvoir appartiendra à celui qui tendra la main. Porfirio Diaz tend la main. Il était le plus brillant des généraux que la défaite de l'Empire de Maximilien avait rendus oisifs, oisifs pour la première fois depuis près d'un siècle de batailles et de *pronunciamientos*.

Le « soldat du 2 Avril » se convertit en « héros de la paix ». Il en finit avec l'anarchie, mais sacrifie la liberté. Il réconcilie les Mexicains mais restaure les privilèges. Il organise le pays mais prolonge un féodalisme anachronique et impie que rien n'adoucit (Les Lois des Indes contenaient au moins quelques principes qui protégeaient les Indiens). Il stimule le commerce, construit des chemins de fer, éponge les dettes de l'*Hacienda Publica* et crée les premières industries modernes, mais ouvre les portes au capitalisme anglo-américain. Le Mexique commence alors une vie de pays semi-colonial.

Contrairement à l'opinion répandue, la dictature de Porfirio Diaz est un retour au passé. En apparence, Diaz gouverne selon les idées modernes : il croit au progrès, à la science, aux miracles de l'industrie et du commerce libre. Ses idéaux sont ceux de la bourgeoisie européenne. Il est le plus éclairé des dictateurs hispano-américains et son régime rappelle parfois la « Belle Époque » en France. Les intellectuels découvrent Comte et Renan, Spencer et Darwin; les poètes imitent les Parnassiens et les Symbolistes français, l'aristocratie mexicaine est une classe urbaine et civilisée. Le revers de la médaille est très différent : ces grands seigneurs qui aiment le progrès et la science ne sont ni des industriels ni des hommes d'entreprise : ce sont des propriétaires enrichis par la vente des biens d'Église ou les affaires publiques du régime. Dans les haciendas, les paysans connaissent une vie de serfs, guère différente de celle de la période coloniale. Ainsi, au point de vue politique, le porfirisme se vante d'être le successeur légitime du libéralisme. Théoriquement, la Constitution de 1857 reste en vigueur et rien ni personne ne prétend s'opposer aux idées de la Réforme. Nombreux sont ceux qui, de bonne foi, pensent que le régime de Diaz prépare le passage du féodalisme à une société moderne. En réalité, le porfirisme est l'héritier du féodalisme colonial : la propriété de la terre est concentrée dans quelques mains, la classe possédante se renforce. Masqué et vêtu des défroques de la science, du progrès et de la légalité républicaine, le passé revient, dépourvu de toute fécondité. Rien ne peut plus créer, sauf la révolte.

Nous devons à Leopoldo Zea une analyse très complète des idées de cette période[1]. Zea observe que l'adoption du positivisme comme philosophie officieuse de l'État correspond à certaines nécessités intellectuelles et morales de la dictature de Diaz. La pensée libérale était un instrument de critique en même temps qu'une construction utopique et contenait des principes explosifs. La soutenir eût été prolonger l'anarchie. L'époque de paix avait besoin d'une philosophie d'ordre. Les intellectuels d'alors la trouvèrent dans le positivisme de Comte, avec sa Loi des Trois États, puis, plus tard, dans celui de Spencer et dans l'évolutionnisme de Darwin. Le principe primitif, abstrait et révolutionnaire de l'égalité de tous les hommes cesse de gouverner les consciences; on lui substitue la théorie de la lutte pour la vie, et de la survie du plus apte. Le positivisme offre une nouvelle justification aux hiérarchies sociales. Mais ce n'est plus le sang, ou l'héritage, ou Dieu qui expliquent les inégalités : c'est la Science.

L'analyse de Zea est parfaite, sauf en un point. Il est certain que le positivisme est l'expression de la bourgeoisie à une

1. L. Zea : *El positivismo en Mexico*, Mexico, 1942.

certaine époque. Elle en est même l'expression naturelle, organique. Au Mexique, cette tendance est utilisée par une classe relativement nouvelle : les familles qui la composent sont presque toutes devenues riches aux alentours de la guerre de Réforme; historiquement pourtant, elle est l'héritière de l'aristocratie féodale de la Colonie à laquelle elle se substitue. Aussi, si la fonction de la philosophie positiviste est la même au Mexique et en Europe, la relation historique et humaine qui s'établit entre cette doctrine et la bourgeoisie européenne est différente de celle qu'on trouve au Mexique entre les « néo-féodaux » et le positivisme.

Le porfirisme adopte la philosophie positiviste; il ne l'engendre pas. Il se trouve dès lors dans une situation de dépendance plus grave que celle des libéraux et des théologiens coloniaux; car il n'a, face à elle, aucune position critique, et il ne l'embrasse pas, non plus, avec une entière bonne foi. Dans certains cas, il s'agissait d'un de ces actes d' « imitation extra-logique » comme les appelait, en suivant Gabriel Tarde, Antonio Caso : acte inutile, superflu et contraire à la condition même de l'imitateur. Entre le système et celui qui l'adopte s'ouvre un abîme, subtil certes, mais qui rend impossible toute relation authentique avec les idées, et qui exige finalement des masques. Le porfirisme est bien une période d'inauthenticité historique. Santa-Ana change allégrement de déguisement : il est l'acteur qui ne croit pas en ce qu'il dit. Le porfirisme s'efforce de créer, s'efforce de faire siennes les idées adoptées. Il simule, dans tous les sens du mot.

Cette simulation est particulièrement grave, car en embrassant le positivisme, le porfirisme s'approprie un système qui ne lui correspond pas historiquement. La classe latifundiste ne constituait pas un équivalent mexicain de la bourgeoisie européenne, et sa tâche n'avait aucun rapport avec celle de son modèle. Les idées de Spencer et de Stuart Mill réclamaient comme climat historique le développement de l'industrie, la démocratie bourgoise et le libre exercice de l'activité intellectuelle. Fondée sur la grande propriété agricole, le « caciquisme » et l'absence de liberté démocratique, la dictature de Diaz ne pouvait faire siennes ces idées sans les défigurer ou se nier elle-même. Le positivisme devint ainsi une superposition historique tout aussi dangereuse que celles qui l'avaient précédée, parce qu'elle était fondée sur une équivoque. Entre les propriétaires et leurs idées politiques et philosophiques se dressait une invisible muraille de mauvaise foi. Le déracinement du porfirisme vient de cette équivoque.

Le déguisement positiviste n'était pas tant destiné à tromper le peuple qu'à cacher la nudité morale du régime aux yeux de ses propres usufruitiers. Car ces idées ne justifiaient pas les hiérarchies sociales face aux déshérités (à qui la religion catholique réservait un lieu d'élection dans l'au-delà, à qui le libéralisme octroyait la dignité d'hommes). La nouvelle philosophie n'avait rien à offrir aux pauvres; sa fonction consistait à justifier la conscience — la mauvaise conscience — de la bourgeoisie européenne. Au Mexique, le sentiment de culpabilité de la bourgeoisie européenne se teignait d'une nuance particulière, pour une double raison historique : les néo-féodaux étaient en même temps les héritiers du libéralisme et les successeurs de l'aristocratie coloniale. L'héritage intellectuel et moral des principes de la Réforme et l'usufruit des biens de l'Église devaient produire dans le groupe dominant un sentiment de faute très profond. Sa gestion sociale était le résultat d'une usurpation et d'une équivoque. Et le positivisme ne remédiait ou n'atténuait cette condition honteuse. Il l'exaspérait au contraire, étant donné que ses racines ne plongeaient pas dans la conscience de ceux qui l'avaient adopté. Mensonge et inauthenticité constituent le fond psychologique du positivisme mexicain.

A sa façon, la Dictature complète l'œuvre de la Réforme. Grâce à l'introduction de la philosophie positiviste, la nation rompt ses derniers liens avec le passé. La Conquête a détruit des temples, la Colonie en a érigé d'autres. La Réforme nie la tradition et offre une image universelle de l'homme. Le positivisme ne nous donna rien. Par contre, il montrait dans toute leur nudité les principes libéraux : belles paroles inapplicables. Le schéma de la Réforme, le grand projet historique au moyen duquel le Mexique se fondait dans certaines valeurs universelles, se réduisait au songe et à l'utopie. Ses principes et ses lois n'étaient qu'une armature rigide qui étouffait notre spontanéité et mutilait notre être. Après cent ans de luttes le peuple se retrouve plus seul que jamais, avec une vie religieuse appauvrie et une culture populaire humiliée. Nous avions perdu notre filiation historique.

L'image que nous offre le Mexique à la fin du XIXe siècle est celle de la discorde. Une discorde plus profonde que la querelle politique ou la guerre civile, car elle consiste en la superposition de formes juridiques et culturelles qui non seulement n'expriment pas notre réalité, mais l'asphyxient et l'immobilisent. A l'abri de cette discorde prospère une caste qui se révèle incapable de se transformer en classe, au sens strict du mot. Nous vivions une vie envenimée par le mensonge et la stérilité. Les liens avec le passé étaient coupés; le dialogue avec les États-Unis impossible — ils ne parlaient avec nous que le langage de la force ou des affaires; la relation avec les autres peuples de langue espagnole inutile; emprisonnés dans des formes mortes, nous en étions réduits à une imitation unilatérale de la France, qui nous a toujours ignorés. Que nous restait-il? L'asphyxie et la solitude.

Si l'histoire du Mexique est celle d'un peuple à la recherche d'une forme qui l'exprime, l'histoire du Mexicain est celle d'un homme à la recherche d'une communion. La fécondité du catholicisme colonial réside dans le fait qu'il était, avant tout, participation. Les libéraux nous offrirent des idées. Mais on ne communie pas avec les idées, tout au moins tant qu'elles ne s'incarnent pas et ne deviennent pas sang, aliment. La communion est un festin et une cérémonie. A la fin du XIXe siècle, le Mexicain, comme la nation tout entière, s'asphyxiait dans un catholicisme rigide ou dans l'univers sans issue et sans espoir de la philosophie officielle du régime.

Justo Sierra, le premier, comprit la signification de cette

situation. Malgré ses antécédents libéraux et positivistes, il est le seul Mexicain de son époque qui ait ressenti la préoccupation et l'angoisse de l'Histoire. Ce qu'il y a de plus valable dans son œuvre est une méditation sur l'Histoire Universelle et sur le Mexique. Cette attitude est nouvelle. Pour les libéraux, les conservateurs et les positivistes, la réalité mexicaine manque de signification en soi; elle n'acquiert de sens que lorsqu'elle reflète un schéma universel. Sierra conçoit le Mexique comme une réalité autonome, vivant dans le temps : la nation est un passé qui avance, avec des détours, vers un avenir, et le présent est plein de signes. Ni la Religion, ni la Science, ni l'Utopie ne nous justifient. Notre histoire, comme celle de n'importe quel autre peuple, possède un sens et une direction. Sans en avoir pleinement conscience, Sierra introduit la philosophie de l'Histoire comme une possible réponse à notre solitude et à notre malaise.

L'Université fut fondée d'après ces idées. Dans son discours inaugural, Sierra fait remarquer que l'institution « n'a ni ancêtres ni prédécesseurs...; l'Université Royale et Pontificale de Mexico n'est pas notre passé, mais *le* passé... Nous y pensons néanmoins avec un sentiment filial involontaire; involontaire et non dénué d'émotion ni d'intérêt ». Ces paroles montrent combien était profonde pour les libéraux et leurs héritiers, la rupture avec la Colonie. Sierra connaissait l'insuffisance du laïcisme libéral tout autant qu'il rejetait le dogmatisme religieux; il pensait que la Science et la Raison étaient les deux seuls auxiliaires de l'homme dignes de confiance. Mais il les concevait comme des instruments. Elles devaient être au service de l'homme et de la nation; et seulement de cette façon « l'Université aurait une puissance suffisante pour coordonner les lignes directrices du caractère national... »

La vérité, dit-il dans une autre partie du même discours, n'est pas faite, n'est pas une chose donnée, comme le pensaient les scolastiques ou les métaphysiciens du rationalisme. La vérité se trouve dispersée dans les vérités particulières de chaque science. La reconstituer est l'une des tâches de l'époque.

Sans la nommer, il invoquait la philosophie, absente de l'enseignement positiviste. Le positivisme allait devoir affronter de nouvelles doctrines.

Les paroles du Ministre de l'Instruction Publique inauguraient un autre chapitre dans l'histoire des idées au Mexique. Ce ne serait pas lui qui allait l'écrire, mais un groupe de jeunes : Antonio Caso, José Vasconcelos, Alfonso Reyes et Pedro Henriquez Ureña. Ceux-là font la critique du positivisme et le discréditent finalement. Leur inquiétude intellectuelle coïncide avec une recherche plus dramatique : celle que le pays fait de lui-même dans la guerre civile.

La Révolution Mexicaine fait irruption dans notre histoire comme une véritable révélation de notre être. Maints événements dans l'histoire politique interne du pays, et dans l'histoire, plus secrète, de notre être national, la préparent mais peu de voix, et celles-ci sans force et comme effacées, la prédisent. La Révolution a cependant ses antécédents, ses causes, ses motifs, si elle manque, au sens profond, de précurseurs. L'Indépendance n'est pas seulement le fruit de diverses circonstances historiques, mais aussi d'un mouvement intellectuel universel qui prend naissance, au Mexique, au XVIIIe siècle. La Réforme est le résultat de l'œuvre et de l'idéologie de plusieurs générations intellectuelles, qui la préparent, la prédisent et la réalisent. Elle est l'œuvre de l'intelligentsia mexicaine. La Révolution se présente au départ comme une exigence de vérité et de pureté dans les méthodes démocratiques, ainsi qu'il appert avec le Plan de San Luis (5 octobre 1910). Ce n'est que lentement, en cours de combat, que le mouvement se trouve et se définit : alors, il est déjà au pouvoir. Et cette absence de programme préalable lui donne son originalité et son authenticité populaires. De là aussi viennent sa grandeur et ses faiblesses.

Parmi les précurseurs de la Révolution, on peut citer un groupe d'hommes dispersés et isolés : Andres Molina Enriquez, Filomeno Mata, Paulino Martinez, Juan Sarabia, Antonio

Villareal, Ricardo et Enrique Flores Magon. Aucun d'eux n'était véritablement un intellectuel, je veux dire un homme qui se figurait d'une façon juste le problème du Mexique, et qui établissait un nouveau projet historique. Molina Enriquez avait une idée claire du problème agraire, mais je ne crois pas que ses observations aient été retenues par les révolutionnaires, tout au moins avant le Plan de Ayala (25 novembre 1911), ce document politique qui condense les aspirations des zapatistes. L'influence de Flores Magon, l'un des hommes les plus purs du mouvement ouvrier mexicain, ne paraît pas dans nos lois ouvrières. L'anarchisme de Flores Magon était nécessairement éloigné de notre Révolution bien que le mouvement syndicaliste mexicain ait été influencé au début par les idées anarcho-syndicalistes.

L'Indépendance et, de façon plus accentuée, la Réforme sont des mouvements qui reflètent, prolongent et adaptent des idéologies universelles. Notre Révolution doit peu aux idées de l'époque. Silva Herzog dit à ce sujet : « Notre Révolution n'avait rien de commun avec la Révolution russe, même superficiellement. Elle l'a précédée. Comment aurait-elle pu l'imiter ? Dans la littérature révolutionnaire du Mexique, depuis le début du siècle jusqu'à 1917, on ne trouve nulle part la terminologie socialiste européenne; la raison en est que notre mouvement social est né sur notre propre sol, du cœur blessé du peuple, et s'est fait drame douloureux et créateur [1]. » L'absence de prémices idéologiques et la lâcheté des liens avec une quelconque idéologie universelle constituent deux caractéristiques de la Révolution et sont aussi à l'origine de maints conflits et confusions ultérieurs.

On connaît les antécédents immédiats du mouvement. Il y avait, d'abord, la situation politique et sociale du pays. La classe moyenne avait grandi grâce au développement du commerce et de l'industrie, qui, pour être dans la majorité aux mains des étrangers, utilisaient toutefois un personnel mexi-

1. Jesus Silva Herzog : *Meditaciones sobre Mexico*, Mexico, 1946.

cain. Une nouvelle génération avait surgi, inquiète, désirant un changement. La querelle des générations s'ajoutait ainsi à la discorde générale. Le gouvernement de Porfirio Diaz n'était pas seulement un gouvernement de priviligiés mais aussi de vieillards qui ne se résignaient pas à quitter le pouvoir. Le désaccord des jeunes s'exprimait par leur désir de voir réalisés enfin les principes du libéralisme. Les premiers idéaux révolutionnaires sont très nettement politiques. On pensait que l'exercice des droits démocratiques rendrait possible un changement de méthodes et de personnes.

A l'inquiétude de la classe moyenne, il convient d'ajouter celle de la naissante classe ouvrière. La législation libérale ne prévoyait aucune défense contre les abus des puissants. Paysans et ouvriers vivaient sans protection face à tous les caciques, seigneurs féodaux ou industriels. Mais si les paysans mexicains avaient une vieille tradition de luttes, les ouvriers, eux, qui manquaient des droits les plus élémentaires, ne disposaient d'aucune expérience et d'aucune théorie pour appuyer leurs revendications et justifier leur combat. En dépit de cette situation, maintes grèves éclatèrent, qui furent réprimées sans pitié. Et par la suite, ce furent les ouvriers qui emportèrent la décision au cours de l'un des épisodes les plus importants de la lutte civile : leurs leaders signent avec Carranza le « Pacte de la Maison Mondiale de l'Ouvrier et du Mouvement Constitutionnaliste » (17 février 1915). En échange d'une législation ouvrière, le prolétaire se trouvait lié à l'une des fractions qui divisaient le mouvement révolutionnaire. Dès lors, la classe ouvrière dépendra, plus ou moins étroitement, des gouvernements révolutionnaires, élément capital pour la compréhension de l'histoire du Mexique actuel, comme nous le verrons plus loin.

La mauvaise situation internationale du gouvernement de Diaz était aussi propice au développement de la Révolution. Suivant une politique préconisée par les libéraux comme Lerdo et par presque tout le parti conservateur, Porfirio Diaz cherchait à limiter l'influence du capitalisme nord-américain en s'appuyant sur le capitalisme européen. « Les relations internationales éveillèrent de profondes préoccupations dans les derniers temps du gouvernement Diaz. L'appui accordé au capital anglais provoqua des craintes chez les Américains. Il y eut d'autres causes de refroidissement, comme la protection que Diaz accorda au président du Nicaragua, le refus de prolonger l'accord qui permettait à la flotte américaine de mouiller dans la baie Santa-Magdalena, ainsi que l'arrêt favorable au Mexique rendu par un arbitre canadien dans le conflit de frontières connu sous le nom de Chamizal [1]. » Il est indubitable que les États-Unis tolérèrent sur leur territoire l'action politique des révolutionnaires, mais il est difficile de réduire la Révolution mexicaine, comme le voudraient certains conservateurs, à une conspiration de l'impérialisme yankee. La criminelle intervention de l'ambassadeur américain dans le complot de trahison contre-révolutionnaire qui abattit le président Madero montre à quoi se limite l'influence étrangère dans le développement de la Révolution.

Tandis que les grèves et les révoltes paysannes minaient la structure sociale de la Dictature de Diaz, et que l'inquiétude politique dans les villes faisait vaciller la confiance de Diaz lui-même en son assise populaire, dans le domaine des idées, deux jeunes, Antonio Caso et José Vasconcelos, entreprenaient la critique de la philosophie du régime. Leur œuvre fait partie de la vaste rénovation intellectuelle commencée par le groupe de l'*Ateneo de la Juventud*.

Antonio Caso s'est attaqué dès 1909 à la philosophie positiviste. Au cours de sept conférences (les trois premières sont consacrées à Comte et à ses précurseurs, les quatre dernières au « positivisme indépendant », Stuart Mill, Spenser et Taine) il expose son désaccord avec la philosophie officielle. Pour cet examen, il utilise surtout la philosophie de la contingence de Boutroux et quelques idées de Bergson. A la fin de ses confé-

1. Silvio Zavala : *Sintesis de la Historia del Pueblo Mexicano, Mexico en la Cultura*, Mexico, 1946.

rences, Caso présenta sa philosophie personnelle. Voici en quels termes Henriquez Ureña rapporte cet acte de foi : « Caso, face à l'imminente invasion du pragmatisme et des tendances voisines, se postule intellectualiste, faisant l'éloge des grands métaphysiciens constructeurs, Platon, Spinoza, Hegel; en même temps, il se déclare idéaliste en ce qui concerne le problème de la connaissance. Sa profession de foi se termine par une citation (« Tout est pensée... ») d'Henri Poincaré, le sage pragmatiste... La conférence finale de Caso fut un plaidoyer en faveur de la spéculation philosophique. Dans les murs de l'École Préparatoire, la vieille école positiviste, on a pu ainsi entendre la voix de la métaphysique qui revendiquait ses droits inaliénables [1]. »

Vasconcelos était et reste anti-intellectualiste. Philosophe de l'intuition, il considère que l'émotion est la seule faculté susceptible d'appréhender l'objet. La connaissance est une vision totale et instantanée de la réalité. Plus tard, Vasconcelos élabora une « philosophie de la race ibéro-américaine » qui continue un courant très important de la pensée hispano-américaine. L'influence de ce penseur se fera sentir quelques années après, quand il sera ministre de l'Éducation dans le gouvernement du nouveau régime.

La critique du positivisme fut décisive dans l'histoire intellectuelle du Mexique, et l'un des prémices indispensables de la Révolution. Mais des prémices négatifs. Caso et ses compagnons détruisent la philosophie officieuse du régime sans que leurs idées offrent un nouveau projet de réforme nationale. Leur position intellectuelle était fort peu reliée aux aspirations populaires et aux problèmes de l'heure. La différence avec la génération libérale est ici significative. Et cette circonstance devait avoir de graves répercussions sur l'histoire du Mexique contemporain. Denuée de doctrine préalable, qu'elle lui soit propre ou qu'elle l'ait empruntée, la Révolution sera une explosion de la réalité et une recherche à tâtons de

1. Pedro Henriquez Ureña : *Horas de Estudio*, Paris, 1910.

la doctrine universelle qui la justifierait et l'insérerait dans l'histoire de l'Amérique et du monde. Mais si la pensée de Caso n'exerça aucune influence sur la doctrine de la Révolution, son amour persistant de la connaissance, qui lui fit continuer ses cours alors que les factions se disputaient la rue, le convertit en un bel exemple de ce qu'est la philosophie : un amour que rien ne peut acheter ni forcer.

Tels sont, sommairement résumés, les antécédents les plus marquants de la Révolution. Quant à ses causes, plus profondes et moins nombreuses, elles se confondent avec la vie même du Mexique.

Il faut distinguer, dans le mouvement révolutionnaire, l'absence d'un système idéologique préalable, d'une part, et la revendication des terres, d'autre part. Les paysans mexicains font la Révolution non seulement pour obtenir de meilleures conditions de vie, mais aussi pour récupérer les terres dont ils avaient été dépouillés au cours de l'époque Coloniale et du XIXe siècle par les *encomenderos* et les latifundistes.

Le *calpulli* était la forme fondamentale de la propriété avant la Conquête. Ce système consistait « dans la division des villages en différents quartiers ou *calpulli,* chacun comprenant une certaine surface de terre qui n'appartenait individuellement à aucun habitant, mais dont une famille ou une tribu avait la concession... Celui qui abandonnait le *calpulli* ou cessait de le cultiver perdait le droit de participer à la propriété communale [1]. »

Les Lois des Indes protégèrent cette institution ; on y trouve de nombreuses dispositions destinées à défendre la propriété communale indigène contre les abus et les usurpations de toute sorte. Ces belles dispositions ne furent pas toujours respectées, et la situation des paysans était déjà désespérée à la fin du XVIIIe siècle. L'attitude de Morelos, l'un des rares dirigeants mexicains qui eussent conscience du problème, révèle

1. Gabino Fraga : *El Derecho Agrario, Mexico en la Cultura,* 1946.

jusqu'à quel point le malaise de la campagne influença la Guerre d'Indépendance. Et la Réforme commit l'erreur fatale de dissoudre la propriété communale indigène, en dépit de l'opposition de certains, comme Ponciano Arriaga. Par la suite, grâce aux diverses Lois de Colonisation, d'Occupation et d'Aliénation des Terres Incultes, le régime de Diaz en finit avec les restes de la propriété paysanne, et détruisit « les caractères qui jusqu'alors avaient constitué le régime de propriété au Mexique[1]. »

Presque tous les programmes et les manifestes des groupes révolutionnaires contiennent des allusions à la question agraire. Mais seule la Révolution du Sud et son chef, Emiliano Zapata, posent le problème avec clarté, décision et simplicité. Ce n'est pas un hasard si Zapata, figure qui possède la belle poésie des images populaires, a tant servi de modèle aux peintres mexicains. Avec Morelos et Cuauhtemoc, il est l'un de nos héros légendaires. Réalisme et mythe s'unissent dans cette figure mélancolique et ardente; et Zapata mourut comme il avait vécu : en embrassant la terre. Comme elle, il était tout de patience et de fertilité, de silence et d'espoir, de mort et de résurrection. Son programme contenait peu d'idées, celles qui étaient strictement nécessaires pour faire sauter les formes économiques et politiques qui nous opprimaient. Les articles six et sept du Plan de Ayala, qui prévoient la restitution et la répartition des terres, impliquent une transformation de notre régime de propriété agraire et ouvrent la porte au Mexique contemporain. En somme, le programme de Zapata consistait dans la liquidation du féodalisme et dans l'institution d'une législation qui s'adapterait enfin à la réalité mexicaine.

Toute révolution, dit Ortega y Gasset, est une tentative pour soumettre la réalité à un projet rationnel. De là vient que l'esprit révolutionnaire se conçoit lui-même comme une exigence radicale de la raison. Il se peut que l'opinion d'Ortega y Gasset soit, à son tour, trop radicale : j'observe que les

1. Gabino Fraga : *El Derecho Agrario, Mexico en la Cultura*, 1946.

révolutions presque toujours, quand bien même elles se présentent comme une invitation à réaliser dans un avenir plus ou moins proche certaines idées, prétendent aussi rétablir une justice ou un ordre anciens, violés par les oppresseurs. Toute révolution tend à établir un âge mythique. La Révolution Française fonde la légitimité de son programme sur la croyance qu'il suffira de reconstituer les conditions idéales du Contrat Social pour que soit réalisée la concorde universelle. Le marxisme, aussi, recourt à la théorie du communisme primitif comme référence au régime qu'il promet. L'« Éternel Retour » est l'une des hypothèses implicites à presque toutes les théories révolutionnaires.

Le radicalisme, dit Marx, est un humanisme, car l'homme est la racine de la raison et de la société. Aussi, toute Révolution prétend créer un monde où l'homme, libéré enfin des contraintes de l'ancien régime, peut s'exprimer en vérité et assumer sa condition d'homme. L'homme est un être qui ne saura se réaliser, qui ne saura être lui-même que dans la société révolutionnaire. Et cette société fonde ses espérances dans la nature même de l'homme, qui n'est pas quelque chose de donné et de statique, mais une série de possibilités frustrées par un régime qui le mutile. Et comment savons-nous que l'homme est une possibilité d'être, trahie par l'injustice ? La notion mythique « d'âge d'or » intervient ici : il y avait une fois, quelque part dans le monde et à un certain moment de l'Histoire, un état social qui permettait à l'homme de s'exprimer et de se réaliser. Cet âge préfigure et prophétise le nouvel âge que le révolutionnaire se propose de créer. Presque toujours l'utopie suppose l'existence préalable, dans un passé lointain, d'un âge d'or qui justifie et rend possible son action révolutionnaire.

L'originalité du Plan de Ayala vient de ce que cet « âge d'or » n'est ni une simple création de la raison, ni une hypothèse. Le mouvement agraire mexicain exige la restitution des terres par une formalité légale : les titres de propriété correspondants. Et s'il prévoit le partage des terres, c'est pour étendre les bénéfices d'une situation traditionnelle à tous les paysans et à tous les villages qui n'ont pas de titres de propriété. Le mouvement zapatiste tend à rectifier l'histoire du Mexique et le sens même de la Nation, qui n'est déjà plus le projet du Libéralisme. Le Mexique n'est pas conçu comme un avenir qui se réalise, mais comme un retour aux sources. L'originalité du radicalisme de la Révolution mexicaine, c'est d'en revenir à notre source, unique fondement de nos institutions. En faisant du *calpulli* l'élément fondamental de notre organisation économique et sociale, le zapatisme sauvait ce qu'il y avait de valable dans la tradition coloniale, et affirmait que toute construction politique vraiment féconde devait reposer sur la partie la plus ancienne, la plus stable et la plus durable de notre nation : le passé indigène.

Le traditionalisme de Zapata montre la profonde conscience historique de cet homme, isolé dans son peuple et dans sa race. Sa solitude, qui l'empêchait d'accéder aux idées que maniaient les journalistes et autres écrivaillons de l'époque, grands donneurs de conseils aux généraux, le mettait en étroit contact avec la simple vérité. Car la vérité de la Révolution était très simple, et consistait en la révolte de la réalité mexicaine, opprimée par les schémas du libéralisme tout autant que par les abus des conservateurs et des néo-conservateurs.

Le zapatisme fut un retour à la plus ancienne et à la plus permanente de nos traditions. En un sens, elle désavoue l'œuvre de la Réforme : dans la mesure où elle constitue un retour à ce monde avec lequel les libéraux ont voulu rompre. La Révolution devient ainsi une tentative de réintégrer notre passé. Ou, comme dirait Leopoldo Zea, d'« assimiler notre histoire », pour faire d'elle quelque chose de vivant : un passé actualisé. Cette volonté d'intégration et de retour aux sources contraste avec l'attitude des intellectuels de l'époque, qui se montrèrent incapables de deviner le sens du mouvement révolutionnaire et poursuivirent leurs spéculations avec des idées qui n'étaient plus que fantasmes.

L'incapacité de l'intelligentsia mexicaine pour ordonner en un système cohérent les confuses aspirations populaires devint patente dès que la Révolution cessa d'être instinctive et se transforma en un régime. Le zapatisme et le villisme (mouvement de Pancho Villa) — les deux partis jumeaux, la face Sud et la face Nord — étaient des explosions populaires sans grand pouvoir pour intégrer leurs vérités, plus ressenties que pensées, dans un plan organique. C'était un point de départ, un signe obscur et balbutiant de la volonté révolutionnaire. La faction triomphante — celle de Carranza — devait dépasser les limitations de ses deux adversaires; et, aussi, nier la spontanéité révolutionnaire, unique source de salut, pour restaurer le césarisme. Toute révolution débouche sur l'adoration du chef; Carranza, le « Premier Chef », le premier des Césars révolutionnaires, annonce le « culte de la personnalité », euphémisme pour désigner la forme moderne de l'idolâtrie politique. (Ce culte, favorisé ensuite par Obregon et Calles, continue à sévir dans notre vie politique, bien qu'il soit limité par l'interdiction de réélire un Président.) En même temps, les révolutionnaires qui entouraient Carranza s'efforçaient d'articuler et de rendre cohérents les instincts revendicateurs du peuple. C'est alors que fut mise en évidence l'insuffisance idéologique de la Révolution. Il en résulta un compromis : la Constitution de 1917. Il était impossible d'en revenir au monde précortésien, impossible d'en revenir à la tradition coloniale. La Révolution n'avait pas d'autre remède que de reconsidérer le programme des libéraux, en le modifiant légèrement. L'adoption du schéma libéral fut donc la conséquence du manque d'idées des révolutionnaires. Celles que l'intelligentsia mexicaine offrait étaient inutilisables. La réalité les réduisait à néant avant même que l'histoire les eût mises à l'épreuve.

La permanence du programme libéral, avec sa division classique des pouvoirs — inexistante au Mexique —, son fédéralisme théorique et son aveuglement devant notre réalité, ouvraient de nouveau la porte au mensonge et à l'inauthenticité. Il n'est pas étonnant qu'une bonne partie de nos idées politiques continuent d'être des phrases destinées à cacher et à opprimer notre être véritable. D'autre part, l'influence de l'impérialisme gênait en partie les possibilités de développement de la bourgeoisie qui aurait pu donner vie au schéma libéral. La restauration de la propriété communale entraînait la liquidation du féodalisme et aurait dû permettre l'accession au pouvoir de la bourgeoisie. Notre évolution aurait connu les mêmes étapes que celle de l'Europe. Mais notre marche fut différente. L'impérialisme ne nous laissa pas atteindre la « normalité historique » et les classes dirigeantes n'eurent plus d'autre rôle que d'être les administratrices ou les associées du pouvoir étranger. Dans cette ambiguïté historique réside le danger du néo-porfirisme. Banquiers et intermédiaires peuvent s'emparer de l'État. Leur fonction ne différerait guère de celle des latifundistes porfiriens : comme eux, ils seraient les héritiers d'un mouvement révolutionnaire; ils gouverneraient le pays sous le masque de la Révolution, comme Diaz le fit sous celui du libéralisme. Seulement il serait difficile de trouver une philosophie qui remplirait le rôle du positivisme. Il n'y a pas d' « idées toutes faites » dans notre monde.

En regardant la Révolution mexicaine du point de vue des idées exposées ici, on remarque qu'il s'agit d'un mouvement dialectique tendant à la reconquête de notre passé, à sa résurrection dans le présent. Et cette volonté de régression, fruit de la solitude et du désespoir, est une des phases de la dialectique de solitude et communion, de réunion et séparation, qui semble dominer toute notre vie historique. Par la Révolution, le Mexicain tente de se réconcilier avec son Histoire et son origine. C'est pourquoi ce mouvement possède un caractère à la fois désespéré et rédempteur. Si ces mots, usés par tant de lèvres, gardent encore un sens pour nous, ils disent que le peuple refuse toute aide extérieure, tout schéma venu d'ailleurs et sans relation profonde avec son être, afin de se tourner vers lui-même. Le désespoir, le refus d'être sauvé par un projet étranger à son histoire, ce sont les manifestations d'un être qui refuse toute consolation et rentre dans sa propre intimité : un être seul. Et au même instant, cette solitude se résout en une tentative de communion. A nouveau, désespoir et solitude, rédemption et communion sont des termes équivalents.

Il est intéressant de voir comment cristallisa la Révolution, et par quelle quête lente et riche en confusions. Il ne s'agit pas d'un schéma qu'un groupe impose à la réalité, mais de la naissance, en différents endroits, d'un projet qui s'incarne, comme le voulaient les romantiques allemands, dans des groupes opposés. Et il a fallu attendre jusqu'à maintenant pour comprendre que faisaient partie d'un même processus des figures aussi antagoniques que Zapata et Carranza, Luis Cabrera et José Vasconcelos, Pancho Villa et Obregón, Madero et Cárdenas. En comparant les protagonistes de la Réforme avec ceux de la Révolution, on voit bien qu'en dépit de la clarté des idées des premiers et de la confusion des seconds, la grande valeur des libéraux ne leur évite pas une certaine sécheresse qui a fait d'eux des figures respectables mais officielles, des héros d'école primaire, tandis que la brutalité et la grossièreté de maints chefs révolutionnaires ne nuisent pas à leur métamorphose en mythes populaires. Villa chevauche encore dans le Nord, dans les chansons et les jurons; Zapata meurt à chaque fête populaire; Madero se penche aux balcons en agitant le drapeau national; Carranza et Obregón continuent à circuler dans leurs trains révolutionnaires, ameutant les poulaillers féminins, arrachant les jeunes gens à leur foyer. Tous les suivent. Où ? Nul ne le sait. Telle est la Révolution, parole magique, qui va tout changer, et nous donner une joie immense et une mort rapide. Par la Révolution, le peuple rentre en lui-même, dans son passé et sa substance, pour en extraire sa filiation. D'où sa fécondité qui contraste avec la pauvreté du XIXe siècle. Cette fécondité dépend de la profondeur avec laquelle les héros de la Révolution, ses mythes et même ses bandits marquèrent l'imagination et la sensibilité de tous les Mexicains.

La Révolution est une subite immersion du Mexique dans son propre être. Et de son fonds, de ses entrailles, il extrait presque à l'aveugle, les fondements du nouvel État. Il revient à la tradition, renoue avec le passé les liens qu'avaient coupés la Réforme et la Dictature. La Révolution est bien une quête de nous-mêmes et un retour à la Mère. C'est aussi, par là, une fête : la fête des fusils. Comme les fêtes populaires, la Révolution est un excès et un gaspillage, un éclatement de joie et de laisser-aller, un cri d'orphelin, un cri de vainqueur, un cri de suicide et de vie. Notre Révolution est l'autre visage du Mexique, ignoré par la Réforme, humilié par la Dictature. Non pas ce visage de courtoisie, de dissimulation, forme atteinte à force de mutilations et de mensonges, mais le visage brutal et éclatant de la fête et de la mort, de la rixe et de la fusillade, de la feria et de l'amour, du rapt et de la fantasia. La Révolution n'a pas d'idées. C'est un éclatement de la réalité : une révolte et une communion, un réveil de vieilles substances endormies, une révélation de maintes férocités, de maintes faiblesses et de maintes délicatesses qui n'avaient pu s'exprimer. Avec qui communie le Mexique dans cette fête sanglante? Avec lui-même, avec son propre être. Le Mexique tente d'être. L'explosion révolutionnaire est une prodigieuse fête au cours de laquelle le Mexicain, ivre de lui-même, fait enfin connaissance, dans une étreinte mortelle, avec l'*autre* mexicain.

Toute l'histoire du Mexique, depuis la Conquête jusqu'à la Révolution, peut être considérée comme une recherche de nous-mêmes, déformés et masqués par des institutions étrangères, et d'une Forme qui nous exprime. Les sociétés précortésiennes atteignirent à des créations d'une grande richesse et d'une grande diversité, comme le montrent le peu qu'en épargnèrent les Espagnols, et les découvertes des archéologues et des anthropologues. La Conquête a détruit ces formes et leur substitua la Forme espagnole. Dans la culture espagnole, on trouve deux directions, conciliées mais non fondues totalement par l'État espagnol; une tradition médiévale, *castiza*, vivante en Espagne jusqu'à nos jours, et une tradition universelle que l'Espagne s'est appropriée avant la Contre-Réforme.

Grâce au catholicisme, l'Espagne a atteint, dans la sphère des arts, une synthèse heureuse des deux éléments. On peut en dire autant de certaines institutions et notions de droit politique qui sont intervenues de façon décisive dans la constitution de la société coloniale, et dans le statut octroyé aux Indiens. Grâce au caractère universel de la religion catholique, qui est, bien que l'oublient fréquemment fidèles et adversaires, une religion pour tous et spécialement les déshérités et les orphelins, la société coloniale put tendre à devenir pour un temps un Ordre. Forme et substance pactisent. Entre la réalité et les institutions, le peuple et le pouvoir, l'art et la vie, l'individu et la société, il n'y a plus ni mur ni fossé : tout correspond, et ce sont les mêmes concepts et la même volonté qui gouvernent les esprits. L'homme, si humble que soit sa condition, n'est pas seul. La société non plus. Monde et au-delà ,vie et mort, action et contemplation sont des expériences totales, et non des actes ou des concepts isolés. Chaque fragment participe de la totalité qui vit en chacune de ses parties. L'ordre précortésien a été remplacé par une Forme universelle, ouverte à la participation et à la communion de tous les fidèles.

La paralysie de la société coloniale et sa finale pétrification en un masque pitoyable ou féroce, semblent être les conséquences d'une circonstance, rarement examinée : la décadence du catholicisme européen, en tant que source de la culture occidentale, coïncida avec son expansion et son apogée en Nouvelle-Espagne. La vie religieuse, foyer de création à cette époque, se réduit, pour la plupart, à une participation passive; et pour une minorité, oscillant entre la curiosité et la foi, à des tentatives incomplètes, à des jeux de l'esprit, et pour finir, au silence et à la somnolence. Ou bien, si l'on préfère : le catholicisme s'est présenté à l'immense masse indigène comme un refuge. L'état d'orphelin provoqué par la rupture de la Conquête, se résout en un retour aux obscures entrailles maternelles. La religiosité coloniale est un retour à la vie prénatale, passive, neutre et satisfaite. La minorité, qui tente de sortir à l'air frais du monde, suffoque, se tait et recule.

L'Indépendance, la Réforme et la Dictature sont des phases distinctes et contradictoires d'une même volonté de déracinement. Il faut considérer le XIXe siècle comme une rupture totale avec la Forme. Et en même temps, le mouvement libéral se manifeste comme une tentative utopique, laquelle provoque la vengeance de la réalité. Le schéma libéral devient la simulation du positivisme. Notre histoire indépendante, dès que nous avons commencé à avoir conscience de nous-mêmes, notion d'une patrie et d'une existence nationale, est rupture et recherche. Rupture avec la tradition, avec la Forme. Et recherche d'une nouvelle Forme, susceptible de contenir toutes nos particularités, et ouverte à l'avenir. Ni le catholicisme, fermé à l'avenir, ni le libéralisme qui substitua au concret mexicain une abstraction inanimée, ne pouvaient être cette Forme cherchée, expression de nos désirs particuliers et de nos aspirations universelles.

La Révolution fut une découverte de nous-mêmes et un retour aux origines, d'abord; ce fut ensuite une recherche et une tentative de synthèse avortée plusieurs fois; et finalement, ce fut un compromis, qui ne pouvait assimiler notre tradition et nous proposer de nouveau projet sauveur. La Révolution n'a pas pu articuler son explosion salvatrice en une vision du monde, l'intelligence mexicaine n'a pas résolu ce conflit entre l'insuffisance de notre tradition et notre exigence d'universalité. Le mouvement révolutionnaire démontra que toutes les idées et les conceptions qui nous avaient justifiés par le passé étaient mortes ou mutilaient notre être. L'histoire universelle nous a posé directement maintes questions et problèmes dont nos ancêtres ne connaissaient que les reflets. En dépit de nos singularités nationales — superposition de temps historiques, ambiguïté de notre tradition, semi-colonialisme, etc. — la situation du Mexique n'est pas distincte de celle des autres pays. Pour la première fois peut-être de l'histoire, la crise de notre culture est celle de l'espèce même. La mélancolique réflexion de Valéry devant les cimetières des civlisations disparues nous laisse aujourd'hui indifférents, car ce n'est pas la culture occidentale qui demain s'écroulera, comme il en fut des Grecs et des Arabes, des Aztèques et des Égyptiens, mais l'homme même. L'antique pluralité des cultures qui postulaient des idéaux distincts et opposés et offraient des avenirs non moins distincts et opposés, s'est vu substituer la présence d'une seule civilisation et d'un seul avenir. Jusqu'à ces derniers temps, l'Histoire fut une réflexion sur les différentes vérités ennemies que chaque culture proposait, et une vérification de l'hétérogénéité profonde de chaque société et de chaque archétype. Aujourd'hui, l'Histoire a retrouvé son unité et redevient ce qu'elle fut à l'origine ; une méditation sur l'homme. La pluralité des cultures, rachetée par l'historicisme moderne, se résout en une synthèse : celle de notre moment. Toutes les civilisations débouchent dans la civilisation occidentale, qui a assimilé ou conquis ses rivales. Et toutes les particularités doivent répondre aux questions que nous pose l'Histoire : les mêmes questions pour tous. L'homme a reconquis son unité. Désormais, les décisions des Mexicains concernent tous les hommes, et inversement. Les différences qui séparent les communistes des « occidentaux » sont bien moins profondes que celles qui séparaient les Perses des Grecs, les Égyptiens des Romains, les Chinois des Européens. Communistes et démocrates bourgeois se combattent au nom d'idées opposées qui viennent toutes d'une source commune, et ils disputent dans un langage universel, compréhensible pour les deux camps. La crise contemporaine ne se présente pas, ainsi que le prétendent les conservateurs, comme une lutte entre deux cultures différentes, mais comme une scission dans le sein de notre civilisation. Une civilisation qui n'a plus de rivale, et dont l'avenir est confondu avec celui du monde. Le destin de chaque homme n'est pas distinct de celui de l'Homme. C'est pourquoi toute tentative pour résoudre nos conflits à partir de la réalité mexicaine devra posséder une valeur universelle, ou sera condamnée d'avance à la stérilité.

La Révolution mexicaine nous a fait sortir de nous-mêmes et nous a placés face à l'Histoire, avec la nécessité d'inventer un avenir et des institutions. La Révolution est morte sans avoir résolu nos contradictions. Depuis la seconde guerre mondiale, nous nous rendons compte que cette création de nous-mêmes que la réalité exige de nous n'est pas différente de celle qu'une réalité identique réclame des autres. Nous vivons, comme le reste de la planète, une conjoncture décisive et mortelle, en orphelins du passé, et avec un avenir à inventer. L'histoire universelle est une tâche commune. Et notre labyrinthe, celui de tous les hommes.

VII

LE PRÉSENT

Recherche et découverte de nous-mêmes, le mouvement révolutionnaire transforma le Mexique, le fit « autre ». Etre soi-même revient toujours à être cet autre que nous sommes, et que nous portons, caché en nous-mêmes, promesse ou possibilité d'être. Dans un certain sens, on peut donc affirmer que la Révolution a recréé la nation mexicaine; et aussi qu'elle l'a étendue à des races et à des classes que ni la Colonie ni le XIXe siècle n'avaient pu incorporer. Pourtant, en dépit de sa fécondité extraordinaire, elle n'a pas été capable de créer un ordre vivant qui fût, en même temps, vision du monde et fondement d'une société réellement juste et libre. La Révolution n'a pas fait de notre pays une communauté, ni même une espérance de communauté : un monde où les hommes se reconnaissent dans les autres hommes, et où le « principe d'autorité » — c'est-à-dire la force, quelles que soient son origine et sa justification — cède le pas à la liberté responsable. Certes, nulle société connue à ce jour n'en est arrivée là. Ce n'est pas un hasard si nous ne nous sommes pas donné une vision de l'homme comparable à celle du catholicisme colonial ou du libéralisme du siècle passé. Les limitations de la Révolution sont nombreuses; elles sont les conséquences de notre réalité ainsi que de circonstances reliées à l'histoire mondiale contemporaine.

Chronologiquement, la Révolution Mexicaine est la première

des grandes révolutions du XXe siècle. Pour la comprendre véritablement, il faut la voir comme faisant partie d'un vaste processus qui n'est pas encore arrivé à son terme. Comme toutes les révolutions modernes, la nôtre se proposa, au départ, de liquider le régime féodal, de transformer le pays à l'aide de la technique et de l'industrie, d'en finir avec notre dépendance économique et politique et, enfin, d'instaurer une véritable démocratie sociale. En d'autres termes : faire le saut auquel rêvèrent les libéraux les plus lucides, consommer effectivement l'Indépendance et la Réforme, faire du Mexique une nation moderne. Et tout ceci sans nous trahir. Les changements allaient nous révéler notre être véritable, un visage neuf et antique à la fois. La Révolution allait inventer un Mexique fidèle à lui-même.

Les pays « développés », à l'exception de l'Allemagne, passèrent de l'ancien régime à la moderne démocratie bourgeoise d'une manière qu'on peut dire naturelle. Les transformations politiques, économiques et techniques se succédèrent et s'entre-pénétrèrent comme inspirées par une cohérence supérieure. L'histoire possédait une logique; découvrir le secret de son fonctionnement équivalait à se rendre maître de l'avenir. Cette croyance, assez vaine, nous faisait voir dans l'histoire des grandes nations le développement d'une immense et majestueuse proposition logique. Le capitalisme, en effet, passa graduellement des formes primitives d'accumulation jusqu'à celles, infiniment plus complexes, du capital financier et de l'impérialisme mondial. Et le passage du capitalisme primitif au capitalisme international produisit des changements radicaux, aussi bien à l'intérieur de chaque pays que dans le monde entier. D'une part, après un siècle et demi d'exploitation des peuples coloniaux et semi-coloniaux, la différence entre un ouvrier et un patron est moins grande que celle qu'on trouve entre ce même ouvrier et un paria hindou ou un *peón* bolivien. D'autre part, l'expansion impérialiste a unifié la planète : toutes les richesses, et jusqu'aux plus cachées, sont exploitées, pour être livrées au torrent de la circulation mondiale, converties en marchandises; le travail humain est universalisé (à des milliers de kilomètres de distance, l'ouvrier du textile prolonge l'effort du cueilleur de coton) et réalise pour la première fois, effectivement et non plus comme postulat moral, l'unité de la condition humaine; les cultures et les civilisations périphériques sont détruites, et toutes les nations tournent autour de deux ou trois astres, sources du pouvoir politique, économique et spirituel. En même temps, les peuples ainsi annexés ne participent plus que d'une manière passive au processus : sur le plan économique, ils sont de simples fournisseurs de matières premières et de main-d'œuvre bon marché; sur le plan politique, ils sont des colonies ou des semi-colonies; sur le plan spirituel, des sociétés barbares ou pittoresques. Aussi, pour les nations périphériques, le « progrès » signifiait-il, et signifie-t-il encore jouir de certains biens matériels, et accéder à la « normalité » historique, devenir des « êtres raisonnables ». Sur ce fond se dessinent la révolution mexicaine, et les autres révolutions du XXe siècle.

Dès lors, on voit plus clairement en quoi consiste l'entreprise révolutionnaire : consommer, dans un bref délai et avec un minimum de sacrifices humains : une œuvre que la bourgeoisie européenne avait accomplie en quelques cent cinquante années. Pour réussir, nous devions préalablement assurer notre indépendance politique et récupérer nos ressources naturelles. De plus, tout ceci devait être accompli sans porter atteinte aux droits sociaux, en particulier à ceux des ouvriers, garantis par la Constitution de 1917. En Europe et aux États-Unis, ces conquêtes furent le résultat de plus d'un siècle de luttes prolétariennes et représentaient, en grande partie, une participation aux profits obtenus à l'extérieur par les monopoles. Mais nous, nous n'avions pas de profits coloniaux à répartir; et même, ni le pétrole, ni les mines, ni l'énergie électrique, aucune des forces avec lesquelles nous devions transformer le pays, ne nous appartenait. Ainsi, il s'agissait plutôt de commencer avant le commencement que par le commencement.

La Révolution fit du nouvel état le principal agent de transformation sociale, grâce à la dévolution et à la répartition des terres, à l'irrigation, aux écoles rurales, au crédit foncier pour les paysans. Les experts s'attardent aux erreurs techniques commises; les moralistes, à l'intervention maléfique du *cacique* traditionnel et du politicien rapace. Et c'est la vérité. Et malgré les récentes conquêtes, il subsiste toujours le danger d'un retour à la monopolisation des terres. Il faut continuer à défendre ces conquêtes. Mais il n'en est pas moins vrai que le régime féodal a disparu, on ne doit pas l'oublier. Et la réforme agraire a favorisé non seulement les paysans, mais aussi, en brisant l'ancienne structure sociale, elle a rendu possible la naissance de nouvelles forces productrices. Malgré toutes ces réussites et ces victoires, des milliers de paysans vivent encore dans des conditions misérables, et n'ont d'autres remède que celui d'émigrer aux États-Unis chaque année, comme main-d'œuvre temporaire. L'accroissement démographique, dont ne se soucièrent pas les premiers gouvernements révolutionnaires, explique en partie l'actuel déséquilibre. La chose peut paraître incroyable, mais le pays, dans sa majeure partie, souffre de surpopulation. Ou, plus exactement, nous manquons de terres cultivables. Il y a, en outre, deux facteurs décisifs : nous n'avons pu ni ouvrir de nouvelles terres à la culture, ni créer de centres industriels à un rythme suffisamment accéléré pour absorber l'excédent de population, ainsi condamné au sous-emploi. C'est que, dans l'état actuel de nos ressources, nous n'avons pas la possibilité de créer les industries et les exploitations agricoles indispensables pour donner du travail à tous. Il est clair, dès lors, qu'il ne s'agit pas seulement d'une poussée démographique excessive, mais aussi d'un progrès économique insuffisant. Or, il n'est pas moins clair que nous nous trouvons dans une situation qui dépasse les possibilités réelles de l'État, et de la nation dans son ensemble. Comment et où obtenir ces ressources économiques et techniques? Cette question, à laquelle on essayera de répondre plus loin, s'inscrit dans le problème global du développement économique. Signalons toutefois que cette situation entrave le développement de l'industrie : l'accroissement démographique crée le sous-emploi ; le sous-emploi amène une baisse du pouvoir d'achat des consommateurs et cette baisse du pouvoir d'achat ralentit le développement de l'industrie.

La Révolution se proposait aussi la récupération des richesses nationales. Les gouvernements révolutionnaires, en particulier celui de Cárdenas, décrétèrent la nationalisation des pétroles, des chemins de fer et d'autres industries encore. Une telle politique nous opposa à l'impérialisme. Et l'État, sans renoncer à ce qu'on avait reconquis, dut céder et suspendre les expropriations. (Il faut souligner que sans la nationalisation du pétrole, tout développement économique aurait été impossible.) La Révolution ne se contenta pas d'exproprier : grâce à un réseau de banques et d'instituts de crédit, elle créa de nouvelles industries d'État, en subventionna d'autres (privées ou semi-privées) et, de façon générale, voulut orienter le développement économique dans un sens rationnel et dans l'intérêt général. Tout ceci, et bien d'autres choses encore, fut réalisé lentement, non sans atermoiements, erreurs et immoralités. Mais le Mexique, bien que déchiré par de terribles contradictions, en fut changé. Peu à peu surgirent une nouvelle classe ouvrière et une bourbeoisie, qui vécurent tout d'abord à l'ombre de l'État et n'ont commencé une vie autonome que depuis peu.

La prise en tutelle de la classe ouvrière par le gouvernement débuta avec une alliance populaire : les ouvriers appuyèrent Carranza quand il promulgua une politique sociale hardie. Il en alla de même avec Obregon et Calles. Et l'État, en revanche, protégeait les organisations syndicales. Mais l'alliance se convertit au bout de quelque temps en soumission, quand les gouvernements se mirent à récompenser les dirigeants syndicaux en les nommant à de hautes fonctions. Le processus s'accentua pour culminer, paradoxalement, avec Cárdenas (1934-40) pendant la période la plus extrémiste de la Révolution. Et ce furent précisément les dirigeants qui avaient lutté contre la corruption syndicale qui trahirent les organisations ouvrières. On disait que la politique de Cárdenas était révolutionnaire : rien de plus naturel que les syndicats l'appuyassent. Mais, poussés par leurs leaders, ils ne formèrent bientôt qu'un département de plus dans le Parti de la Révolution, c'est-à-dire le parti gouvernemental. Ce faisant, ils fermaient la voie à un parti ouvrier, ou, pour le moins, à un mouvement syndical semblable à celui des États-Unis, apolitique, autonome et libre de toute ingérence officielle. Les seuls qui gagnèrent dans cette opération furent les leaders, qui devinrent des professionnels de la politique : députés, sénateurs, gouverneurs. Depuis quelques années, nous assistons néanmoins à un changement : avec une énergie croissante, les groupements ouvriers recouvrent leur autonomie, suppriment les dirigeants corrompus et luttent pour instaurer une démocratie syndicale. Ce mouvement peut être l'une des forces déterminantes d'un renouveau de la vie démocratique. En même temps, étant donné les caractéristiques sociales de notre pays, l'action ouvrière, pour être efficace, doit éviter le sectarisme qui est la marque de certains de ses nouveaux dirigeants, et chercher l'alliance des paysans et d'un nouveau secteur, conséquence, lui aussi, de la Révolution : la classe moyenne. Jusqu'à ces dernières années, la classe moyenne formait un groupe restreint, constitué par les petits commerçants et les représentants des traditionnelles « professions libérales » (avocats, médecins, professeurs, etc.). Le développement de l'industrie et du commerce, et aussi celui de l'Administration Publique, a enrichi cette classe, sans éducation politique ou intellectuelle, mais pleine de vitalité.

Plus puissante et plus sûre d'elle-même, la bourgeoisie a réussi à être indépendante du parti officiel et du gouvernement et maintenant elle aspire à devenir la seule classe dirigeante. Le banquier succède au général révolutionnaire, l'industriel aspire à remplacer le technicien et l'homme politique. Et ces groupes cherchent à faire du gouvernement l'expression, chaque fois plus exclusive, de leurs intérêts. Pourtant, la bourgeoisie ne forme pas un tout homogène : une tendance, héritière, de la Révolution mexicaine (quand bien même elle l'ignore), s'efforce de créer un capitalisme national; une autre est celle des simples agents ou intermédiaires du capital financier international. Finalement, à l'intérieur de l'État, de nombreux techniciens, selon un processus fait d'audaces et de concessions, de bonds en avant et de reculs, perpétuent une politique d'intérêt national, en accord avec le passé révolutionnaire. C'est ce qui explique la marche sinueuse de l'État et son désir de ne jamais « rompre l'équilibre ». Depuis le temps de Carranza, la Révolution mexicaine a été un compromis entre des forces antagonistes : nationalisme et impérialisme, travaillisme et développement industriel, économie dirigée et régime de « libre entreprise », démocratie et paternalisme d'État.

Une fois terminée la période militaire de la Révolution, maints jeunes intellectuels — qui n'avaient eu ni la possibilité ni l'âge de participer à la lutte armée — se mirent à collaborer avec le gouvernement révolutionnaire. L'intellectuel se convertit en conseiller, secret ou officiel, du général analphabète, du leader paysan ou syndical, du chef au pouvoir. La tâche était immense, il fallait tout improviser. Les poètes se mirent à étudier l'économie, les juristes la sociologie, les romanciers le droit international, la pédagogie ou l'agronomie. A l'exception des peintres — qui reçurent la meilleure protection possible : on leur livra les murs officiels — le reste de l' « intelligentsia » fut utilisé à des fins concrètes et immédiates : projets de lois, plans politiques, missions de confiance, tâches éducatives, création d'écoles, etc. La diplomatie, le commerce extérieur, l'administration publique ouvrirent leurs portes à une « intelligentsia » issue de la classe moyenne. Rapidement, un nouveau groupe de techniciens et d'experts fut formé grâce aux écoles professionnelles et aux voyages d'études à l'étranger. Leur participation à la gestion gouvernementale a assuré la continuité de l'œuvre commencée par les premiers révolutionnaires. Ils défendirent, dans de nombreuses occasions, l'héritage révolutionnaire. Mais rien n'était plus difficile que leur situation. Pour ne pas abandonner leurs positions — matérielles et idéologiques — ils durent faire du compromis leur style de vie et leur art. Leur œuvre demeure, en bien des aspects, admirable; mais en même temps, ils perdaient toute indépendance, et leur critique est délayée, toute de prudence ou de machiavélisme. L' « intelligentsia » dans son ensemble n'a pas pu ou n'a pas su utiliser les armes propres à l'intellectuel : la critique, l'examen, le jugement. Il en est résulté que l'esprit courtisan — produit naturel de toute révolution qui se transforme en gouvernement — envahit toutes les sphères de la vie publique. En outre, comme il arrive toujours avec la bureaucratie, se répandit alors la morale fermée de la secte et le culte magique du « secret d'État ». On ne discute pas les affaires publiques, on les chuchote. Il ne faut pas oublier, néanmoins, que dans bien des cas cette collaboration entraîna, pour l'intellectuel, de véritables sacrifices. Le démon de l'efficacité — et non de l'ambition —, le désir de servir, de travailler à une tâche collective avec un certain ascétisme, selon une morale civique comprise comme négation du moi (et qui est une tentation de l'intellectuel) ont amené certains d'entre eux jusqu'au sacrifice le plus douloureux : celui de l'œuvre personnelle. Ce drame est bien différent de celui de l'intellectuel européen. En effet, en Europe comme aussi bien aux États-Unis, l'intellecutel a été écarté du pouvoir, il vit en exil et son influence s'exerce en dehors de la sphère gouvernementale. Sa seule mission est la critique, alors qu'au Mexique, c'est l'action politique. Le monde de la politique est, par nature, celui des valeurs relatives, l'unique valeur absolue étant l'efficacité. L' « intelligentsia » mexicaine a non seulement servi le pays; elle l'a aussi défendu. Elle a été fidèle et efficace. Ce faisant, n'a-t-elle pas cessé d'être « intelligentsia », c'est-à-dire, n'a-t-elle pas cessé d'être la conscience critique du peuple?

Rien de ce qui fut réalisé ne l'aurait été dans une perspective de capitalisme classique. Et qui plus est : sans la Révolution et ses gouvernements, nous n'aurions pas connu de capitalisme mexicain. En réalité, le capitalisme mexicain est plus qu'une conséquence naturelle de la Révolution : il est une création de l'État révolutionnaire. Sans la distribution des terres, les grands travaux, les entreprises d'État, la politique de subventions directes ou indirectes à l'industrie, bref, sans l'intervention de l'État dans la vie économique, nos banquiers et nos hommes d'affaires n'auraient jamais eu l'occasion d'exercer leur activité et ne seraient que le « personnel local » d'une compagnie étrangère. Dans un pays qui inaugurait son développement économique avec plus de deux siècles de retard, il était indispensable d'accélérer l'accroissement « naturel » des forces productives. Et cette accélération s'appelle : intervention de l'État, dirigisme, même partiel. Grâce à cette politique, notre évolution a été l'une des plus rapides et des plus constantes de toute l'Amérique. Il ne s'agit pas de bénéfices provisoires ou de progrès dans un secteur isolé — comme le pétrole au Venezuela ou le sucre à Cuba — mais d'un développement généralisé. Le symptôme le plus significatif en est sans doute la tendance à créer une « économie diversifiée » et une industrie « intégrée », c'est-à-dire spécialisée dans nos ressources.

Et cependant, nous sommes loin de posséder encore le nécessaire et l'indispensable. Nous n'avons pas d'industrie de base et notre sidérurgie est en gestation : nous n'avons pas de machines, nous ne fabriquons pas de machines qui fabriquent de machines; nous manquons de ponts, de routes, de voies ferrées; nous avons tourné le dos à la mer; nous n'avons ni ports, ni marine, ni pêcheries; notre commerce extérieur ne s'équilibre que grâce au tourisme et aux dollars que gagnent aux États-Unis nos *braceros*... De plus, en dépit de la législation nationaliste, le capitalisme américain est chaque jour plus puissant et plus déterminant dans les centres vitaux de notre économie. En somme, bien que nous commencions à compter sur notre industrie, nous restons un pays essentiellement producteur de matières premières. Ce qui signifie que nous dépendons des oscillations du marché mondial, à l'extérieur; et à l'intérieur, que nous connaissons la pauvreté, l'atroce contraste entre la vie des pauvres et celle des riches, le déséquilibre.

Assez régulièrement, nous nous demandons si cette politique sociale et économique a atteint son but. Évidemment, il s'agit de quelque chose de plus complexe que la technique, et qui dépasse aussi les erreurs, les imprévisions ou les immoralités de certains groupes. La vérité est que les ressources dont dispose la nation, dans leur totalité, sont insuffisantes pour financer le développement intégral du Mexique et pour fonder ce que les techniciens nomment les « infrastructures économiques », unique base solide de progrès effectif. Les capitaux nous font défaut, et le rythme interne de capitalisation et de réinvestissement est encore trop lent. Aussi, selon nos experts, notre problème essentiel est bien de savoir comment obtenir les ressources indispensables à notre développement. Comment et où ?

L'une des caractéristiques de l'économie mondiale est le déséquilibre qui existe entre les prix trop bas des matières premières et ceux, trop hauts, des produits manufacturés. Des pays comme le Mexique — c'est-à-dire la plupart des pays du globe — ressentent les variations continues et imprévisibles du marché mondial. Comme nos délégués aux conférences internationales l'ont souvent mis en avant, il nous est impossible de promulguer un plan à long terme si l'on ne supprime pas cette instabilité. De plus, la différence, chaque jour plus accusée, entre les pays sous-développés et les pays « avancés », ne pourra être réduite tant que ces derniers ne payeront pas à un juste prix les matières premières. Ces matières premières sont notre principale source de revenus et constituent donc notre meilleur atout pour notre développement économique. Pour des raisons bien connues, rien n'a été obtenu dans ce domaine. Les pays « avancés » soutiennent imperturbablement — comme si nous vivions encore au début du XIXe siècle — qu'il s'agit là de « lois naturelles » de l'économie, contre lesquelles l'homme est impuissant. En vérité, il s'agit de la loi du plus fort.

Un des remèdes que nous proposent le plus fréquemment les pays « avancés » — principalement les États-Unis — est celui des investissements privés étrangers. Tout d'abord, chacun sait que les bénéfices de ces investissements sortent du pays sous forme de dividendes. Et puis, ils impliquent, à plus ou moins longue échéance, la dépendance économique qui entraîne à son tour l'ingérence politique de l'extérieur. En outre, le capital privé ne s'intéresse pas aux investissements à longue échéance et à petit rapport qui sont ceux dont nous avons besoin; il cherche, bien au contraire, des possibilités de rapport immédiat et élevé. Et enfin le capitalisme ne peut ni ne veut se soumettre à un plan général de développement économique.

La meilleure, et peut-être l'unique solution, réside dans l'investissement de capitaux venant du gouvernement ou d'organismes internationaux. Les premiers entraînent un conditionnement politique ou économique, et c'est pourquoi les seconds sont préférables. Comme on le sait, les Nations Unies et leurs organismes spécialisés ont été fondés avec, entre autres objectifs, celui d'aider l'évolution économique et sociale des pays sous-développés. Des principes analogues sont formulés dans la Charte de l'Organisation des États Américains. Dans l'instable situation actuelle du monde — reflet, au fond, du déséquilibre entre pays sous-développés et grands pays — il semblerait logique de réaliser quelque chose dans ce domaine. Et pourtant les sommes qui lui sont consacrées paraissent dérisoires par rapport à celles que dépensent les grandes puissances en préparatifs militaires. Acharnées à gagner la guerre de demain, au moyen de pactes militaires avec des gouvernements éphémères et impopulaires, occupées à la conquête de la lune, les grandes puissances en oublient ce qui se passe sur la planète. Il est évident que nous nous heurtons là à un mur que nous ne pourrons ni sauter ni percer à nous seuls. Notre politique extérieure a été juste, sans doute, mais nous serions en mesure de faire beaucoup plus si nous nous unissions avec d'autres nations qui connaissent les mêmes problèmes. A cet égard, la situation du Mexique n'est pas différente de celle de la majorité des pays sud-américains, asiatiques ou africains.

On peut remédier à l'absence de capitaux d'une autre façon.

Il existe, nous le savons, une méthode qui a fait ses preuves. Après tout, le capital n'est que du travail humain accumulé. Le prodigieux développement de l'Union soviétique — et celui, bientôt, de la Chine — n'est autre chose que la mise en pratique de cette formule. Grâce à une économie dirigée, qui évite le gaspillage et l'anarchie du système capitaliste, et grâce à l'utilisation « rationnelle » d'une immense main-d'œuvre qui met en valeur d'immenses ressources naturelles, en moins d'un demi-siècle l'Union soviétique est devenue l'unique rivale des États-Unis. Quant à nous, nous n'avons ni la population, ni les ressources matérielles et techniques, exigées pour une aussi vaste tentative (pour ne rien dire de notre voisinage avec les États-Unis ni de certaines circonstances historiques). Et surtout, l'emploi « rationnel » de la main-d'œuvre et l'économie dirigée signifient le stakhanovisme, les camps de concentration, les travaux forcés, la déportation des races et des nations, la suppression des droits élémentaires des travailleurs et l'empire de la bureaucratie. Les méthodes « d'accumulation socialiste » — comme disait feu Staline — se sont révélées plus cruelles encore que le système « d'accumulation primitive » du capital, qui indignait si justement Marx et Engels. Nul ne doute que le « socialisme » totalitaire puisse transformer l'économie d'un pays; il est plus douteux, par contre, qu'il contribue à la libération de l'homme. Et c'est cette dernière condition qui nous intéresse et qui, seule, peut justifier une révolution.

Il est vrai que certains pensent, avec Isaac Deutscher, qu'une fois atteinte l'abondance, le passage au véritable socialisme et à la démocratie aura lieu insensiblement. Ils oublient que, chemin faisant, on assiste à la création de nouvelles classes et de nouvelles castes, maîtresses absolues du pouvoir politique et économique. Et l'histoire montre qu'une classe n'a jamais abandonné volontairement ses privilèges. L'idée de « passage insensible » au véritable socialisme est aussi utopique que celle de la « disparition graduelle de l'État » qu'on trouvait sur les lèvres de Staline et qu'on trouve à présent sur celles de ses successeurs. Il n'en demeure pas moins que des changements en Union soviétique restentt possibles. Toute société est historique, je veux dire condamnée à se transformer. Mais on peut en dire autant des pays capitalistes, bien qu'en ce moment la caractéristique de l'un comme de l'autre système soit la résistance au changement, la volonté de ne céder à aucune pression, extérieure ou intérieure. En ceci réside le grand danger : la guerre plutôt que la transformation.

A la lumière de la pensée révolutionnaire traditionnelle — ou même dans la perspective du libéralisme du siècle passé — l'existence, en plein XXe siècle, de pays « sous-développés » et d'un empire « socialiste » totalitaire est scandaleuse. Maintes prévisions et jusqu'à certains rêves du XIXe siècle se sont réalisés (les grandes révolutions, les progrès de la technique et de la science, la transformation de la nature, etc.), mais d'une manière paradoxale et inattendue qui défie la fameuse logique de l'histoire. Les socialistes, à commencer par les socialistes utopiques, avaient cru que la classe ouvrière serait l'agent principal de l'histoire mondiale. Sa fonction serait de réaliser une révolution dans les pays les plus avancés et de donner ainsi des bases à la libération de l'homme. Il est vrai que Lénine pensait que le saut historique était possible : confier à la dictature du prolétariat la mission historique de la bourgeoisie : le développement industriel. Mais il croyait sans doute que la révolution dans les pays attardés précipiterait ou provoquerait un changement révolutionnaire dans les pays capitalistes. Il s'agissait de briser la chaîne impérialiste à son maillon le plus faible, mais cela ne s'est pas produit... Or, on le sait, l'effort réalisé par les pays « sous-développés » pour s'industrialiser est, en un certain sens, anti-économique et impose de grands sacrifices à la population. Au fond, il s'agit d'un recours héroïque, vu l'impossibilité d'élever par d'autres moyens le niveau de vie des peuples. Aussi, comme solution mondiale, l'autarcie est-elle finalement un suicide; et comme solution nationale, une expérience coûteuse dont les ouvriers font les frais, avec les consommateurs et les paysans. Il faut comprendre aussi que le nationalisme des pays « sous-développés » n'est pas une réponse logique mais l'explosion fatale d'une situation que les pays « avancés » ont imposée sans espoir, sans issue. Par contre, la direction rationnelle de l'économie mondiale — en d'autres termes, le socialisme — aurait créé des économies complémentaires et non des systèmes rivaux. Une fois disparu l'impérialisme, une fois normalisé le marché mondial des prix, c'est-à-dire une fois le lucre supprimé, les peuples « sous-développés » disposeront des ressources nécessaires pour achever leur transformation économique. La révolution socialiste en Europe et aux États-Unis aurait facilité le passage — et cette fois d'une façon rationnelle et insensible — de tous les pays « arriérés » vers le monde moderne.

L'histoire du xxe siècle fait douter de la valeur de ces hypothèses révolutionnaires, et surtout de la fonction universelle de la classe ouvrière comme incarnation du destin du monde. Même avec la meilleure volonté, on ne peut affirmer que le prolétariat a été l'agent décisif des changements historiques de ce siècle. Les grandes révolutions de notre époque — sans en exclure la révolution russe — ont eu lieu dans des pays « arriérés » où les ouvriers n'étaient qu'un secteur, jamais déterminant, de grands ensembles populaires composés de paysans, de soldats, de petits bourgeois et de milliers de personnes déracinées par les guerres et les crises. Ces masses informes ont ensuite été organisées par des petits groupes de professionnels de la révolution et du « coup d'état ». Les contre-révolutions elles-mêmes, comme le fascisme, le nazisme, suivent ce schéma. Mais le plus déconcertant reste l'absence de révolution socialiste en Europe, c'est-à-dire au centre même de la crise contemporaine. Il est vain de souligner les circonstances aggravantes : l'Europe dispose du prolétariat le plus évolué, le mieux organisé, celui dont les traditions révolutionnaires sont les plus anciennes; là aussi se sont trouvées réunies, et plusieurs fois, les conditions « objectives » pour un assaut du pouvoir. En même temps, plusieurs révolutions isolées — en Espagne et récemment en Hongrie, par exemple — ont été réprimées sans pitié et sans que se manifeste ouvertement la solidarité ouvrière internationale. Et nous avons, par contre, assisté à un retour de la barbarie avec Hitler, et à une recrudescence du nationalisme dans tout le vieux monde. En somme, au lieu de la rébellion d'un prolétariat organisé démocratiquement, le XXe siècle a vu la naissance du « parti », groupement national ou international qui combine l'esprit et l'organisation des deux corps où la discipline et la hiérarchie sont les valeurs suprêmes : l'Église et l'armée. Ces « partis », qui ne ressemblent en rien aux vieux partis politiques, ont été les agents effectifs de tous les changements opérés depuis la première guerre mondiale.

Le contraste avec la périphérie est révélateur. Les colonies et les pays « arriérés » ont été le théâtre de maints changements et incidents révolutionnaires, au cours de la même période. Et la marée, loin de se retirer, monte de jour en jour. En Asie et en Afrique, l'impérialisme est refoulé; à sa place, on trouve de nouveaux États aux idéologies confuses, mais qui possèdent en commun deux idées, hier encore inconciliables : le nationalisme et les aspirations révolutionnaires des masses. En Amérique latine, nous assistons, depuis peu, à la chute des dictateurs emportés par une nouvelle vague révolutionnaire. Partout ou presque — Indonésie, Venezuela, Égypte, Cuba ou Ghana — les ingrédients sont les mêmes : nationalisme, réforme agraire, conquêtes ouvrières avec, au sommet, un État décidé à réaliser l'industrialisation et à sauter de l'époque féodale à l'époque moderne. Peu importe, pour la définition générale du phénomène, si dans cet effort l'État fait alliance avec tel ou tel groupe plus ou moins puissant de la bourgeoisie; ou si, comme en Chine et en Russie, les vieilles classes sont supprimées et remplacées par une bureaucratie totalitaire. Le trait distinctif, et décisif, est que nous ne sommes pas en présence de la révolution prolétarienne des pays « avancés » mais de l'insurrection des masses et des peuples qui vivent à la périphérie du monde occidental. Attachés au destin de l'Occident par l'impérialisme, ils se penchent maintenant sur eux-mêmes, découvrent leur identité et se décident à participer à l'histoire mondiale.

Les hommes et les formes politiques qui ont incarné l'insurrection des peuples « arriérés » sont fort divers. A une extrémité, Gandhi; à l'autre, Staline; au-delà, Mao Tse Toung. Il y a les martyrs, comme Madero et Zapata, les bouffons comme Peron, les intellectuels comme Nehru. La galerie est très variée : en quoi Cárdenas ressemble-t-il à Tito ou à Nasser? La plupart de ces hommes auraient été inconcevables au siècle passé, ou même au début de notre siècle. Il n'en va pas autrement de leur langage, qui mêle en formules messianiques l'idéologie démocratique et l'idéologie révolutionnaire. Ils sont les hommes forts, les politiciens réalistes; et aussi les inspirés, les rêveurs, parfois les démagogues. Les masses les suivent et se reconnaissent en eux... La philosophie politique de ces mouvements possède le même caractère bigarré. La démocratie à l'occidentale se mélange de formes inédites et barbares, qui vont de la « démocratie dirigée » des Indonésiens au délirant « culte de la personnalité » des Soviétiques, sans oublier la respectueuse vénération des Mexicains pour leurs Présidents!

Il y a une réalité complémentaire du leader et de son culte : le parti officiel présent partout. Il est parfois, comme au Mexique, un groupement ouvert que peuvent rejoindre tous ceux qui s'intéressent aux affaires publiques, de la droite à la gauche. Il se passe la même chose aux Indes avec le Parti du Congrès. C'est ici qu'il convient de remarquer que l'un des traits les plus heureux de la révolution mexicaine — dû autant au manque d'orthodoxie qu'au caractère ouvert du parti — a été l'absence de terreur organisée. Notre manque d'idéologie nous a préservé de tomber dans la tortueuse chasse à l'homme en quoi s'est converti l'exercice de la « vertu » politique. Nous avons connu, certes, les violences populaires, les répressions extravagantes, le caprice, l'arbitraire, la brutalité, l'« humour noir » de certains généraux; mais aux pires moments, tout demeurait à la mesure de l'homme, c'est-à-dire, sujet à la passion, aux circonstances, voire au hasard et à la fantaisie. Rien de plus éloigné de l'aridité de l'esprit de système, de sa morale syllogistique et policière. En pays communiste, le parti est une minorité, une secte fermée et omnipotente, tour à tour armée, administration, inquisition : pouvoir spirituel et bras séculier enfin réunis. C'est ainsi qu'a pu surgir un type d'État absolument nouveau dans l'histoire, où les traits révolutionnaires, comme la disparition de la propriété privée et l'économie dirigée, ne se distinguent pas d'autres caractéristiques archaïques comme la valeur sacrée de l'État et la divinisation des chefs. Progrès techniques et formes inférieures de la magie politique, développement économique et esclavage syndical, science et théologie marxistes composent le visage prodigieux et terrifiant de l'Union soviétique.

Comment se fait-il que l'« intelligentsia » contemporaine — celle qui est l'héritière de la tradition révolutionnaire européenne — n'ait pas procédé à une analyse de notre temps, en fonction de la nouveauté de cette réalité ? Par exemple, la polémique entre Rosa Luxembourg et Lénine sur la « spontanéité révolutionnaire des masses » et la fonction du parti communiste comme « avant-garde du prolétariat », trouverait peut-être une autre signification à la lumière des conditions respectives en Allemagne et en Russie. Ou encore : l'Union soviétique ressemble fort peu à ce que pensaient Marx et Engels d'un État ouvrier. Néanmoins, cet État existe, qui n'est ni une aberration, ni une « erreur » de l'histoire. Il est une réalité énorme, évidente par elle-même et qui se justifie comme tous les êtres vivants : par le poids et la plénitude de son existence. Un philosophe comme Lukacs, qui a passé tant d'années à dénoncer « l'irrationalité » progressive de la philosophie bourgeoise, n'a jamais fait sérieusement une analyse de la société soviétique du point de vue de la raison. Qui peut affirmer que le stalinisme était rationnel ? Est-il rationnel, l'emploi par les communistes de la dialectique ? Ne s'agit-il pas plutôt de la rationalisation de certaines obsessions, comme il arrive dans les névroses ? Et la théorie de la « direction collective », des « différentes voies vers le socialisme », le scandale Pasternak... tout ceci est-il rationnel ? Aucun intellectuel de gauche, aucun « marxologue » ne s'est encore penché sur le visage brouillé, informe, des révolutions agraires et nationalistes de l'Amérique latine et de l'Orient, pour se demander ce qu'elles sont : un phénomène universel qui requiert une nouvelle interprétation. Du reste, le silence de l'« intelligentsia » latino-américaine ou asiatique, celle qui vit au centre du cyclone, est encore plus désolant. Je ne veux pas suggérer l'abandon des anciennes méthodes ou du marxisme, comme instruments d'analyse historique. Mais de nouveaux faits — qui contredisent à ce point les prévisions des anciennes théories — exigent de nouveaux instruments. Ou, pour le moins, un rajustement de ceux que nous possédons. Avec autant d'humilité que de raison, Trotsky écrivait, peu avant son assassinat, que si ne surgissait pas, après la seconde guerre mondiale, une révolution dans les pays développés, il conviendrait alors de repenser toute la perspective historique mondiale.

La révolution mexicaine débouche dans l'histoire universelle. Notre situation, compte tenu des différences de niveaux, de systèmes et de « temps historique », n'est pas différente de celle des autres pays de l'Amérique latine, de l'Orient, de l'Afrique. Bien que nous soyons délivrés du féodalisme, de la dictature militaire et de l'Église, nos problèmes sont, essentiellement, les mêmes. Problèmes immenses et difficiles à résoudre. Bien des périls nous menacent, bien des tentations, depuis le « gouvernement des banquiers » jusqu'au césarisme, en passant par la démagogie nationaliste et les autres formes spasmodiques de la vie politique. Nos ressources matérielles ne suffisent pas et nous ne savons pas les exploiter au maximum. Plus pauvres encore sont nos instruments intellectuels. Nous avons fort peu pensé par nous-mêmes; nous avons appris tout, ou presque, de l'Europe et des États-Unis. Les grands mots qui furent à l'origine de nos nations ont maintenant une valeur équivoque et nul n'en connaît véritablement le sens : Franco est un démocrate et fait partie du monde libre; le mot de communisme désigne Staline. L'équivoque est gigantesque. Rien ne s'est passé comme il se devait, disons-nous pour nous consoler. Mais c'est nous qui nous sommes trompés, et non l'histoire. Il nous faut apprendre à regarder en face la réalité. Inventer, quand c'est le cas, des mots nouveaux et des idées nouvelles pour ces réalités nouvelles et étranges que le passé n'a pas connues. Penser est le premier devoir de l'« intelligentsia » et souvent le seul.

Dans ces conditions, que faire ? Il n'y a pas de recettes. Mais il y a un point de départ valable : nos problèmes nous appartiennent, nous en sommes responsables; mais nous en sommes *tous* responsables. La situation des Latino-Américains est celle de la plupart des peuples de la périphérie. Pour la première fois depuis plus de trois cents ans, nous ne sommes plus une matière inerte sur laquelle s'exerce la volonté des puissants. Nous étions des choses; nous commençons à agir dans les changements historiques, et nos actes, tout autant que nos carences, affectent la vie des grandes puissances. L'image du monde actuel comme combat entre deux géants (le reste étant composé d'amis, d'aides, de valets ou de partisans forcés) est trop superficielle. Le fond — et en vérité la substance même — de l'histoire contemporaine est la vague révolutionnaire des peuples de la périphérie. Pour Moscou, Tito est une réalité désagréable, mais c'est une réalité. On peut en dire autant de Nasser ou de Nehru pour les Occidentaux. Un troisième front, un nouveau club des nations, le club des pauvres ? C'est peut-être encore prématuré, ou trop tard déjà : l'histoire va très vite et le rythme d'expansion des Grands est plus rapide que celui de notre développement. Toutefois, avant que la glaciation de la vie historique — résultat de la tacite complicité des Grands — devienne une définitive pétrification, il y a, n'en doutons pas, des possibilités d'action concertée et conséquente.

Nous avons oublié tous ceux qui nous ressemblent : ils sont nombreux et isolés. Nous autres, Mexicains, ne sommes guère solidaires des autres peuples de l'Amérique latine. Ils s'éveillent pourtant, à leur tour. Allons-nous les laisser seuls ? Nous avons des amis inconnus aux États-Unis et en Europe. Les luttes de l'Orient sont en relation, d'une certaine façon, avec les nôtres. Notre nationalisme, afin de ne pas devenir une maladie mentale ou une idolâtrie, doit déboucher sur une recherche universelle. Il suffit de se dire que notre aliénation est celle de la plupart des peuples. Être nous-mêmes sera opposer un visage vivant à tous les gels historiques. Et tant mieux si nous n'avons ni recettes ni remèdes brevetés pour nos maux. Nous pouvons, au moins, penser et agir avec résolution et responsabilité.

L'objet de notre réflexion n'est pas différent de ce qui inquiète les autres hommes et les autres peuples : comment créer une société, une culture qui ne nie pas notre humanité, sans pour autant la transformer en une vaine abstraction? La question que se posent les Mexicains est celle-là même que se posent tous les hommes. Tout notre malaise, la violence contradictoire de nos réactions, les éclats de notre intimité et les brusques explosions de notre histoire, tendent à se résoudre en une recherche et une tentative de créer une société dans laquelle ne nous commandent plus le mensonge, la mauvaise foi, la dissimulation, l'avidité sans scrupule, la violence et l'artifice. Une société qui ne fasse pas non plus de l'homme un instrument et une pâture de la Cité. Une société humaine.

Le Mexicain se cache sous de nombreux masques, qu'il jette, un jour de fête ou de deuil, de la même façon que la nation a détruit toutes les formes qui l'asphyxiaient. Mais nous n'avons pas encore trouvé ce qui réconcilierait notre liberté et l'ordre, la parole et l'acte, et ceux-ci avec une évidence qui ne serait pas surnaturelle mais humaine : celle de nos semblables. Au cours de cette quête, nous avons parfois reculé pour ensuite avancer plus décidément. Et maintenant, voici que nous avons atteint la limite : en quelques années, nous avons épuisé toutes les formes historiques que possédait l'Europe. Il ne nous reste que la nudité ou le mensonge. Mais au-delà de cet écroulement général de la Raison et de la Foi, de Dieu et de l'Utopie, il n'y a ni vieux ni nouveau système intellectuel qui puisse abriter notre angoisse et tranquilliser notre désarroi; face à nous, il n'y a rien. Nous sommes enfin seuls. Comme tous les hommes. Comme eux, nous vivons le monde de la violence, de la simulation, de l'inauthenticité : le monde de la solitude fermée qui, si elle nous protège, nous opprime et qui nous défigure et nous mutile en nous cachant. Si nous arrachons ces masques, si nous nous ouvrons, si, enfin, nous nous affrontons, alors nous commencerons à vivre et à penser vraiment. Une nudité et une déréliction nous guettent. Mais là, dans cette solitude ouverte, nous attend aussi la transcendance : les mains des autres solitaires. Nous sommes, pour la première fois de notre histoire, contemporains de tous les hommes.

VIII

LA DIALECTIQUE DE LA SOLITUDE

La solitude, se sentir et se savoir seul, abandonné du monde et étranger à soi-même, n'est pas une caractéristique exclusivement mexicaine. Tous les hommes, en un moment de leur vie, se sentent seuls; ou mieux : tous les hommes sont seuls. Vivre, c'est se séparer de celui que nous avons été pour nous interner dans celui que nous allons être, dans un avenir toujours étranger. La solitude est le fond ultime de la condition humaine. L'homme est l'unique être qui se sente seul, et qui cherche l'autre. Sa nature — si l'on peut parler de nature à propos de l'homme, être qui s'est inventé lui-même en disant « non » à la nature — est de chercher à se réaliser dans l'autre. L'homme est nostalgie et quête de communion. C'est pourquoi, lorsqu'il se sent lui-même, il se sent comme absence de l'autre, comme solitude.

Ne faisant qu'un avec le monde qui l'entoure, le fœtus est vie pure et brute, devenir inconscient. La naissance rompt les liens qui nous unissent à la vie aveugle que nous vivons dans le ventre maternel, où il n'y a pas de hiatus entre désir et satisfaction. Notre sensation de vivre s'exprime comme une séparation et une rupture, un abandon, une chute dans un milieu hostile ou étranger. A mesure que nous grandissons, cette sensation primitive se transforme en sentiment de solitude. Et, plus tard, en conscience : nous sommes condamnés à vivre seuls mais aussi à transcender la solitude, à renouer les liens avec ce passé paradisiaque qui nous unissait à la vie. Tous nos efforts tendent à abolir cette solitude. Ainsi, se sentir seul possède une double signification : c'est, d'une part, avoir conscience de soi, et d'autre part, avoir le désir de sortir de soi. La solitude, qui est la condition même de notre vie, nous apparaît comme une épreuve et une purgation, amenant la disparition de l'angoisse et de l'insécurité. La plénitude, la réunion, qui sont repos, bonheur et accord avec le monde, nous attendent au terme du labyrinthe de la solitude.

Le langage populaire reflète cette dualité, qui identifie la solitude et la peine. Les peines d'amour sont peines de solitude. Communion et solitude, désir et amour s'opposent et se complètent. Et le pouvoir rédempteur de la solitude laisse transparaître une obscure mais très vive notion de faute : l'homme seul est « tombé de la main de Dieu ». La solitude est une peine, c'est-à-dire une condamnation et une expiation. Elle est un châtiment mais aussi la promesse que notre exil prendra fin. Toute vie est habitée par cette dialectique.

Naître et mourir sont des expériences de solitude. Nous naissons seuls, nous mourons seuls. Rien de plus définitif que cette première immersion dans la solitude qu'est la naissance, sinon cette autre chute dans l'inconnu qu'est la mort. Les enfants et les hommes primitifs ne croient pas à la mort; mieux : ils ne savent pas que la mort existe, tandis qu'elle travaille secrètement en eux. Pour l'homme civilisé, sa découverte n'est jamais tardive, car tout nous prévient et nous fait savoir que nous devons mourir. Nos vies sont un quotidien apprentissage de la mort. Et bien plus qu'à vivre, on nous enseigne à mourir. Et on nous l'enseigne mal.

Entre naître et mourir coule notre vie. Expulsés du sein maternel, nous avons devant nous un saut angoissant, véritable saut de la mort, qui ne prendra fin qu'avec notre chute dans la mort. Mourir serait donc revenir là-bas, à la vie d'avant la vie ? Serait-ce vivre à nouveau cette vie prénatale dans laquelle repos et mouvement, jour et nuit, temps et éternité cessent d'être contradictoires ? Mourir serait donc cesser de devenir, *être* définitivement? La mort est peut-être la vie véritable? Et naître mourir, et mourir naître? Nous n'en savons rien. Et bien que nous n'en sachions rien, tout notre être aspire à échapper à ces contradictions qui nous déchirent. Car si tout (conscience de soi, temps, raison, coutumes, habitudes) tend à faire de nous les exilés de la vie, tout aussi nous pousse à retourner, à redescendre dans le sein créateur dont nous avons été arrachés. Nous le demandons à l'amour — qui, étant désir, est faim de communion, faim de tomber et mourir et renaître : qu'il nous donne un morceau de vie véritable, un morceau de mort véritable. Nous ne lui demandons ni la félicité, ni le repos, mais un instant, un seul instant de vie pleine, dans lequel se fondent les contraires, la vie et la mort, le temps et l'éternité. Obscurément nous savons que la vie et la mort ne sont que deux mouvements, antagonistes mais complémentaires, d'une même réalité. Création et destruction se fondent dans l'acte d'amour; et durant une fraction de seconde, l'homme entrevoit un état plus parfait.

Dans notre monde, l'amour est une expérience à peu près irréalisable. Tout s'oppose à lui : la morale, les classes, les lois, les races et jusqu'aux amoureux eux-mêmes. La femme a toujours été pour l'homme « l'autre », son contraire et son complément. Si une part de notre être aspire à se fondre en elle, une autre part, et de façon non moins impérieuse, la rejette et l'exclut. La femme est un objet, alternativement précieux ou empoisonné, toujours différent. En la convertissant en objet, en être à part et en la soumettant à toutes les déformations que son intérêt, sa vanité, son angoisse et même son amour lui dictent, l'homme la convertit en instrument. Moyen de connaissance et de plaisir, moyen de dépasser la vie, la femme est une idole, une déesse, une mère, une sorcière ou une muse, mais elle ne peut jamais être elle-même. Voilà pourquoi nos relations érotiques sont viciées dès l'origine. Entre la femme et nous s'interpose un fantasme : celui de son image, celui de l'image que nous nous faisons d'elle et par laquelle elle se voit elle-même. Nous ne pouvons non plus la prendre comme une chair qui s'ignore elle-même, parce qu'entre nous se glisse cette vision docile ou servile du corps qui se livre. Et il en va de même pour la femme : elle ne se sent, elle ne se conçoit que comme objet, comme « autre ». Elle n'est jamais maîtresse d'elle-même. Son être se scinde entre ce qu'il est réellement et l'image qu'elle se fait d'elle-même. Une image qui lui a été imposée par la famille, la classe, l'école, les amis, la religion, l'amant. Sa féminité ne s'exprimera jamais parce qu'elle doit se manifester à travers des formes inventées par l'homme. L'amour n'est pas un acte naturel. C'est quelque chose d'humain et, par définition, *le plus humain,* c'est-à-dire une création, quelque chose que nous avons fait, qui ne se trouve pas dans la nature.

Il y a encore d'autres obstacles entre l'amour et nous. L'amour est choix. Libre choix, peut-être, de notre fatalité, découverte subite de la part la plus secrète et la plus fatale de notre être. Pourtant, le choix amoureux est impossible dans notre société. Aussi bien, Breton dit dans l'un de ses plus beaux livres, *L'Amour Fou,* que deux interdits viennent dès le départ s'opposer au choix amoureux : le tabou social et l'idée chrétienne de péché. Pour se réaliser, l'amour doit faire éclater la loi du monde. A notre époque, l'amour est scandale et désordre, transgression : celle de deux astres qui rompent la fatalité de leurs orbites et se rencontrent au milieu de l'espace. La conception romantique de l'amour, qui implique rupture et catastrophe, est la seule que nous connaissions parce que tout, dans la société, empêche que l'amour soit libre choix.

La femme est la proie de l'image que la société masculine lui impose; elle ne peut donc choisir qu'en rompant avec elle-même. « L'amour l'a transformée, elle est devenue une autre personne », remarque-t-on des filles amoureuses. Et c'est la vérité : l'amour fait de la femme une autre, car si elle se met à aimer, à choisir, elle doit briser cette image par laquelle le monde l'emprisonne.

L'homme non plus ne peut choisir. Le cercle de ses possibilités est très réduit. Enfant, il découvre la féminité dans sa mère ou ses sœurs. Et dès lors, l'amour s'identifie avec l'interdit. Notre érotisme est conditionné par l'horreur et l'attraction de l'inceste. D'autre part, la vie moderne stimule inutilement notre sensualité tout en l'inhibant, en même temps, par une série d'interdictions — de classe, de morale, voire d'hygiène. La faute est l'aiguillon et le frein du désir. Tout limite notre choix. Nous sommes contraints de soumettre nos affections profondes à l'image féminine que notre groupe social nous impose. Il est difficile d'aimer des personnes d'une autre race, d'une autre langue ou d'une autre classe, bien qu'il ne soit pas impossible pour les blonds de préférer les négresses, et celles-ci, les Chinois, ou pour le maître de s'enamourer de sa servante et réciproquement. De semblables éventualités nous font rougir. Incapables de choisir, nous sélectionnons notre épouse parmi les femmes qui nous « conviennent ». Jamais nous ne confesserons que nous sommes unis — souvent pour toujours — avec une femme que nous n'aimons pas et qui, même si elle nous aime, est incapable de sortir d'elle-même et de se montrer telle qu'elle est. La phrase de Swann : *Et dire que j'ai perdu les meilleures années de ma vie avec une femme qui n'était pas mon type,* la plus grande partie des hommes modernes peuvent la répéter, à l'heure de la mort.

La société, contre la nature même de l'amour, le conçoit comme une union stable, destinée à produire des enfants. Elle l'identifie avec le mariage. Toute transgression de cette règle est punie par une sanction dont la sévérité varie en fonction de l'époque et du lieu. (La sanction peut aller jusqu'à la mort, si la femme est la coupable : au Mexique, comme dans tous les pays hispaniques, deux morales fonctionnent à la satisfaction de tous : celle des hommes, et celle des autres : femmes, pauvres, enfants.) La protection du mariage pourrait se justifier si la société permettait un choix véritable. Comme il n'en est rien, il faut bien conclure que le mariage n'est pas la plus haute réalisation de l'amour mais une forme juridique, sociale, économique, dont les buts sont distincts de ceux de l'amour. La stabilité de la famille dépend du mariage, qui devient ainsi une simple projection de la société, sans autre objet que la reproduction de cette société. De là, la nature profondément conservatrice du mariage. L'attaquer, c'est dissoudre les fondements mêmes de la société. C'est pourquoi aussi, l'amour est un acte antisocial car chaque fois qu'il atteint sa réalisation, il ruine le mariage et le transforme en ce que la société ne veut pas qu'il soit : la révélation de deux solitudes qui créent par elles-mêmes un monde opposé au mensonge social, suppriment temps et travail et déclarent se suffire à elles-mêmes. Il n'est pas étonnant que la société poursuive avec la même animosité l'amour et la poésie qui témoigne pour lui, et qu'elle les condamne à la clandestinité, au monde sombre et confus de l'interdit, du ridicule, de l'anormal. Et il est encore moins étonnant que l'amour et la poésie éclatent en formes extrêmes et pures : le scandale, le crime, le poème.

La protection du mariage implique la persécution de l'amour et la tolérance de la prostitution, quand ce n'est pas son encouragement officiel. D'ailleurs, l'ambiguïté de la prostituée ne laisse pas d'être révélatrice : être sacré pour certains peuples, elle est, pour nous, un être alternativement méprisable et désirable. Caricature de l'amour, victime de l'amour, la prostituée est le symbole des pouvoirs qui humilient notre monde. Mais ce mensonge d'amour qui entraîne l'existence de la prostitution n'est pas encore suffisant : dans certains cercles, on dénoue les liens du mariage et la promiscuité règne. Aller de lit en lit n'est pas même du libertinage. Le séducteur, l'homme qui ne peut sortir de soi parce que la femme n'est qu'un instrument de sa vanité ou de son angoisse, est une figure du passé, comme le chevalier errant. De nos jours, on ne peut séduire personne; et il n'y a plus de jeunes filles à protéger ou d'offenses qu'il faut effacer. L'érotisme moderne a un sens différent de l'érotisme d'un Sade, par exemple. Sade était un tempérament tragique, en proie à l'absolu; son œuvre est une révélation explosive de la condition humaine. Rien de plus désespéré qu'un héros de Sade. L'érotisme moderne, lui, est presque toujours une rhétorique, un exercice littéraire et une complaisance. Il n'est pas une révélation de l'homme, mais un document de plus sur une société qui encourage le crime et condamne l'amour. Liberté pour la passion? Le divorce a cessé d'être une conquête. Il ne s'agit pas tant de faciliter l'annulation de liens déjà établis que de permettre aux hommes et aux femmes de choisir librement. Dans une société idéale, l'unique cause de divorce serait la disparition de l'amour ou l'apparition d'un nouvel amour. Dans une société où chacun pourrait choisir, le divorce serait un anachronisme ou une curiosité, comme la prostitution, la promiscuité ou l'adultère.

La société se croit une totalité qui vit en soi et pour soi. Mais même quand elle se conçoit comme unité indivisible, elle n'est pas moins scindée à l'intérieur par un dualisme qui prend peut-être son origine au moment où l'homme se sépare du monde animal et, en se servant de ses mains, s'invente lui-même et invente la conscience et la morale. La société est un organisme en proie à l'étrange nécessité de justifier ses fins et ses appétits. Parfois ces fins, masquées par les préceptes de la morale régnante, coïncident avec les désirs et les nécessités des hommes qui la composent. D'autres fois elles contredisent les aspirations de minorités ou de classes importantes. Et il n'est pas rare enfin qu'elles s'opposent aux instincts les plus profonds de l'homme. Alors, la société connaît une crise : elle éclate ou se pétrifie. Les hommes qui la composent cessent d'être des hommes, deviennent de simples instruments sans âme.

Le dualisme inhérent à toute société et que toute société aspire à résoudre en se transformant en communauté, s'exprime, à notre époque, de bien des façons : le bon et le mauvais, le licite et l'illicite, l'idéal et le réel, l'irrationnel et le rationnel, le beau et le laid, le songe et la veille, les pauvres et les riches, les bourgeois et les prolétaires, l'innocence et la conscience, l'imagination et la pensée. Par un irrésistible mouvement de son être, la société cherche à dépasser ce dualisme et à transformer l'ensemble des solitudes ennemies qui la composent en un ordre harmonieux. Dans la société d'Occident, ce dualisme correspond à la nature même de la société capitaliste, dans le monde de l'Est européen, le dualisme réapparaît aussi : son fondement ne se trouve pas dans la propriété privée, mais dans le monopole bureaucratique communiste. Les sociétés industrielles — indépendamment de leurs divergences idéologiques — s'obstinent à transformer les différences qualitatives, c'est-à-dire humaines, en uniformités quantitatives. Les méthodes de la production en série s'appliquent aussi à la morale, à l'art, aux sentiments. Abolition des contradictions, mais aussi des exceptions. En supprimant extérieurement les contradictions de notre système, on prétend supprimer cette dialectique de la solitude qui rend possible l'amour. Les voies se ferment alors, qui mènent à l'expérience la plus profonde que la vie offre à l'homme, celle qui consiste à pénétrer la réalité comme une totalité dans laquelle les contraires pactisent. Les nouveaux pouvoirs abolissent la solitude par décrets. Et avec elle, l'amour, forme clandestine et héroïque de la communion. Défendre l'amour a toujours été une activité antisociale et dangereuse. Et maintenant, elle commence à être véritablement révolutionnaire. La situation de l'amour à notre époque montre comment la dialectique de la solitude, dans sa plus profonde manifestation, amène à la frustration, à cause de cette société. Notre vie sociale s'oppose presque toujours à toute possibilité d'authentique communion érotique.

L'amour est l'un des plus clairs exemples de ce double instinct qui nous porte à creuser, à approfondir notre être, en même temps qu'à sortir de nous-mêmes et à nous réaliser dans l'autre : mort et recréation, solitude et communion. Mais ce n'est pas le seul. Il y a dans la vie de chaque homme une série de périodes qui sont, elles aussi, rupture et réunion, séparation et réconciliation. Chacune de ces étapes est une tentative pour transcender notre solitude, suivie d'une immersion dans un milieu nouveau.

L'enfant affronte une réalité irréductible à son être. Une fois coupé le lien qui l'unissait à la vie, il s'agit de le recréer au moyen de l'affectivité et du jeu. Commence alors un dialogue qui ne s'achèvera qu'avec le monologue de la mort. Mais les relations de l'enfant avec l'extérieur ne sont plus passives comme dans la vie prénatale, car le monde exige une réponse. La réalité doit être peuplée par des actes. Grâce au jeu et à l'imagination, la nature inerte des adultes — chaise, livre, tous objets — acquiert rapidement une vie propre. Par la vertu magique du langage ou du geste, du symbole ou de l'acte, l'enfant crée un monde vivant, dans lequel les objets sont capables de répondre à ses questions. Le langage, dépouillé de ses significations intellectuelles, cesse d'être un ensemble de signes, redevient un délicat organisme d'incantation magique. Il n'y a pas de distance entre le nom et la chose, et prononcer une parole équivaut à mettre en mouvement la réalité qu'elle désigne. La représentation est une véritable reproduction de l'objet, de même que, pour le primitif, la sculpture n'est pas une représentation mais le double même de l'objet. Parler redevient une activité créatrice de réalités, c'est-à-dire une activité poétique. L'enfant, grâce à la magie, crée un monde à son image, et résout ainsi sa solitude. Il redevient *un* avec son milieu. Le conflit renaît quand l'enfant cesse de croire dans le pouvoir de ses paroles ou de ses gestes. La conscience est d'abord méfiance envers l'efficacité magique de nos instruments.

L'adolescence est une rupture avec le monde infantile et un moment de pause devant l'univers des adultes. Spranger souligne que l'adolescent est l'image même de la solitude. Narcisse le solitaire est l'image parfaite de l'adolescent. C'est au cours de cette période que l'homme acquiert pour la première fois la conscience de sa singularité. Mais la dialectique des sentiments intervient encore : conscience extrême de soi, l'adolescence ne peut être dépassée qu'en tant qu'oubli de soi, ouverture. Aussi l'adolescence est à la fois l'âge de la solitude et celui des grandes amours, de l'héroïsme et du sacrifice. Avec raison, on imagine généralement les héros et les amants sous les traits d'adolescents. La vision de l'adolescent solitaire, enfermé en lui-même, dévoré par le désir et la timidité, vient se dissoudre ensuite dans la bande de jeunes gens qui dansent et chantent. Ou dans ce couple qui se promène sous les arceaux de verdure d'une avenue. L'adolescent s'ouvre au monde : à l'amour, à l'action, à l'amitié, au sport, à l'héroïsme. La littérature des pays modernes (à l'exception de l'espagnole, où les adolescents sont toujours des truands ou des orphelins, ce qui est significatif) est peuplée d'adolescents solitaires en quête de communion : en quête d'une bague, d'une épée, d'une Vision. L'adolescence est une veillée d'armes que l'on quitte pour le monde des actes.

La maturité n'est pas une étape de solitude. L'homme en lutte avec les hommes ou les choses s'oublie dans le travail, dans la création, dans la construction d'objets, d'idées ou d'institutions. Sa conscience personnelle s'unit à d'autres : le temps trouve un sens et une fin, il est histoire, relation vivante entre un passé et un avenir. Au fond, notre singularité, qui vient de notre temporalité, de notre fatale insertion dans un temps qui est nous-mêmes et qui en nous nourrissant nous dévore — notre singularité n'est pas abolie, mais atténuée et, en quelque sorte, *rédimée*. Notre existence particulière s'insère dans l'histoire et se convertit, pour employer l'expression d'Eliot, en « *a pattern of timeless moments* ». L'homme mûr en proie au mal de solitude constitue une anomalie dans les époques fécondes. La fréquence des solitaires de ce type à notre époque montre assez la gravité de nos maux. Au siècle du travail en commun, des plaisirs en commun, l'homme est plus seul que jamais. L'homme moderne ne communique pas avec ce qu'il fait. Une partie de lui-même, la plus profonde, demeure toujours intacte et inconditionnée. Au siècle de l'action, l'homme s'observe. Le travail, unique dieu moderne, a cessé d'être créateur. Le travail sans fin, infini, correspond à la vie sans finalité de la société moderne. Et la solitude qu'elle engendre, solitude confuse des hôtels, des bureaux, des ateliers et des cinémas, n'est jamais une épreuve qui purifie l'âme, un nécessaire purgatoire. Elle est une condamnation totale, miroir d'un monde sans issue.

Le sentiment de solitude, nostalgie d'un corps auquel nous fûmes arrachés, est nostalgie d'espace. D'après une conception très ancienne, et qu'on retrouve chez presque tous les peuples, cet espace n'est autre que le centre du monde, « l'ombilic » de l'univers. Parfois le paradis est identifié avec ce lieu, et celui de l'origine, mythique ou réelle, du groupe [1]. Pour les Aztèques, les morts retournaient à Mictlán, lieu situé au Nord, et d'où ils avaient émigré. Presque tous les rites de fondation de ville ou de maison font allusion à la recherche de ce centre sacré d'où nous fûmes arrachés. Les grands sanctuaires — Rome, Jérusalem, La Mecque — se trouvent au centre du monde, ou le symbolisent, ou le préfigurent. Les voyages à ces sanctuaires sont les répétitions rituelles du voyage que le peuple a accompli dans un passé mythique, avant de s'établir en terre promise. La coutume de faire le tour de la ville ou de la maison avant d'en franchir les portes a la même origine.

Le mythe du Labyrinthe s'insère dans ce groupe de croyances. De nombreuses notions ont contribué à faire du Labyrinthe l'un des symboles mythiques les plus féconds et les plus significatifs : l'existence, au centre de l'enceinte sacrée d'un talisman ou d'un objet quelconque, pouvant restituer la santé ou la liberté au peuple; la présence d'un héros ou d'un saint qui, après la pénitence et les rites d'expiation qu'entraîne toujours une période d'isolement, pénètre dans le labyrinthe ou le palais enchanté; enfin, le retour pour fonder la ville, ou pour la sauver et la rédimer. Si dans le mythe de Persée les éléments mystiques sont à peine visibles, dans celui du Saint Graal, ascétisme et mystique se fondent : le péché, qui entraîne la stérilité de la terre et du corps même des sujets du Roi Pécheur; les rites de purification; le combat spirituel et enfin la grâce, c'est-à-dire la communion.

Non seulement nous avons été expulsés du centre du monde, mais nous sommes condamnés à le chercher par les forêts et les déserts, ou par les détours et les souterrains du Labyrinthe. Il fut un temps où il n'y avait nul temps. Ou mieux : un temps où le temps n'était pas succession et passage, mais source per-

1. Voir M. Eliade, *Histoire des Religions*, Paris, 1949.

pétuelle d'un présent fixe dans lequel étaient contenus tous les temps, le passé et l'avenir. L'homme, dépossédé de cette éternité dans laquelle tous les temps sont un, est tombé dans le temps chronométrique, et est devenu le prisonnier de l'horloge, du calendrier, de la succession. Car lorsque le temps se divise en hier, aujourd'hui, demain, en heures, minutes et secondes, l'homme cesse de ne faire qu'un avec le temps, de coïncider avec le flux de la réalité. Quand je dis « en ce moment », déjà le moment est passé. La mesure spatiale du temps sépare l'homme de la réalité qui est un présent continu et rend fantomatiques toutes les présences dans lesquelles la réalité se manifeste. Le temps mythique, au contraire, n'est pas une succession homogène de quantités égales : il est imprégné de toutes les particularités de notre vie; il est grand comme une éternité ou bref comme un souffle, néfaste ou propice, fécond ou stérile. Cette notion implique l'existence d'une pluralité de temps. Temps et vie se fondent et forment un seul bloc, une unité impossible à scinder. Pour les Aztèques, le temps était lié à l'espace, et chaque jour à l'un des points cardinaux. On peut en dire autant de tout calendrier religieux. La Fête est quelque chose de plus qu'une date ou qu'un anniversaire. Elle ne célèbre pas, mais *reproduit* un événement : elle ouvre en deux le temps chronométrique pour que, dans l'espace de quelques brèves heures incommensurables, l'éternel présent se réinstalle. La Fête rend créateur le temps. La répétition se fait conception. Le temps engendre. L'Age d'or revient. Et ce n'est pas seulement dans la Fête religieuse ou dans le mythe que fait irruption un présent qui dissout la vaine succession. L'amour et la poésie aussi nous révèlent, fugace, ce temps originel. « Plus de temps n'est pas plus d'éternité », dit Juan Ramón Jimenez, se référant à l'éternité de l'instant poétique. Sans doute la conception du temps comme présent fixe et actualité pure est-elle plus ancienne que celle du temps chronométrique, qui n'est pas une appréhension immédiate du flux de la réalité, mais une rationalisation du devenir.

La dichotomie précédente s'exprime dans l'opposition Histoire-Mythe, ou Histoire-Poésie. Le temps du Mythe, comme celui de la Fête religieuse, ou celui des contes d'enfants, ne comporte pas de dates. « Il était une fois », « Quand parlaient les animaux », « Au commencement ». Et ce Commencement — qui n'est ni telle année ni tel jour — contient tous les commencements, et nous introduit dans le temps vivant, où, en vérité, tout commence à tous les instants. Par la vertu du rite, que réalise et reproduit le récit mythique, de la poésie ou du conte de fées, l'homme accède à un monde où les contraires s'abolissent. Chaque poème que nous lisons est une re-création, je veux dire une cérémonie rituelle, une Fête.

Le théâtre et l'épopée sont aussi des Fêtes, des cérémonies. Dans la représentation théâtrale, comme dans la récitation poétique, le temps ordinaire cesse de couler, et cède le pas au temps originel. Grâce à la participation, ce temps mythique, originel, père de tous les temps qui masquent la réalité, coïncide avec notre temps intérieur, subjectif. L'homme, prisonnier de la succession, rompt son invisible prison de temps, et accède au temps vivant : la subjectivité s'identifie finalement avec le temps extérieur, parce que celui-ci a cessé d'être une mesure spatiale et s'est converti en source, en présent pur qui se recrée sans cesse. Par le moyen du Mythe et de la Fête séculaire ou religieuse, l'homme brise sa solitude et redevient uni à la création. Ainsi le Mythe, déguisé, occulte, caché, réapparaît dans presque tous les actes de notre vie et intervient de façon décisive dans notre histoire : il nous ouvre les portes de la communion.

L'homme contemporain a rationalisé les Mythes, mais il n'a pu les détruire. Nombre de nos vérités scientifiques, de même que la majeure partie de nos concepts moraux, politiques ou philosophiques, ne sont que la nouvelle expression des tendances qui s'incarnaient auparavant sous des formes mythiques. Le langage rationnel de notre temps recouvre à peine les anciens Mythes. L'Utopie, et surtout les utopies politiques modernes, expriment avec une violence concentrée, en dépit des schémas rationnels qui les masquent, cette tendance qui porte toute société à imaginer un âge d'or dont fût arraché le groupe social et auquel reviendraient les hommes au Jour des Jours. Les fêtes modernes — réunions politiques, défilés, manifestations et tous autres actes rituels — préfigurent la venue de ce Jour de Rédemption. Tous les hommes attendent que la société en revienne à la liberté originelle, et eux-mêmes, à l'innocence primitive. Alors cessera l'Histoire. Le temps (le doute, le choix forcé entre le bien et le mal, entre le réel et l'imaginaire) cessera de nous faire souffrir. Reviendra le règne du présent fixe, de la communion perpétuelle : la réalité mettra bas ses masques, et nous pourrons enfin la connaître et connaître nos semblables.

Toute société moribonde ou en voie de stérilité et qui tend à se sauver crée un mythe de rédemption, qui est aussi un mythe de fertilité, de création. Solitude et péché se résolvent en communion et fertilité. La société dans laquelle nous vivons actuellement a engendré, elle aussi, son mythe. La stérilité du monde bourgeois débouche sur le suicide, ou une nouvelle forme de participation créatrice. Tel est, pour employer la phrase d'Ortega y Gasset, le « thème de notre temps », la substance de nos songes et le sens de nos actes.

L'homme moderne a la prétention de penser éveillé. Il identifie la pensée avec l'état de veille. Mais cette pensée éveillée nous a conduits par les corridors sinueux d'un cauchemar, où les miroirs de la raison multiplient les chambres de torture. En sortant, nous découvrirons peut-être que nous rêvions les yeux ouverts, et que les songes de la raison sont atroces. Et alors, nous recommencerons à rêver les yeux fermés.

Critique de la pyramide

(1969)

POST-SCRIPTUM

Ces pages sont une réflexion sur ce qui s'est passé au Mexique depuis que j'ai écrit *Le labyrinthe de la solitude*, d'où son titre de *Post-scriptum*. Prolongation de ce livre, je crois qu'il n'est pas nécessaire de préciser qu'il s'agit d'une prolongation critique et autocritique : post-scriptum non seulement pour le continuer et le mettre à jour, mais aussi nouvelle tentative pour déchiffrer la réalité. Peut-être n'est-il pas inutile de répéter une fois de plus que le *Labyrinthe* était un exercice d'imagination critique : vision et, en même temps, révision. Quelque chose de très différent d'un essai sur la philosophie du Mexicain, ou d'une recherche de notre prétendu « être ». Le Mexicain n'est pas une essence : il est une histoire. Ni ontologie ni psychologie. Ce qui m'intriguait (ce qui m'intrigue encore) c'est moins le « caractère national » que tout ce que ce caractère cache : ce qui est derrière le masque. A ce point de vue, le caractère des Mexicains n'a pas une fonction distincte de celle des autres peuples et des autres sociétés : c'est d'une part, un bouclier, un mur; de l'autre, un faisceau de signes, un hiéroglyphe. Dans le premier cas, c'est une défense contre le regard d'autrui, mais qui nous immobilise et nous emprisonne; dans le second, c'est un masque qui, en même temps, nous exprime et nous étouffe. La mexicanité n'est qu'un exemple, une variété de plus, de cette créature identique changeante plurielle et une, que nous sommes chacun et tous personne. L'homme/les hommes : perpétuelle oscillation. La diversité des caractères, des tempéraments, des histoires, des civilisations fait de l'homme, les hommes; et le pluriel se résout, se dissout en un singulier : je, tu, il, évanouis à peine prononcés. Comme les noms, les pronoms sont des masques, et derrière eux il n'y a personne, sauf, peut-être, un *nous* instantané qui est le battement de paupière d'un *il* également fugace. Mais tant que nous vivons, nous ne pouvons pas plus échapper aux masques qu'aux noms et pronoms : nous sommes inséparables de nos fictions, qui fixent nos traits. Nous sommes condamnés à nous inventer un masque pour, ensuite, découvrir que ce masque est notre véritable visage. Dans *Le labyrinthe de la solitude*, je me suis efforcé d'éviter les pièges de l'humanisme abstrait aussi bien que les illusions d'une philosophie de la mexicanité : le masque devenu visage/le visage pétrifié en masque. A cette époque, ce qui m'intéressait n'était pas la définition du Mexicain mais, comme aujourd'hui, sa critique : activité qui consiste à nous libérer, tout autant, ou plus, qu'à nous connaître. La critique fraye une possibilité de liberté et devient ainsi invitation à l'action.

Post-scriptum à un livre écrit voici vingt ans, ces pages forment aussi la préface à un autre livre, qui n'est pas écrit. Dans *Labyrinthe* et plus tard, dans *Courant alternatif*, j'ai fait allusion à ce livre : le thème mexicain mène à une réflexion sur le sort de l'Amérique latine. Le Mexique est un fragment, une partie d'une histoire beaucoup plus vaste. Je ne sais si je suis la personne la mieux placée pour écrire ce livre et, si je l'étais, je ne peux savoir si je l'écrirais un jour. Néanmoins, je sais que cette réflexion devra être une récupération de notre histoire véritable, depuis la domination espagnole et l'échec de notre révolution d'Indépendance (échec qui correspond à ceux que connut l'Espagne aux XIXe et XXe siècles) jusqu'à nos jours; je sais aussi que ce livre devra prendre, comme thème central, le problème du développement. Les révolutions contemporaines en Amérique latine ont été et sont des réponses à l'insuffisance du développement, d'où procèdent aussi bien leur justification historique que leurs fatales et évidentes limitations. Pour les classiques de la pensée révolutionnaire du XIXe siècle, la révolution était la conséquence du développement : le prolétariat urbain devait mettre fin au déséquilibre entre le progrès technique et économique (le mode de production industrielle) et le progrès social nul ou insuffisant (le mode de propriété capitaliste). Pour les chefs révolutionnaires des nations attardées ou marginales du XXe siècle, la Révolution est devenue la voie vers le développement, avec les résultats que nous savons. Les modèles de développement que nous offrent aussi bien l'Est que l'Ouest sont des compendiums d'horreurs : pourrons-nous à notre tour inventer des modèles plus humains et qui correspondent mieux à ce que nous sommes ? Gens de la périphérie, habitants des faubourgs de l'histoire, nous sommes, Latino-Américains, les commensaux non invités, passés par l'entrée de service de l'Occident, les intrus qui arrivent au spectacle de la modernité au moment où les lumières vont s'éteindre. Partout en retard, nous naissons quand il est déjà tard dans l'Histoire ; nous n'avons pas de passé, ou si nous en avons eu un, nous avons craché sur ses restes. Nos peuples ont dormi tout un siècle et, pendant qu'ils dormaient, on les a dépouillés et ils vont maintenant en haillons. Nous n'arrivons même pas à conserver ce que les Espagnols nous ont laissé en partant : nous nous sommes entre-déchirés... Et pourtant, depuis un siècle, sur nos terres, si hostiles à la pensée, ici et là, en ordre dispersé mais sans interruption, sont apparus des poètes, des prosateurs et des peintres qui sont les égaux des plus grands de ceux des autres continents. Allons-nous enfin nous montrer capables de penser par nous-mêmes ? Saurons-nous concevoir un modèle de développement qui sera notre version à nous de la modernité ? Penser une société qui ne soit pas fondée sur la domination d'autrui et qui ne nous mène ni aux frigides paradis policiers de l'Est ni aux explosions de nausée et de haine qui interrompent le festin de l'Occident ?

Le thème du développement est intimement lié à celui de notre identité. Qui sommes-nous ? Que sommes-nous et comment ? Je répéterai ici que nous ne sommes rien sinon une relation : quelque chose qui ne se définit qu'en tant que partie d'une Histoire. L'interrogation sur le Mexique est inséparable de l'interrogation sur l'avenir de l'Amérique latine, et celle-ci, à son tour s'insère dans un autre contexte : l'avenir de ses relations avec les États-Unis. Nous interroger sur nous-mêmes revient chaque fois à nous interroger sur les autres. Depuis plus d'un siècle, les États-Unis se présentent à nos yeux comme une réalité gigantesque, mais à peine humaine. Souriants ou en colère, la main ouverte ou fermée, les États-Unis ne nous écoutent ni ne nous regardent : ils marchent et, en marchant, ils s'emparent de nos terres et nous écrasent. S'il n'est pas possible d'arrêter un géant, au moins est-il possible, encore que ce ne soit pas facile, de le forcer à écouter les autres : s'il écoute, alors naît une chance de vie en commun. A cause de leurs origines (le puritain parle avec Dieu et avec lui-même, mais non avec autrui), à cause, surtout, de leur puissance, les Nord-Américains font merveille dans le monologue : ils sont éloquents et connaissent aussi la valeur du silence. Mais la conversation n'est pas leur fort. Ils ne savent ni écouter ni répliquer. Et bien que jusqu'ici presque toutes nos tentatives de dialogue avec eux ont été des échecs, nous avons assisté ces dernières années à des événements qui, peut-être, préfigurent un changement d'attitude. Si l'Amérique latine passe par une période de révoltes et de transformations, les États-Unis, eux aussi, en connaissent de non moins violentes et profondes : la rébellion des noirs et des « chicanos », celle des jeunes et des femmes, celle des artistes et des intellectuels. Certes, tant par leur origine que par les idées qui les inspirent, ces mouvements sont différents de ceux qui bouleversent nos pays, et nous commettrions une nouvelle erreur en essayant de les imiter aveuglément; mais nous devrions apprendre à reconnaître en eux une capacité de critique et d'autocritique qu'il serait vain de chercher en Amérique latine. Nous n'avons pas encore appris à penser librement, défaut d'ordre plutôt moral qu'intellectuel. La valeur d'un esprit, disait Nietzsche, se mesure à sa capacité de supporter la vérité. Une des raisons de notre inaptitude à la démocratie est notre incapacité critique. Les Nord-Américains — du moins les meilleurs d'entre eux — essayent maintenant de regarder la vérité, leur vérité, en face, de ne plus fermer les yeux. Pour la première fois dans l'histoire des États-Unis — seuls quelques poètes et philosophes l'avaient fait jusque-là — un puissant courant d'opinion met en doute les valeurs et les croyances sur laquelle s'est édifiée la civilisation anglo-américaine. Ceux qui sont à la pointe du progrès le critiquent : n'est-ce pas inouï ? La critique du progrès est un prodige, la promesse d'autres changements. Et si l'on me demande : Les États-Unis vont-ils dialoguer avec nous ? je répondrai : Oui, à condition qu'ils apprennent au préalable à parler avec eux-mêmes, avec leur propre *altérité :* leurs nègres, leurs chicanos, leurs jeunes. Et il faudrait sans doute dire quelque chose de semblable aux Latino-Américains : la critique de l'autre commence par la critique de soi-même.

Austin, décembre 1969.

OLYMPIADE ET TLATELOLCO

1968 fut une année cruciale : contestation, tumultes et émeutes à Prague, Chicago, Paris, Tokyo, Belgrade, Rome, Mexico, Santiago... Comme les épidémies médiévales qui ne respectaient ni les frontières religieuses ni les hiérarchies sociales, la révolte des jeunes annula toutes les classifications idéologiques. A la spontanéité universelle de la protestation a succédé une réaction non moins spontanée et universelle : invariablement, les gouvernements attribuèrent les désordres à une conspiration de l'extérieur. Bien que leurs supposés inspirateurs cachés fussent à peu près partout les mêmes, chaque pays les identifia d'une manière différente. Il y eut néanmoins quelques coïncidences troublantes et sans doute involontaires : pour le gouvernement mexicain comme pour le Parti communiste français les étudiants étaient menés par des agents de Mao et la C.I.A. On a pu également noter l'absence ou, dans le cas de la France, la réticence, de la classe traditionnellement considérée comme révolutionnaire en soi : le prolétariat; et les seuls alliés des étudiants ont été jusqu'ici les groupes marginaux que la société technologique n'a pas pu, ou n'a pas voulu, intégrer. Il est clair que nous n'assistons pas à une recrudescence de la lutte des classes et qu'il s'agit bien plutôt d'une révolte de ces secteurs que la société technologique, d'une façon permanente ou transitoire, a gardé en marge. Les étudiants appartiennent à la seconde de ces catégories. En outre, c'est l'unique groupe réellement international. Tous les jeunes des pays développés appartiennent à la subculture internationale de la jeunesse, produit, elle aussi, d'une technologie également internationale.

De tous les secteurs critiques, celui des étudiants est le plus inquiet et, avec celui des Noirs américains, le plus exaspéré. Son exaspération ne vient pas tant de conditions de vie particulièrement dures que du fait paradoxal d'être étudiant : durant les longues années qu'ils passent isolés dans les universités ou les écoles supérieures, garçons et filles vivent dans une situation artificielle, en partie comme des reclus privilégiés, en partie comme de dangereux irresponsables. Qu'on y ajoute le surpeuplement des centres d'études et d'autres circonstances bien connues qui opèrent également comme facteurs de ségrégation et cela donne des êtres réels dans un monde irréel. Il est certain que l'aliénation des jeunes n'est que l'une des formes (des plus bénignes) de l'aliénation que la société technologique impose à tous. Il faut voir aussi qu'étant donné l'irréalité de leur situation, habitant une sorte de laboratoire où les règles de la société extérieure n'ont pas cours, les étudiants sont mieux à même de réfléchir sur leur état et celui du monde qui les entoure. L'Université est à la fois l'objet et la condition de la critique des jeunes. Objet de critique, parce que c'est une institution qui ségrègue les jeunes de la vie collective et qui, par cette ségrégation même, annonce d'une certaine façon leur future aliénation. Les jeunes découvrent que la société moderne fragmente et sépare les hommes : le système ne peut, en raison de sa nature même, créer de véritable communauté. Condition de la critique parce que, sans la distance que l'Université met entre les jeunes et la société extérieure, il n'y aurait pas possibilité de critique, et les étudiants entreraient immédiatement dans le circuit mécanique de la production et de la consommation. Contradiction insoluble : si l'Université disparaissait, la possibilité de la critique disparaîtrait aussi; en même temps, son existence est une preuve — mieux, une garantie — de la permanence de l'objet de la critique, c'est-à-dire, de ce dont on souhaite la disparition. La révolte juvénile oscille entre ces deux extrêmes :

sa critique est réelle, son action irréelle. Sa critique touche au but mais son action ne peut changer la société et même, dans certains cas, loin d'attirer ou d'inspirer d'autres classes, elle provoque des régressions comme celle des élections françaises de 1968.

L'action des gouvernements, pour sa part, a l'opacité de tous les réalismes à courte vue, ceux qui produisent, à la longue, cataclysmes et décadences. Renforcer le *statu quo,* c'est renforcer un système qui croît et s'étend aux dépens des hommes qui l'alimentent : à mesure que sa réalité augmente, augmente notre irréalité. L'ataraxie, cet état d'insensibilité équanime que les stoïques pensaient atteindre en dominant les passions, aujourd'hui la société technologique la distribue à tous comme panacée. Elle ne nous guérit pas du malheur d'être homme, elle nous procure une stupeur faite de résignation satisfaite qui n'exclut pourtant pas l'activité fébrile. Mais la réalité réapparaît chaque fois avec plus de furie et d'insistance : crises, violences, explosions. Année axiale, 1968 montre l'universalité de la protestation et sa finale irréalité : ataraxie et éclatement, explosion qui se dissipe, violence qui est une autre aliénation. Si les explosions font partie du système, la répression ou la léthargie volontaire ou forcée qui en sont les suites en font partie tout autant. Le mal qui ronge nos sociétés est constitutif et congénital; il n'est pas quelque chose d'extérieur. C'est un mal qui a résisté à tous les diagnostics, établis au nom de Marx comme aussi bien au nom de Tocqueville. Étrange peine qui nous condamne à nous développer et à prospérer sans cesser pour autant de multiplier nos contradictions, d'irriter nos plaies et d'exacerber notre inclination à la destruction. La philosophie du progrès montre enfin son véritable visage : un visage en blanc, sans traits. Maintenant nous savons que le règne du progrès n'est pas de ce monde. Le paradis qu'on nous promet se trouve dans le futur, un futur intouchable, inatteignable, perpétuel. Le progrès a peuplé l'histoire des merveilles et des monstres de la technique; et il fait de la vie des hommes un désert. Il nous a donné *plus de choses,* et non *plus d'être.*

Le sens profond de la révolte des jeunes — sans pour autant ignorer ses raisons ni ses objectifs immédiats et circonstantiels, — c'est d'avoir opposé au fantôme implacable de l'avenir la réalité spontanée du présent. Et l'irruption du présent signifie l'apparition, au centre de la vie contemporaine, de ce mot défendu et maudit : *plaisir*. Un mot non moins explosif et non moins beau que *justice*. Quand je dis plaisir, je ne pense pas à l'élaboration d'un nouvel hédonisme, ni au retour à l'antique sagesse sensuelle — bien que le premier ne soit pas dédaignable, et que la seconde soit désirable — mais bien plutôt à la mise en lumière de cette partie obscure de l'homme qui a été humiliée et ensevelie par les morales du progrès : cette moitié que nous révèlent les images de l'art et de l'amour. La définition de l'homme comme *être qui travaille* doit être échangée contre celle de l'*homme être qui désire*. C'est la tradition qui va de Blake aux poètes surréalistes et que les jeunes ont retrouvé : la tradition prophétique de la poésie occidentale depuis le romantisme allemand. Pour la première fois depuis la naissance de la philosophie du progrès sur les ruines de l'univers médiéval, précisément au sein de la société la plus avancée et la plus progressiste du monde, aux États-Unis, les jeunes s'interrogent sur la validité et le sens des principes qui ont fondé l'âge moderne. Cette interrogation ne montre ni haine pour la raison ou la science, ni nostalgie pour la période néolithique (bien que le néolithique ait été, selon Lévi-Strauss et d'autres anthropologues, la seule époque heureuse que les hommes aient connue). Au contraire, c'est une interrogation que seule une société technologique peut poser; et c'est de la réponse à cette interrogation que dépend le sort du monde que nous avons édifié. Passé, présent ou futur, quel est le véritable temps de l'homme? Où est son règne? Et si son règne est le présent, comment insérer *l'aujourd'hui,* explosif et orgiaque par nature, dans le temps historique? La société moderne doit répondre à ces questions sur l'aujourd'hui — *aujourd'hui même*. L'autre branche de l'alternative étant de périr dans un éclatement, ou de s'enfoncer chaque fois plus dans le ruineux processus actuel où la production des choses menace d'être inférieure à celle des déchets.

Malgré son universalité, la protestation des jeunes possède des caractéristiques spécifiques dans chaque région du monde. Le mouvement des jeunes aux États-Unis et en Europe contient, comme je viens de l'expliquer, des interrogations implicites et non formulées qui touchent aux fondements mêmes de l'âge moderne et à ce qui, depuis le XVIIIe siècle, constitue son principe directeur. Ces interrogations sont très atténuées dans les pays de l'Europe orientale, pour n'être plus que des slogans vides en Amérique latine. La raison en est claire : les Nord-Américains et les Européens sont les seuls qui possèdent réellement une expérience complète de ce que signifie le progrès. En Occident, les jeunes se révoltent contre la société technologique : contre le monde tantalesque des objets qui se gâtent et se dissipent dès que nous entrons en leur possession, comme s'ils étaient l'involontaire et définitive confirmation du caractère illusoire que les bouddhistes attribuent à la réalité; contre la violence ouverte ou dissimulée que cette société exerce sur ses minorités et, à l'extérieur, sur d'autres peuples. Dans les pays de l'Est européen, le combat des jeunes a deux motifs, absents en Occident : nationalisme et démocratie. Nationalisme face à la domination et à l'ingérence soviétique; démocratie face aux bureaucraties communistes incrustées dans la vie politique et économique. Il est révélateur que ce dernier point soit la revendication immédiate et primordiale des jeunes de l'Est : démocratie, mot qui a perdu presque tout son magnétisme en Occident. Le symptôme est désolant : quelles que soient les limitations de la démocratie occidentale (et elles sont innombrables, très graves : régime bureaucratique des partis, monopoles de l'information, corruption, etc.), sans liberté de critique et sans pluralité d'opinions et de groupes, il n'y a pas de vie politique. Et pour nous, hommes modernes, la vie politique est synonyme de vie rationnelle et civilisée. Ceci est vrai jusque pour les nations héritières de hautes civilisations et qui, c'est le cas de la Chine, ne connurent jamais la démocratie.

Les jeunes fanatiques qui récitent le catéchisme de Mao — soit dit en passant : médiocre poète académique — commettent en plus d'une faute esthétique et intellectuelle, une erreur morale. On ne peut sacrifier la pensée critique sur l'autel du développement économique accéléré, l'idée révolutionnaire, le prestige et l'infaillibilité d'un chef ou tout autre mirage analogue. Les expériences de la Russie et du Mexique sont concluantes : sans démocratie, le développement économique manque de sens, quand bien même il a été gigantesque comme dans le premier pays, et, dans le second, beaucoup plus modeste bien que proportionnellement non moins appréciable. Toute dictature, que ce soit celle d'un homme ou d'un parti, mène aux deux formes élues de la schizophrénie : le monologue et le mausolée. Moscou et Mexico sont pleins de gens bâillonnés et de monuments à la Révolution.

Le mouvement des étudiants mexicains a bien des ressemblances avec celui des autres pays, tant à l'Ouest qu'à l'Est. Pourtant, c'est avec l'Europe orientale que les affinités me paraissent les plus grandes : nationalisme, non pas contre l'intervention soviétique mais contre l'impérialisme américain; aspiration à une réforme démocratique; protestation, non plus contre les bureaucraties communistes, mais contre le Parti Révolutionnaire Institutionnel. Néanmoins, la révolte des jeunes Mexicains fut singulière, comme l'est le pays même. Il n'y a aucun nationalisme douteux dans cette observation. Le Mexique est une nation qui, à l'intérieur de la civilisation occidentale, occupe une position excentrique : « *castillane tatouée d'aztèque* », disait le poète Lopéz Velarde. De même, en Amérique latine, sa situation historique est unique : le Mexique passe par une étape post-révolutionnaire, alors que la majorité des autres pays traversent une période pré-révolutionnaire. Enfin, son développement économique a été exceptionnel. Après une longue et sanglante époque de violence, la Révolution mexicaine a réussi à créer des institutions originales et un État nouveau. Depuis maintenant quarante ans, et tout particulièrement au cours des dernières décennies, l'économie du pays a fait de tels progrès que les économistes et les sociologues citent le cas du Mexique comme exemple pour les autres pays sous-développés. Les statistiques en effet sont impressionnantes, surtout si l'on pense à l'état dans lequel se trouvait la nation en 1910 et aux destructions matérielles et humaines, conséquences de près de vingt années de guerre civile. Comme une sorte de reconnaissance internationale de sa transformation en pays moderne ou semi-moderne, le Mexique demanda et obtint que sa capitale fût le siège des Jeux Olympiques de 1968. Les organisateurs s'en tirèrent mieux que bien, et ils ajoutèrent même au programme sportif une note originale, tendant à souligner le caractère pacifique et non compétitif de l'Olympiade : expositions artistiques internationales, représentations théâtrales et chorégraphiques, rencontre internationale de poètes, etc. Cependant, dans le contexte de la révolte des jeunes et de la répression qui s'ensuivit, ces célébrations apparurent comme des gestes spectaculaires par lesquels ont voulait cacher la réalité d'un pays ébranlé et terrorisé par la violence gouvernementale. Ainsi, au moment où le gouvernement obtenait la reconnaissance internationale de quarante années de stabilité politique et de progrès économique, une tache de sang dissipait l'optimisme officiel et éveillait dans tous les esprits un doute sur le sens de ce progrès.

Le mouvement estudiantin commença comme une bataille de rue entre bandes rivales d'adolescents. La brutalité policière unifia les jeunes. Ensuite, à mesure que la répression se faisait plus rigoureuse et que croissait l'hostilité de la presse, de la radio et de la télévision asservies au gouvernement dans leur presque totalité, le mouvement prit de la force et de l'ampleur, en acquérant conscience de lui-même. Au cours de quelques semaines, il apparut clairement que les étudiants, sans l'avoir recherché expressément, étaient devenus les porte-parole du peuple. Je le souligne : non pas les porte-parole de telle ou telle classe, mais ceux de la conscience générale. Dès le début, on tenta d'isoler le mouvement par un cordon sanitaire qui évitât la contagion idéologique. Les dirigeants et les fonctionnaires des syndicats ouvriers se dépêchèrent de condamner les étudiants en termes menaçants. Ce que firent aussi, bien qu'avec moins de violence, les partis officiels de gauche et de droite. En dépit de la mobilisation de tous ces moyens de propagande et de coercition morale, pour ne rien dire de la violence physique de la police et de l'armée, le peuple vint grossir spontanément les manifestations de jeunes, et l'une d'elles, la célèbre « manifestation silencieuse », réunit près de quatre cent mille personnes, ce qui ne s'était encore jamais vu au Mexique.

A la différence des étudiants français de Mai, les Mexicains ne proposaient pas un changement violent et révolutionnaire de la société, et leur programme n'avait rien du radicalisme des jeunes Allemands ou Américains. On n'y distinguait pas non plus la tonalité orgiastique et parareligieuse des hippies. Le mouvement était réformiste et démocratique, bien que certains des dirigeants appartinssent à l'extrême gauche. Manœuvre tactique ? Il me semble plus sensé d'attribuer cette pondération à la nature des circonstances et au poids de la réalité objective : le temple du peuple mexicain n'est pas plus révolutionnaire que ne le sont les conditions historiques du pays. Ce n'est pas une révolution qu'on souhaite, mais une réforme : en finir avec le régime d'exception inauguré par le Parti National Révolutionnaire il y a quarante ans. Les pétitions des étudiants étaient réellement modérées : suppression d'un article du Code pénal, de toute façon inconstitutionnel, qui contient cet outrage aux droits de l'homme nommé « délit d'opinion »; liberté pour divers détenus politiques; destitution du chef de la police, etc. Toutes ces demandes se résument en une phrase qui fut l'axe du mouvement et le secret de son immédiat pouvoir de séduction sur la conscience populaire : *démocratisation*. Parfois, les étudiants demandèrent « le dialogue public entre le gouvernement et les étudiants », prélude au dialogue entre le peuple et les autorités. Cette demande rappelait celle que nous, un groupe d'écrivains, avions faite en 1958, devant de semblables désordres, bien que de moindre importance — désordres qui annonçaient, comme nous en prévenions alors le gouvernement, ce qui allait se produire dix ans plus tard.

L'attitude des étudiants donnait au gouvernement la possibilité de redresser sa politique sans perdre la face. Il aurait suffi d'écouter ce que disait le peuple à travers les pétitions des jeunes. Personne n'espérait un changement radical : simplement, une plus grande flexibilité et un retour à la tradition de la Révolution mexicaine, qui ne fut jamais dogmatique, mais, au contraire, sensible aux variations de l'âme populaire. Ainsi aurait été détruite la prison de mots et de concepts dans laquelle le gouvernement s'est enfermé, toutes ces formules auxquelles plus personne ne croit et qui se condensent dans cette grotesque expression dont se sert la famille officielle pour désigner le parti unique : l'Institut révolutionnaire. En se délivrant de cette prison de mots, le gouvernement aurait pu forcer l'autre prison, plus réelle, qui l'entoure et le paralyse : celle des intérêts banquaires et financiers. Rétablir la communication avec le peuple aurait signifié recouvrer autorité et liberté pour dialoguer avec la gauche, la droite — et les États-Unis. Daniel Cosío Villegas, l'une des intelligences les plus aiguës et les plus honnêtes du Mexique actuel, mit en avant avec clarté et précision ce qui selon lui — et, ajouterai-je, selon la majorité des Mexicains qui pensent — était l'unique remède : « Rendre réellement publique la vie publique. » Le gouvernement a préféré recourir alternativement à la force physique et à la rhétorique « révolutionnaire-institutionnelle ». Ces oscillations étaient probablement le reflet d'une lutte entre les « techniciens » désireux de sauver le peu qui reste de l'héritage révolutionnaire, et la bureaucratie politique qui préférait la manière forte. Mais en aucun moment ne se fit jour un quelconque désir de « rendre réellement publique la vie publique » et d'ouvrir le dialogue. Les autorités, il est vrai, proposèrent des discussions en coulisses; ce qui n'alla pas loin parce que les étudiants refusèrent d'accepter ce procédé immoral.

Fin septembre, l'armée occupa l'Université et l'Institut polytechnique. Devant la réprobation qu'entraîna cette mesure, les troupes durent quitter les locaux de ces deux institutions. Il y eut une trêve. Pleins d'espoir, les étudiants organisèrent une réunion (et non une manifestation) sur la place de Tlatelolco, le 2 octobre. Alors que le meeting était achevé, au moment de la dispersion, la place fut encerclée par l'armée et la tuerie commença. Quelques heures plus tard, tout était consommé. Combien de morts ? Au Mexique même, aucun journal ne se hasarda à publier des chiffres. Je donnerai ici ceux que *The Guardian,* après une enquête approfondie, considère comme les plus probables : 325 morts. Quant aux blessés, il dut y en avoir des milliers, de même que pour les personnes arrêtées. Sont encore en prison cent cinquante étudiants, plusieurs professeurs et journalistes, le romancier José Revueltas et d'autres personnes. Le 2 octobre 1968 prirent fin le mouvement estudiantin, ainsi qu'une époque de l'histoire mexicaine.

Bien que les révoltes d'étudiants soient un phénomène mondial, elles se manifestent avec plus de virulence dans les sociétés les plus avancées. Ainsi peut-on dire que le mouvement estudiantin et la célébration des Olympiades au Mexique ont été deux faits complémentaires, tous deux signes du relatif développement du pays. Par contre, l'anomalie, le discordant, l'imprévisible a été l'attitude gouvernementale. Comment l'expliquer ? D'une part, ce que réclamaient les étudiants ne mettait pas en danger le régime qui n'avait pas à affronter une situation révolutionnaire; d'autre part, aucun gouvernement, pas même le gouvernement français menacé, lui, d'une vague révolutionnaire, ne montra une telle férocité — il n'y a pas d'autre mot — dans la répression. La presse mondiale, en dépit de sa ration quotidienne d'iniquités, se montra légèrement scandalisée. Une grande revue américaine, horrifiée mais pudique, définissait les événements de Mexico comme un cas typique d'*overreaction,* un symptôme de la « sclérose du régime mexicain »... Une réaction exagérée ou excessive révèle, dans n'importe quel organisme vivant, la peur et l'insécurité; quant à la sclérose, en plus d'un signe de vieillesse, elle est celui d'une incapacité à changer. Le régime a montré qu'il ne pouvait ni ne voulait faire un examen de conscience : or, sans critique et, par-dessus tout, sans autocritique, il n'y a pas de possibilité de changement. Cette débilité mentale et morale poussa le régime à la violence physique. Comme ces névrosés qui, lorsqu'ils doivent affronter des situations nouvelles et difficiles, reculent, passent de la peur à la colère, commettent des actions insensées et en reviennent ainsi à des conduites instinctives, infantiles ou animales, le gouvernement régressa aux pires périodes antérieures de l'histoire mexicaine : agression est synonyme de régression. Ce fut une répétition instinctive, assumant la forme d'un rituel d'expiation. Les correspondances avec le passé mexicain, tout particulièrement avec le monde aztèque, sont fascinantes, surprenantes et repoussantes à la fois. La tuerie de Tlatelolco nous révèle qu'un passé que nous croyions enterré est vivant et prêt à faire irruption parmi nous. Chaque fois qu'il apparaît, ce passé est masqué et armé : nous ne savons ce qu'il est, sinon qu'il signifie destruction et vengeance. C'est un passé que nous n'avons pas su, ou pu, reconnaître, nommer, démasquer. Mais avant de traiter ce thème, qui est le thème central et secret de notre histoire, je dois décrire, dans ses grandes lignes, le développement du Mexique moderne, développement paradoxal, où la simultanéité des éléments contradictoires se condensent dans ces deux noms : Olympiade et Tlatelolco.

LE DÉVELOPPEMENT ET AUTRES MIRAGES

A peine consommée la déroute militaire de l'ancien Régime, le pays dut faire face au danger qui menace toutes les révolutions triomphantes : l'anarchie. Les querelles entre les diverses factions du mouvement révolutionnaire ne furent pas moins violentes que la rébellion armée du peuple contre l'autocratie de Porfirio Diaz et son armée professionnelle. Bien qu'elles fussent plus personnalisées qu'idéologiques, les factions représentaient déjà sous une forme rudimentaire les intérêts et les tendances des différentes classes : paysans, propriétaires terriens, petite bourgeoisie, classe ouvrière naissante. Si la Constitution adoptée en 1917 prévoyait la transmission pacifique du pouvoir par le moyen d'élections démocratiques, la pratique en était très différente : les partis politiques n'existaient pas et le pays était gouverné par une dictature révolutionnaire, c'est-à-dire la dictature des chefs militaires de la Révolution. La lutte entre les factions ne fut jamais démocratique : ce n'était pas le nombre de votes mais celui des soldats et des fusils qui donnait la suprématie politique. Chaque élection présidentielle dégénérait en une lutte armée qui s'achevait par la mort d'un ou plusieurs candidats au pouvoir, ainsi que d'un certain nombre de leurs partisans, pour ne rien dire des innocentes victimes de ces dissensions et querelles entre grands. Après en avoir fini avec la dictature de Porfirio Diaz, le pays semblait condamné à répéter sans fin le cycle monotone et sanglant : dictature/

anarchie, anarchie/dictature. Toutefois, l'élimination progressive et violente des chefs militaires facilita le passage à un régime qui, pour n'être pas encore démocratique, n'était pourtant plus suicide ou autodestruction. La première mesure, négative, fut l'interdiction constitutionnelle de réélire le président. Ainsi évitait-on la dictature personnelle. La seconde mesure, positive, celle-là, fut la création du Parti National Révolutionnaire (1929). Ainsi se renforçait la dictature révolutionnaire, en fait, la dictature du groupe victorieux dans la lutte des factions.

Le P.N.R. était une association de chefs militaires et politiques autour du général Calles. Bras civil du pouvoir révolutionnaire, le Parti n'avait pas de pouvoir propre : il n'était que le reflet du pouvoir du Chef, des militaires et des caciques qui gouvernaient les provinces. Pourtant, à mesure que la paix gagnait et qu'on en revenait à des conditions de vie normale, le Parti se renforça, aux dépens, non pas du Chef, mais des généraux. La structure politique duelle du Mexique contemporain se trouvait déjà en embryon dans le P.N.R. : le Président et le Parti. La fonction du nouvel organisme fut donc surtout d'ordre négatif : plus que pour imposer un programme, il servait de tampon entre les différentes factions. Bien qu'il ne contînt aucune semence de démocratie, il était néanmoins le début d'une structure politique nationale, étroitement liée avec le nouvel État. Des mots qui composaient son nom, le second était le plus important : *National*. Le P.N.R. combattit et affaiblit le pouvoir des satrapes régionaux et des chefs de bandes révolutionnaires.

Lazaro Cárdenas changea en 1938 le nom, la composition et le programme du Parti. Le Parti de la Révolution mexicaine eut dès lors une base sociale plus ample, grâce à l'intégration de quatre groupes : ouvrier, paysan, populaire et militaire. Ce fut une tentative pour créer une démocratie de fonctions plus encore qu'une démocratie politique. Son programme et son action étaient authentiquement révolutionnaires. Le P.R.M. devint un instrument efficace pour ausculter et consulter le peuple : les antennes de cet excellent et généreux président que fut Lazaro Cárdenas. Bien que sa devise était « Pour une démocratie de travailleurs », le P.R.M. ne fut pourtant pas un parti démocratique. Et si nous n'avons pas gardé mémoire de ses débats, c'est qu'il n'y en eut pas. Sa politique ne fut jamais le produit d'une délibération publique : elle était dictée par le président Cárdenas. Et l'entrée dans le Parti des groupements ouvriers et paysans, loin de le renforcer, contribua à son asservissement ultérieur. Selon la majorité des historiens, la Révolution proprement dite se termina dans la décennie 1940-1950. Dès lors, le développement économique et l'industrialisation devinrent les objectifs immédiats et primordiaux du régime. L'initiateur de cette politique fut Miguel Aleman, un président non moins énergique que Cárdenas. En 1946, Aleman changea à nouveau le nom du Parti qui s'appelle aujourd'hui, de façon intrépide et plus illustrative des paradoxes de la politique que de ceux de la logique : Parti Révolutionnaire Institutionnel.

Les trois noms du Parti reflètent les trois moments du Mexique moderne : création du nouvel État, réforme sociale et développement économique. Mais aucune des tendances qui caractérisent ces trois moments n'est sortie du Parti : elles sont toutes venues de la présidence et de ses conseillers. Pas une seule idée, pas de programme en quarante ans d'existence! Le Parti n'est pas un groupement politique au sens vrai du mot : la forme de recrutement n'est pas démocratique et ce n'est pas en son sein que sont élaborés les programmes ou la stratégie pour les mener à bien. C'est un organisme bureaucratique aux fonctions politico-administratives. Sa mission principale est la domination politique, non par la force physique et la manipulation des groupes populaires, mais à travers les bureaucraties qui dirigent les syndicats ouvriers, les associations de paysans et la classe moyenne. Pour cette tâche, il bénéficie de la protection des pouvoirs publiques ainsi que de la bienveillante neutralité des moyens d'information, quand ce n'est pas de leur appui insolent : le monopole politique implique, en plus du contrôle des organisations populaires, le contrôle de l'opinion publique. En même temps, le Parti est un organe d'exploration de la conscience populaire, de ses aspirations, de ses tendances. Cette fonction capitale lui conféra dans le passé flexibilité, vitalité, voire une certaine popularité : aujourd'hui, étant donné son organisation hiérarchique et la sclérose qui le gagne de plus en plus, il remplit cette fonction avec une inefficacité croissante.

Par tout ceci, donc, et par l'usage immodéré d'un jargon radical, le P.R.I. s'apparente aux partis communistes de l'Est européen : les uns comme les autres sont des bureaucraties politiques incrustées dans l'économie nationale, avec cette différence que l'économie des pays de l'Est européen est étatique, et que la nôtre est mixte. Toutefois, le P.R.I. n'est pas un parti idéologique : c'est un groupe d'intérêts, ce qui a favorisé la vénalité mais, en même temps, nous a évité les terreurs d'une orthodoxie quelconque. La variété des tendances qui coexistent en lui, ou, plus exactement : qui coexistaient en lui, le rapproche du Parti du Congrès de l'Inde, avec cette unique différence capitale : le Parti mexicain ne connaît pas la démocratie interne, et il est dominé par un groupe de dirigeants qui ont juré fidélité aveugle au Président en exercice. Ce qui est particulièrement malheureux, car la diversité des courants et des opinions à l'intérieur du Parti — reflet de celles qui divisent la nation et composent sa réalité politique et sociale — aurait favorisé une expérience qui, en plus de revitaliser et de régénérer le régime, aurait offert une solution à la crise que traverse le pays depuis plus de dix ans : entamer la réforme démocratique à l'intérieur même du P.R.I. Mais il est déjà trop tard pour ce remède.

En assurant la continuité gouvernementale, le Parti a été un instrument de paix et de stabilité. Comme alternative à la calamité d'une dictature personnelle sans autre limites que celles du pouvoir du Chef et qui s'achevait toujours par une explosion sanglante, les chefs révolutionnaires imaginèrent un régime de dictature institutionnelle limitée et impersonnelle. Le président détient des pouvoirs immenses mais ne peut occuper le poste qu'une seule fois; le pouvoir qu'il exerce vient de son investiture et disparaît avec elle; le principe de rotation et de sélection opère à l'intérieur du Parti : pour être président, gouverneur, sénateur, député ou maire, il faut passer par le P.R.I., approuver le programme tracé, monter échelon par échelon : le P.R.I. est une école, un laboratoire et un tamis. Les méthodes de promotion sont les mêmes que dans les autres bureaucraties : pour avoir de l'avancement, il faut faire preuve de discipline, esprit de corps, respect des hiérarchies; avoir de l'ancienneté, des capacités administratives, du dévouement, de l'efficacité, de l'habileté, de la souplesse, de l'astuce et une énergie sans pitié... Ce sont les supérieurs qui font les avancements. Si le Parti dédaigne le principe démocratique de l'élection, il accepte par contre l'aristocratique droit de veto : bien que le Président détienne le privilège indiscuté de désigner son successeur, il doit préalablement consulter les anciens présidents et les grands dignitaires. La règle non formulée est que son candidat ne doit pas provoquer leur opposition. Chacun d'eux représente de puissants intérêts, depuis ceux des entreprises privées jusqu'à ceux des bureaucraties syndicales ou paysannes. Le droit de veto appartient surtout aux anciens présidents : ils sont la voix de la tradition et représentent la continuité révolutionnaire, quelque chose comme le Conseil des Anciens.

Droit de veto mais non de censure : le P.R.I. n'a jamais été un organe de critique de l'action présidentielle : bien au contraire il l'a toujours appuyée inconditionnellement et a exécuté ses ordres avec diligence. Il y a, au Mexique, une horreur, qu'il n'est pas excessif de dire sacrée, pour tout ce qui est critique et dissidence intellectuelle : une divergence d'opinion se transforme instantanément et insensiblement en querelle personnelle. Tout particulièrement quand il s'agit du Président : toute critique de sa politique est un sacrilège. Notons que cette vénération disparaît quand il cède son poste à son successeur : en vérité, c'est plus à ses attributs qu'à sa personne réelle que s'adresse cette dévotion. Ces attributs le recouvrent comme le masque dérobait le visage des antiques divinités mexicaines, le transformant, littéralement, en une Image. Le respect fanatique pour la personne du Chef (Caudillo) est un sentiment d'origine arabe : on le trouve dans tout le monde hispanique. La révérence religieuse qu'inspirent aux Mexicains les attributs impersonnels du Président est un sentiment d'origine aztèque. Nous y reviendrons. Pour l'instant, je me bornerai à signaler ceci : le Sénat et la Chambre des Députés n'ont jamais été que des institutions bavardes et adulatrices et qui ne hasardent aucune critique d'aucune sorte; le pouvoir judiciaire est muet et impuissant; la liberté de la presse est plus formelle que réelle; la radio et la T.V. sont entre les mains de deux ou trois familles plus intéressées à gagner de l'argent en anesthésiant le public par leurs émissions que d'analyser avec honnêteté et objectivité les problèmes du pays. Enfin, maître du Parti et des moyens d'informations, le Président a toute licence dans l'utilisation des fonds fédéraux. Ce qui est extraordinaire, c'est qu'avec de tels pouvoirs, nos présidents n'aient pas été des Caligula ou des Néron. La raison en est, peut-être, dans les longues années de discipline et de dressage que le P.R.I. impose à ses fidèles. Ainsi retrouve-t-on la relation organique entre l'institution présidentielle et le Parti; dès l'origine, ce furent des réalités complémentaires. Réponse à une situation historique de crise, ce fut un compromis entre la dictature personnelle des caudillos et le programme démocratique de la Révolution mexicaine.

Les vertus et les défauts du P.R.I. sont évidents. Quant à celles-là, il y a, en premier lieu, sa non-dépendance du pouvoir militaire. Le P.R.I. représente le principe de séparation entre le corps militaire et le corps politique de la nation, ce que, sauf le Chili et l'Uruguay, aucun pays d'Amérique latine n'a encore parfaitement réussi. Cette indépendance persistera-t-elle dans l'avenir? J'en doute fortement. A mesure que la crise politique s'envenime, de plus en plus, le P.R.I. dépend de la force des armes. La plupart des écrivains qui s'occupent de l'histoire moderne du Mexique pensent que le Parti a vécu mais ils soulignent que, quels qu'aient pu être ses défauts, il a puissamment contribué à la paix et à la stabilité du pays, sans lesquelles notre développement aurait été impossible. Bien que je partage cette opinion, je me demande si maintes erreurs de ce développement ne sont pas dues au P.R.I., précisément; s'il est vrai qu'il a préservé la continuité de l'action gouvernementale, il ne l'est pas moins qu'il a empêché l'analyse et la critique de cette action. Mais il y a plus; il a protégé l'irresponsabilité et la vénalité des fonctionnaires chargés de réaliser les programmes de développement économique; il a dégradé et corrompu la vie politique et a fait du progrès économique le synonyme de l'exploitation du peuple par la nouvelle classe capitaliste et les grandes Compagnies nord-américaines. Et quant au présent : conçu comme un remède extrême contre une maladie qui semblait chronique et qui menaçait de détruire le pays — le danger de retomber dans le cycle infernal dictature/anarchie — le Parti aujourd'hui perpétue un régime de transition et d'exception. Au Mexique, il n'y a plus d'autre dictature que celle du P.R.I. ni d'autre danger d'anarchie que celui causé par la prolongation contre-nature de son monopole politique

C'est pendant la Seconde Guerre mondiale que prit fin la période proprement révolutionnaire du Mexique moderne et que commença l'étape du développement économique. Le processus a été semblable, sinon identique, dans tous les pays où ont triomphé des mouvements révolutionnaires, et qui sans base économique préalable, ont voulu affronter sans banqueroute l'impératif des réformes sociales. Il y a là la grande limitation — il serait plus exact de dire : la condamnation — de toutes les révolutions des pays arriérés, y compris la révolution russe et la révolution chinoise; il existe en effet une contradiction inévitable entre développement et réformes sociales, contradiction qui a toujours été résolue en faveur du développement. Dans le cas du Mexique, le changement d'orientation était dû, parmi d'autres circonstances mineures, à ces trois-ci : décision du régime de recourir à l'industrialisation, même modeste, comme unique remède aux maux du pays; influence des États-Unis et apparition d'une nouvelle classe capitaliste. Le premier point fut déterminant. Au cours de la guerre, les Mexicains découvrirent que, même si les prix de leurs matières premières avaient considérablement augmenté sur le marché international, ils ne pouvaient toujours rien y acheter. Plus tard, dans l'après-guerre, ils se rendirent compte que la fluctuation des prix de ces marchandises et leur continuelle tendance à la baisse, ainsi que la hausse des prix des produits manufacturés, en plus de dévorer leur épargne, empêchaient toute capitalisation et, par conséquence, tout développement. Pour éviter autant que possible les conditions désavantageuses imposées par le commerce international, le gouvernement se préoccupa de diversifier la production, rendant ainsi notre économie moins dépendante et moins vulnérable. Grâce à nos ressources, et aussi à nos efforts, nous avons mieux réussi que d'autres pays : Cuba, par exemple, continue à dépendre du sucre. Sans la diversification de la production et la prospérité des années 40-50, le développement accéléré des vingt dernières années n'aurait pas été possible. Sans ces circonstances d'ordre économiques, et, je le répète, sans la volonté du gouvernement de changer la structure économique du pays : la décision politique ne fut pas moins déterminante que la conjoncture économique.

L'influence des États-Unis a été considérable mais nullement capitale. Dans d'autres pays leur présence économique n'est pas moins déterminante, mais ces pays n'ont pas, pour autant, procédé à des changements de structure équivalents à ceux du Mexique. Comme ce thème a provoqué et provoque de nombreuses discussions, j'aimerais l'analyser brièvement.

L'unique recours des pays faibles contre les grandes puissances est de profiter au maximum de leurs querelles. Telle a été la politique des gouvernants mexicains. La règle du jeu est simple; plus il y a de puissances mondiales, plus les moyens et les petits pays ont de liberté de mouvement. Le jeu sans doute s'est compliqué depuis la Seconde Guerre mondiale. Tout d'abord, l'alliance entre les U.S.A. et les Russes a effacé les nuances et les positions intermédiaires; ensuite, la rivalité qui succéda à cette alliance a polarisé les nations en deux camps irréconciliables. L'absence d'une politique internationale indépendante des pays européens occidentaux (le gaullisme apparut aux Mexicains comme une alternative tardive), le caractère expansionniste et nationaliste de la Russie stalinienne ainsi que l'attitude intransigeante et agressive de Dulles, accentuèrent la tendance défensive de la politique internationale mexicaine. Il ne faut pas oublier que, depuis 1840, la politique du Mexique envers les États-Unis a été essentiellement défensive. Non sans efforts ni contradictions, le gouvernement a maintenu, avec une timidité grandissante et de façon chaque fois plus formelle, notre tradition d'indépendance sur le front international; c'est à l'intérieur qu'eurent lieu les changements. Bien que la pression extérieure ait stimulé ces changements, ce fut des considérations d'ordre intérieur qui les motivèrent. Devant l'alternative : mettre en train l'industrialisation ou se résigner à la stagnation, le gouvernement a choisi la première voie, ce qui a eu pour conséquence de faire du secteur privé une partie essentielle et favorisée du programme de développement. Et comme le capitalisme mexicain en était à ses tout débuts, on accepta, non sans maintes hésitations et disputes internes, que le secteur privé international (nord-américain) pût participer lui aussi au développement. Ainsi s'accentua la dépendance économique du Mexique. Mais ici une digression s'impose, d'ordre non pas économique — je ne suis pas expert en la matière — mais historique.

La réalité de l'impérialisme écomique et politique des États-Unis est un fait qu'il n'est pas nécessaire de démontrer et sur lequel abondent les analyses. Pourtant, l'opposition entre les États-Unis et l'Amérique latine n'est pas seulement de nature économique et politique : la dichotomie est plus ancienne et plus profonde. L'impérialisme disparaîtra peut-être demain, à la suite d'un changement de régime aux États-Unis ou, plus probablement, parce que la technique et la science finiront par trouver des produits de remplacements pour nos matières premières et que les économies des pays développés seront progressivement autosuffisantes. Peut-être que, dans un proche avenir, les pays développés n'exploiteront plus les sous-développés : ils les abandonneront à leur misère et à leurs convulsions. Ce qui ne veut pas dire que nous cesserons d'être ce que nous sommes aujourd'hui ; le théâtre de leurs disputes et le champ de leurs batailles. Néanmoins, je voudrais souligner ceci : la disparition de l'impérialisme économique n'implique pas le nivellement des pouvoirs et tant que durera le déséquilibre des forces la domination des États-Unis sur le reste du continent durera. Il s'agit d'un phénomène qui, plus que de la nature des régimes économiques et politiques de chaque pays, dépend de l'inégalité de puissance entre les sociétés. Inégalité qui existe aussi bien chez les pays capitalistes que chez les pays socialistes, à preuve Saint-Domingue et Prague. Supposons même que ce déséquilibre disparaisse ; l'opposition persisterait parce qu'elle vit dans des couches plus profondes que celles de l'organisation économique et politique. Je parle ici de réalités qui ont été oubliées ou niées de façon têtue et obtuse par le monde moderne et qui réapparaissent avec d'autant plus d'énergie : ce complexe d'attitudes envers le monde et l'au-delà, la vie et la mort, le moi et l'autre : ce que nous appelons *civilisations*.

Bien que les Russes, les Chinois et les Japonais aient embrassé avec une égale fureur la cause de la modernité et du progrès — deux idées occidentales — ils restent et resteront russes, chinois, japonais ; ils seront différents et ils seront les mêmes, comme le Griffon que Dante a vu au Purgatoire. Dumézil a montré comment la structure tripartite de l'idéologie indoeuropéenne a perduré au cours des millénaires en dépit des changements de sociétés qui ne furent pas moins profonds que ceux des nations modernes. Le passage de la société nomade aux grandes civilisations urbaines durant le second millénaire avant Jésus-Christ fut plus radical que le saut du féodalisme à l'âge moderne : néanmoins, le substrat idéologique, comme le nomme Dumézil, a persisté et persiste encore. L'exemple de la psychanalyse m'évitera de m'attarder à une démonstration ennuyeuse ; la persistence de traumas et de structures psychiques infantiles dans la vie adulte est l'équivalent de la permanence dans les sociétés de certaines structures historiques — ou mieux ; intrahistoriques. Ces structures sont à l'origine de ces ensembles de traits particuliers qu'on nomme civilisations et qui sont des styles, des façons de vivre et de mourir.

Il est certain que l'opposition entre les États-Unis et l'Amérique latine n'est pas une opposition entre civilisations, mais qu'elle appartient au sous-genre des contradictions à l'intérieur d'une même civilisation. Ceci mis à part, je crois qu'il s'agit de différences radicales, comme je me suis efforcé de le montrer précédemment. Il est vrai que cette relation d'opposition pourrait être féconde si la force de l'un des interlocuteurs et l'angoisse de l'autre n'empêchaient ni ne viciaient le dialogue. De toute façon, le dialogue est difficile; à peine franchi le niveau informatif et quantitatif, et la conversation entre Nord-Américains et Latino-Américains devient un hasardeux va-et-vient d'équivoques et de chimères. La vérité est que ce ne sont pas des dialogues mais des monologues; nous n'écoutons jamais ce que dit l'autre, et quand nous l'écoutons, nous croyons toujours qu'il dit autre chose. La poésie et la littérature elle-mêmes n'échappent pas à cet enchevêtrement de confusions. La majorité des poètes et des écrivains nord-américains ignorent ou méprisent la culture ou l'homme latino-américains. Dans les *Cantos* d'Ezra Pound, par exemple, ce monument de la voracité encyclopédique des États-Unis, apparaissent toutes les civilisations et tous les hommes, à l'exception du monde précolombien et de l'Amérique hispano-portugaise; pas de temple maya, d'église baroque, de Popol Vuh, de Sœur Juana Iñez de la Cruz. Ou bien, considérons l'attitude de presque tous les Nord-Américains qui ont écrit sur l'Amérique latine, sans exclure un poète de la distinction de Wallace Stevens; inévitablement, ils se sentent exaltés par notre passé indigène ou nos paysages, et trouvent ensuite sans intérêt l'homme latino-américain contemporain. Amérique latine : ruines et nature plus quelques figures vagues, les garçons d'hôtel, le gérant. La vision que nous autres, Latino-Américains, avons des États-Unis est démesurée et délirante. Pour Ruben Darío, le premier Roosevelt n'était rien moins qu'une incarnation de Nabuchodonosor et le premier réflexe de J. L. Borges visitant le Texas a été d'écrire un poème l'honneur des défenseurs d'El Alamo. Exagérations de la colère, de l'envie ou de l'obséquiosité : les États-Unis, pour nous, sont en même temps et sans contradiction, Goliath, Polyphème et Pantagruel.

Dans son essai, *The Mexican Revolution, Then and Now,* l'historien Daniel Cosío Villegas affirme que le gouvernement mexicain est devenu le prisonnier de la classe capitaliste, payant ainsi son erreur initiale : avoir confié au secteur privé une part centrale des plans d'industrialisation et de développement. Cette affirmation, exacte pour l'essentiel, doit pourtant être légèrement modifiée. Je commencerai en soulignant un fait peu commenté : la nouvelle classe est une création du régime révolutionnaire, sa création délibérée, comme la classe capitaliste japonaise l'a été du mouvement de modernisation qui suivit la restauration Meiji. Dans les deux cas s'est inversée la relation à laquelle le marxisme nous a accoutumé et qui simplifie trop la réalité du processus : dans les cas du Japon et du Mexique, l'État est bien moins l'expression de la classe dominante, du moins à son origine, que celle-ci n'est la conséquence de l'action de l'État. A cette circonstance s'en ajoute une autre : l'existence du P.R.I. comme organisation bureaucratico-politique relativement autonome intégrant les bureaucraties des organisations ouvrières et paysannes. C'est un aspect qui n'existe pas dans les autres pays, à l'exception des pays « socialistes ». Le P.R.I. est incrusté dans le capitalisme mexicain, *mais il n'est pas le capitalisme mexicain.* En étudiant la classe nouvelle des *entrepreneurs,* F. R. Brandenbourg souligne que « le régime d'Aleman a donné naissance à une classe duelle : une partie de ses membres a pris la tête des compagnies privées, les autres assumant la direction des entreprises d'État ». (*The making of modern Mexico,* 1964.) Parmi ces derniers se trouve un grand nombre de fonctionnaires qui ont tenté, avec plus ou moins de succès, de défendre l'héritage de la Révolution mexicaine. Ils forment un secteur distinct du P.R.I., une autre bureaucratie d'État, celle des techniciens et des administrateurs, comme le P.R.I. est la bureaucratie politique. Brandenbourg observe que cette nouvelle classe des *entrepreneurs* privés « occupe rarement des postes officiels alors que beaucoup de politiques passent des affaires publiques aux intérêts privés ». En somme, il existe une bonne marge d'indépendance entre le secteur privé et le secteur public et, en outre, le P.R.I. conserve une considérable autonomie. La gauche officielle, le secteur technique du gouvernement et maints groupes d'intellectuels, ont longtemps spéculé sur l'espoir que le gouvernement, se prévalant précisément de la force du P.R.I. et des secteurs populaires qu'il domine, affronte un jour l'entreprise privée. Le 2 octobre a dissipé cette espérance, me semble-t-il. Pour affronter les banquiers et les financiers, le P.R.I. aurait besoin, en premier lieu, de retrouver son ascendant sur les classes populaires, c'est-à-dire, de se transformer et de se démocratiser, ce qu'il ne peut ni ne veut faire. En outre, comme le Parti commence à montrer une incapacité alarmante pour absorber ou seulement dévier les vagues de mécontentement, le secteur privé, tôt ou tard, ressentira la tentation de se défaire du P.R.I. Ainsi réapparaît l'alternative posée par le mouvement estudiantin, cette alternative qui achève toute analyse de la situation mexicaine présente : démocratisation ou dictature.

Le développement du Mexique aurait été impossible sans les trois circonstances que je viens de décrire. Il y en a une autre encore, non moins importante. Bien que les réformes révolutionnaires n'aient pas créé un nouvel ordre social, la destruction de l'ancien régime des grandes propriétés a libéré les forces historiques qui ont changé la physionomie du Mexique ces vingt dernières années. Je mentionnerai ici les traits les plus saillants : le taux de croissance économique a été constamment supérieur à l'indice de croissance démographique, bien que celui-ci ait été l'un des plus haut du monde; le revenu réel *per capita* a augmenté lui aussi; on a construit un réseau de communications qui a rompu l'isolement des villages et des hameaux; on a créé une infrastructure économique relativement solide; le pays a terminé la première étape de l'industrialisation (importation décroissante de biens de consommation) et il se prépare, non sans difficultés, pour la seconde étape; conséquence de la réforme agraire, la politique d'irrigation et la construction de barrages, l'apparition dans le Nord de l'agriculture capitaliste et les magnifiques efforts combinés des généticiens mexicains et nord-américains pour créer de nouveaux types de semence, spécialement de blé, tout cela a permis des progrès impressionnants en matière agricole, et le Mexique peut déjà s'alimenter lui-même. Les progrès réalisés dans le domaine de la santé publique ont été non moins considérables et ceux de l'éducation, bien que moindres, encore estimables. Tous ces faits se résument en ceci : l'apparition d'une classe ouvrière, d'une classe moyenne et d'une classe capitaliste. Le vieux rêve des libéraux mexicains du siècle passé semble s'être réalisé : Le Mexique est enfin un pays moderne. Pourtant, si l'on regarde le tableau avec quelque soin, on y découvrira de vastes zones d'ombre.

La politique économique de développement n'a pas obéi à un plan global et national à long terme. Par exemple, certaines régions ont été l'objet de la sollicitude et des crédits du gouvernement tandis que d'autres étaient quasiment abandonnées à leur sort. A cette terrible inégalité horizontale en correspond une autre, verticale, non moins profonde, injuste et honteuse : bien que l'indice de pauvreté ait baissé continûment depuis trente ans, cette baisse n'a pas été, il s'en faut de beaucoup, proportionnelle à la croissance économique. En chiffres absolus, on trouve maintenant plus de riches qu'il y a trente ans, mais il y a aussi beaucoup plus de pauvres, bien que la proportion de ceux-ci ait diminué. Le développement économique est remarquable mais non le développement social. Le Mexique demeure un pays aux inégalités scandaleuses. De là, il est facile d'inférer le principal défaut de l'industrialisation, défaut signalé il y a plus de vingt ans déjà par l'économiste Sanford Mosk : la faiblesse du marché intérieur. Si le gouvernement n'attaque pas ce problème en développant le marché actuel et en renforçant le pouvoir d'achat du peuple, le rythme de développement ne manquera pas de décroître et même de se paralyser. Or, pour entretreprendre cette action, deux éléments sont indispensables; d'abord une politique de réformes sociales, ensuite le rétablissement des libertés syndicales à l'intérieur des organisations ouvrières, dominées aujourd'hui par une bureaucratie trop accommodante. Sans une politique sociale d'intégration de la population marginale et sans liberté réelle de négociation pour les travailleurs, le développement du Mexique s'interrompra. La relation s'est inversée : d'abord, l'impératif a été le progrès économique; aujourd'hui, pour que celui-ci continue, l'impératif est le développement social : la justice.

Dans un livre récent, J. W. Wilkie résume en ces termes l'évolution du Mexique moderne. « La révolution politique a détruit l'ordre ancien mais n'a pas instauré d'État démocratique; la révolution sociale a attaqué l'antique structure de la société, mais elle n'a pu produire de société nouvelle; la révolution économique a accéléré l'industrialisation en la portant à un très haut niveau, mais elle n'a pas accompli de véritable développement économique ni créé un vaste marché interne. » (*The Mexican Revolution, federal expenditure and social changes since 1910*, 1967.) Justes pour l'essentiel, ces conclusions oublient la caractéristique fondamentale de la situation contemporaine : l'existence de deux Mexique, l'un moderne et l'autre sous-développé. Cette dualité est la conséquence de la Révolution et du développement qui lui a fait suite. Ce fut la source de beaucoup d'espérances et, simultanément, de menaces à venir. Le dilemme se présente ainsi : ou bien le Mexique développé absorbe et intègre l'autre, ou bien le Mexique sous-développé, par le simple poids mort de la croissance démographique, finira par asphyxier le Mexique développé. Pour le moment, le premier Mexique croît et le second diminue, bien que ce ne soit pas avec la rapidité et la proportion désirables et, par-dessus tout, *possibles*. Pour le sociologue Pablo Gonzalez Casanova, le signe positif de la situation actuelle est la mobilité sociale : « Les paysans d'hier sont les ouvriers d'aujourd'hui, et les fils de ces ouvriers pourront être demain des travailleurs qualifiés. » Le même auteur toutefois nous prévient qu'il est urgent de redresser et de réorienter le sens actuel du développement économique, qui devra remplir une fonction sociale et nationale : sinon, la distance entre les deux Mexique ne fera qu'augmenter. Nous sommes donc tous d'accord sur un point : quelles que soient les transformations réclamées, avant tout et comme condition préalable, il y a la réforme démocratique du régime. Les véritables problèmes du Mexique, parmi lesquels certains sont immenses et dont le Gouvernement n'a pas même eu le courage de parler, comme par exemple, ceux de la démographie, ne pourront être posés et discutés que dans une atmosphère réellement libre et ouverte.

Une révision loyale de ce qui s'est passé aussi bien dans notre pays que dans les autres parties du monde, nous permettrait d'avoir une vue différente du développement accéléré, coûte que coûte. Oublions pour un instant les crimes et les sottises commises au nom du développement, de la Russie communiste à l'Inde socialiste, de l'Argentine péroniste à l'Égypte nassérienne et considérons ce qui se passe aux États-Unis et en Europe occidentale : destruction de l'équilibre écologique, contamination des esprits et des poumons, entassements et miasmes des banlieues infernales, ravages psychiques chez les adolescents, abandon des vieux, érosion de la sensibilité, corruption de l'imagination, avilissement de l'Éros, accumulation des déchets, explosions de haines... Devant cette vision, comment ne pas faire marche arrière et chercher un *autre* modèle de développement ? Il s'agit d'une tâche urgente, et qui demande autant de science que d'imagination, d'honnêteté que de sensibilité ; une tâche sans précédent, car tous les modèles de développement que nous connaissons, qu'ils viennent de l'Est ou de l'Ouest, conduisent au désastre. Dans les circonstances actuelles, la course au développement est simple hâte à se condamner... Toutefois, il nous est interdit de traiter ces thèmes tant que nous n'avons pas obtenu le minimum : cette aire de liberté qui est l'espace naturel dans lequel se déploient aussi bien la pensée critique que l'imagination.

Les crises politiques sont des crises morales. En 1943, Jesus

Silva Herzog avait montré, dans un article fameux, que la Révolution traversait une crise peut-être mortelle et que ce mal était de caractère plus moral que physique. Ces dernières années inaugurent la troisième période de notre histoire contemporaine, appelée par l'historien nord-américain Stanley R. Ross le Thermidor mexicain; les idées se transforment en formules, et les formules en masques. Les moralistes sont scandalisés par les fortunes que les anciens révolutionnaires ont accumulées, mais ils n'ont pas remarqué qu'à cet épanouissement en correspond un autre, tout verbal, la rhétorique oratoire est devenue le genre littéraire de prédilection des personnes prospères. Plus qu'un style, c'est une marque, un signe distinctif de classe. A côté de cette rhétorique et de ses fleurs de plastique, triomphent et se propagent la syntaxe barbare des journaux, les inepties des programmes de télévision américaine doublés dans notre langue par des personnes qui ignorent aussi bien l'anglais que le castillan, le déshonneur quotidien déversé par les haut-parleurs et les radios, la vulgarité écœurante de la publicité — toute cette asphyxiante rhétorique à la fois nauséabonde et sucrée de gens satisfaits et anesthésiés par la surnutrition. Assis sur le Mexique, les nouveaux seigneurs, avec leurs courtisans et leurs parasites, se pourlèchent devant de gigantesques plats d'ordure fleurie. Quand se corrompt une société, le langage se gangrène en premier. La critique de la société commence donc avec la grammaire, et le rétablissement des signifiés. C'est exactement ce qui s'est passé au Mexique. Ce ne sont ni les moralistes, ni les radicaux révolutionnaires qui ont entrepris la critique de l'état actuel des choses; ce sont les écrivains (très peu parmi les vieilles générations et la majorité parmi les jeunes). Leur critique n'a pas été directement politique, bien qu'ils n'aient pas hésité à traiter des thèmes politiques dans leurs œuvres; elle a été *verbale*. Exercice de la critique comme exploration du langage, et exercice du langage comme critique de la réalité.

La nouvelle littérature, poésie aussi bien que roman, a commencé en étant simultanément réflexion sur le langage et tentative pour inventer un autre langage, un système de transparence qui provoque l'apparition de la réalité. Pour y parvenir, il est indispensable de nettoyer la langue et d'extirper le venin de la rhétorique officielle. C'est la raison pour laquelle les écrivains eurent à combattre les tendances héritées de la période révolutionnaire et qui avaient fini par se dénaturer complètement; nationalisme et art social engagé. Ces deux tendances avaient été protégées par les régimes révolutionnaires et par leurs successeurs. La coïncidence entre l'esthétique officielle du stalinisme et l'esthétique officieuse des politiques et des hauts fonctionnaires mexicains ne manque pas d'être instructive. La peinture murale mexicaine — mouvement puissant à l'origine — a été le meilleur exemple de cet accord entre le régime et les artistes dits « progressistes ». La critique du nationalisme des barbouillages et des slogans patriotiques et révolutionnaires a été plus morale qu'esthétique : critique de l'imposture et de l'art servile. Cette critique s'est étendue de la peinture murale (rhétorique oratoire peinte) à la rhétorique en vers (poésie murale) que pratiquent, avec une insistance qui confine à la dépravation, maints poètes hispano-américains, et non des moindres, comme le grand Neruda. Libérer l'art a été le commencement d'une plus vaste libération.

La critique de l'art révolutionnaire ou nationaliste a conduit les écrivains, accompagnés des jeunes peintres, à la critique de la société née des régimes épigones de la Révolution. Cette critique n'a pas été, et n'est pas critique directe; elle ne contient pas non plus de message explicite et n'est pas inspirée par une doctrine établie. La forme qu'elle adopte n'est pas celle de la morale ou de la politique : elle est exploration. Ce n'est pas une critique faite au nom de tel ou tel principe, non plus qu'un jugement sur la réalité : *c'est une vision.* La critique du langage est une opération active, qui revient à miner le langage pour découvrir ce qui est caché : les fondations vermoulues des institutions, le sous-sol fangeux, les animaux visqueux, le ciment et la soif, les corridors et les souterrains interminables comme des prisons, ces prisons mexicaines qui aujourd'hui se referment sur les jeunes... L'apparition de cet art critique et passionnel, obsédé par les images doubles de la banalité et du merveilleux quotidiens, son humour et sa passion surprirent et inquiétèrent la nouvelle caste au pouvoir, c'était naturel. La classe des managers, banquiers, financiers et chefs politiques font aujourd'hui les premiers pas sur le sentier qu'ont pris depuis plus d'un siècle ses homologues en Europe et aux États-Unis. Et ils le font au moment même où ces nations, qui ont été leurs modèles et les objets de leur admiration et de leur envie, commencent à subir des transformations substantielles, aussi bien dans le domaine de la technologie que dans ceux de l'économie, du social, de la pensée et de la sensibilité. Quelque chose s'achève dans les pays développés : c'est ce qui commence à peine chez nous. Ce qui est aube au Mexique est crépuscule du soir là-bas, et ce qui est aube là-bas n'est rien encore au Mexique. La modernité dans laquelle croient nos gouvernants n'est déjà plus moderne : de là leur horreur et leur panique devant les écrivains et les artistes. Ils représentent à leurs yeux les tendances à la dissolution, à la critique et à la négation qui minent l'Occident. Ainsi s'achève une longue période de trêve, commencée avec la Révolution et prolongée à cause des nécessités (des mirages) du développement — entre les intellectuels et le pouvoir. La culture mexicaine a retrouvé sa vocation critique.

Les institutions d'enseignement supérieur de la capitale et des provinces ont été les grands centres d'indépendance politique de ces dernières années. L'idéologie et la phraéologie des étudiants et des professeurs reflètent celle des groupes analogues aux États-Unis et en Europe occidentale, mais, en réalité, ainsi qu'on le voit à leurs demandes, leur attitude exprime les aspirations des nouvelles forces sociales créées par la Révolution et le développement industriel. Je me réfère à ces groupes qui constituent ce qu'on nomme du terme assez vague de *classe moyenne*. En son sein, les individus dédiés à des tâches techniques ou intellectuelles sont nombreux : et comme ce sont les plus actifs et les plus indépendants, ils exercent une influence considérable sur les autres. Bien que notre classe moyenne ne soit pas encore la nouvelle classe de travailleurs intellectuels née de la société technologique, elle n'est pas non plus la classe moyenne traditionnelle. Elle constitue une couche mobile de population et qui, même si elle est relativement satisfaite du point de vue économique, sait que sa situation peut changer du jour au lendemain. Cette insécurité lui infuse une agressivité et une inquiétude qui n'existent pas chez les ouvriers installés dans des positions conquises et protégés aussi bien par les syndicats que par la législation du travail. A l'insécurité s'ajoute un sentiment non moins puissant : la classe moyenne est un produit de la société post-révolutionnaire, et nul ne lui a assigné de place dans le nouvel ordre des choses, de sorte qu'elle n'a pas de statut explicite comme le prolétariat, ou implicite comme la nouvelle bourgeoisie : ni syndicat, ni club. Enfin, elle est très sensible à l'inégalité qui se décèle entre les fonctions qu'elle remplit (considérables), sa condition économique (médiocre) et son influence politique (nulle). Tout ceci explique qu'elle mette en avant et défende les aspirations au changement démocratique : écrivains, professeurs, intellectuels, artistes et étudiants appartiennent à la classe moyenne. Mais elle ne possède pas d'organisation propre, et il ne semble pas que ce soit possible. Sa fonction historique n'est pas de s'exprimer comme classe mais d'exercer son action critique dans de nombreuses directions, comme elle le fait en ce moment : aussi bien à l'Université que dans les associations de travailleurs au service de l'État, et jusqu'au sein des syndicats et du P.R.I. Elle est une force nationale diffuse, active et critique. Semence de non-conformisme et de révolte, elle est destinée à réveiller ou à inspirer les autres groupes et classes dans la mesure où, dans les années qui viennent, la persistance de la crise aggravera les luttes politiques. Tout ceci est certain et ne mérite pas la peine d'être discuté. Il y aura de grandes batailles politiques au Mexique : toutefois, seront-elles publiques ou clandestines, pacifiques ou violentes ? A cette question, seul le régime a le privilège, et la responsabilité, de pouvoir répondre.

Le prolétariat mexicain n'est pas cette classe satisfaite et arrogante qui, à Paris, abandonna les étudiants et qui, à Pittsburgh, manifesta contre les Noirs. Ce n'est pas non plus une classe activement critique, comme certains secteurs de la classe moyenne. Bien que sa condition matérielle laisse plus qu'à désirer, son niveau de vie en fait un groupe privilégié comparé à la grande majorité des paysans et, surtout, comparé à l'immense et misérable masse flottante des semi-inemployés qui ont émigré de la campagne vers les centres urbains. Ce secteur est innombrable, et son indigence est presque complète. Leur double situation de déracinés à la fois de la campagne et de la ville fait de tous ces Mexicains loqueteux et humiliés une source potentielle de rébellion : mais c'est un ensemble amorphe, encore trop relié à la culture traditionnelle, et avec trop de notions rudimentaires sur le monde et la politique. Ce serait néanmoins une erreur que d'exagérer sa passivité ou de dédaigner sa force endormie. On peut en dire autant du prolétariat : l'indifférence avec laquelle il écoute les formules et les consignes radicales des jeunes extrémistes n'implique pas une égale indifférence devant le programme de démocratisation. Bien au contraire : les ouvriers ont été médiatisés et trompés par les bureaucraties corrompues qui dirigent les syndicats, celles-là mêmes qui sont les piliers les plus forts du P.R.I. Et je suis pour ma part convaincu que l'un des points les plus vulnérables du régime c'est précisément les organisations ouvrières. Ici, les aspirations des classes moyennes et ouvrières coïncident toutes deux, elles réclament une plus grande participation politique et une autonomie effective. Les ouvriers doivent se débarrasser de leurs leaders, caste de cyniques qui ont converti leurs fonctions en un négoce et une carrière politico-bureaucratique. La critique politique du régime exige, en premier lieu, le rétablissement de la démocratie interne dans les syndicats. Le passage de la démocratie syndicale à la démocratie politique se fera insensiblement.

Certains propagandistes du gouvernement, leaders ouvriers et paysans, anciens présidents, voire quelques ingénus, agitèrent contre le mouvement estudiantin deux épouvantails : celui de la révolution « marxiste-léniniste » et celui du putsch militaire. Pour les uns, la révolution estudiantine était le prélude à la révolution sociale; pour les autres, c'était une perfide conspiration de l'impérialisme américain, destiné à provoquer un chaos qui justifierait l'intervention de l'armée et la liquidation de l'ordre constitutionnel. Je ferai remarquer que l'armée intervint effectivement, mais que ce ne fut pas pour liquider l'ordre régnant mais bien plutôt quelques centaines de garçons et de filles rassemblés sur une place publique. Assurément, on ne peut ni ne doit écarter l'hypothèse d'une rechute dans le militarisme : à ce qu'il me semble, toutefois, il ne s'agit pas d'une éventualité immédiate. Le régime présidentiel et le P.R.I. ont été créés comme un recours contre la récurrence des rébellions militaires. Il faudrait donc que se ferme dans l'avenir toute possibilité de solution démocratique à la crise actuelle et que les tensions, les désordres et les violences s'aggravent pour qu'à la fin les militaires rentrent en jeu : mais nous n'en sommes pas là encore... La possibilité d'une révolution sociale est encore plus éloignée. L'analyse faite au cours de ces pages exclut de même l'hypothèse d'une révolution urbaine. La classe sociale, le protagoniste historique, fait défaut : dans les circonstances présentes, aucun des secteurs urbains populaires ne réunit les conditions pour entreprendre une action révolutionnaire. Mais à la campagne, dans l'autre Mexique, le sous-développé? Dans bien des zones de ce Mexique-là, on trouve en effet les causes qui, selon la théorie générale, produisent les révolutions. Je dis que cette théorie est générale parce que c'est l'un des rares points sur lesquels s'accordent tous les observateurs, de gauche comme de droite. Pourtant, je m'écarte sur ce point des uns et des autres.

On décèle dans les campagnes l'inquiétude et le mécontentement. En bien des lieux, cette inquiétude est déjà de l'exaspération. Parfois le mécontentement se traduit par des actes violents et désespérés. N'est-ce pas naturel? L'industrialisation et le développement ont été payés en grande partie par nos paysans. De telle sorte que leur très bas niveau de vie s'est à peine élevé tandis que grandissaient les nouvelles classes, ouvrière et moyenne, relativement prospères : la moitié du Mexique, en haillons, analphabète et mal nourrie contemple l'autre moitié. Ici et là il y eut des flambées de violence populaire, sans qu'aucun de ces mouvements n'ait toutefois un caractère réellement révolutionnaire. Il s'agissait de conflits locaux. En outre, le régime possède deux armes de dissuasion : l'armée et la mobilité sociale. Le premier est odieux mais réel; le second est un facteur décisif, une véritable soupape de sécurité. A cause de la mobilité sociale et d'autres circonstances non moins positives — répartition de terres, irrigation, etc. — il serait absurde de dire que la situation des campagnes est révolutionnaire. Mais elle n'en est pas moins angoissante. Néanmoins, mon désaccord avec les prophètes de la révolution rurale s'appuye sur des raisons différentes. Une double condamnation pèse sur les mouvements agraires, et Marx l'a vu mieux que personne : se dissiper en rébellions locales, ou s'immobiliser à mi-chemin, en attendant d'être réprimés, ou que d'autres forces sociales, s'appuyant sur eux, les transforment en véritables révolutions. Entre l'exercice du pouvoir et la classe paysanne, il y a une contradiction essentielle et permanente : il n'y a jamais eu et il n'y aura jamais d'État paysan. Les paysans n'ont jamais voulu, et ne veulent pas prendre le pouvoir. Et quand ils le prennent, ils ne savent qu'en faire. Depuis Sumer et l'Égypte, il y a une relation organique entre l'État et la Cité : il existe la même relation, quoique en sens inverse, opposition et contradiction, entre la société paysanne et l'État. Notre unique lien avec le néolithique, cet âge heureux qui ne connaissait ni le monarque ni le prêtre, reste la paysannerie.

Un exemple bien clair de cette répugnance devant le pouvoir, ou de cette incapacité à le conquérir, a été fourni, pendant notre guerre d'Indépendance, par Hidalgo et son armée de paysans. Face à la ville de Mexico, inerte, ils firent marche-arrière; quelques mois plus tard, ils étaient vaincus et Hidalgo fusillé. Dans la période révolutionnaire, pendant l'occupation de la capitale par les troupes de Zapata et de Villa, les deux caudillos populaires visitèrent le Palais national. Zapata regarda avec horreur le fauteuil présidentiel et, à la différence de Villa, il refusa de s'y asseoir. Peu après, il déclara : « Nous devrions le brûler pour en finir avec les ambitions. » (Une observation en passant : la vénération superstitieuse qu'inspire aux Mexicains le Fauteuil Présidentiel — ici les majuscules sont de rigueur — est un indice supplémentaire de la permanence des idées aztèques et hispano-arabes dans notre sensibilité : le culte que nous professons pour le pouvoir est fait d'adoration et de terreur, sentiments ambigus de la victime pour le couteau.) Zapata avait raison : le pouvoir corrompt et nous devrions brûler tous les fauteuils et tous les trônes. Pourtant, dans le contexte inhumain de l'histoire, particulièrement à l'étape révolutionnaire, l'attitude de Zapata avait le même sens que le geste d'Hidalgo devant la ville de Mexico : celui qui refuse le pouvoir, par un fatal processus inverse, le pouvoir le détruira. L'épisode du Palais national illustre le caractère du mouvement paysan et son destin ultérieur : l'isolement dans les montagnes du Sud, l'encerclement et sa liquidation finale par la faction de Carranza. La victoire de celui-ci et, plus tard, celle d'Obregon et de Calles, est due au fait que ces trois caudillos, représentant des tendances conservatrices, surtout Carranza, exprimaient aussi des aspirations et des programmes nationaux. Villa était la dispersion, et Zapata l'isolement, la ségrégation. Et les autres, une fois vaincues les armées paysannes, purent intégrer les exigences du mouvement agraire dans un programme national.

Le paysan est attaché au sol : sa vision n'est pas nationale, et encore moins internationale. En plus, il conçoit les organisations politiques en termes traditionnels : ses modèles d'association sont les liens de sang, les liens religieux ou l'héritage. Quand naissent dans les campagnes des rébellions, elles sont toujours locales et provinciales. Pour qu'elles se transforment en mouvement révolutionnaire, deux conditions au moins sont nécessaires : une crise du pouvoir central et l'apparition de forces révolutionnaires capables de changer les rebellions isolées des paysans en révolution nationale. Ce qui se fait, en général, par un processus consistant essentiellement à déraciner puis à militariser les paysans : ils se convertissent alors en soldats et les soldats en révolutionnaires. Le processus doit coïncider avec la crise du pouvoir central et sa décomposition dans les villes, soit à la suite d'une défaite militaire (Russie) ou d'un conflit intérieur doublé d'une guerre étrangère (Chine). Si ces deux conditions ne sont pas présentes, la rébellion paysanne sera une flambée vite éteinte. Zapata aurait été un guérillero obscur perdu dans les solitudes du Sud si son insurrection n'avait pas coïncidé avec celle du pays tout entier, et avec la chute du régime de Diaz dans la capitale. Le cas de Cuba correspond à ce schéma, avec cette différence, fondamentale, qu'il n'y a pas eu de rébellion paysanne à Cuba : une petite armée de révolutionnaires a liquidé un régime pourri, qui ne disposait plus déjà d'aucun appui populaire, même dans la bourgeoisie. Les théories sur la guérilla de l'infortuné Commandant Guevara (le désacord intellectuel n'exclut ni le respect ni l'admiration) étaient et restent une surprenante renaissance de l'idéologie de Blanqui en plein XXe siècle. Surprenante car inespérée et désespérée. Du moins Blanqui fondait-il son action sur l'homogénéité de la masse urbaine tandis que la théorie de la guérilla ignore l'hétérogénéité de la campagne et de la ville. Je répéterai donc, pour finir, que si un mouvement rebelle paysan ne s'insert pas dans une processus révolutionnaire plus vaste, de caractère national, il s'immobilise. La rébellion des Turbans Jaunes, à la fin de la période Han, dans la Chine antique, réussit à tenir tête pendant des années aux attaques combinées du pouvoir impérial et de la bureaucratie confucéenne. Les Turbans Jaunes étaient des paysans-soldats qui dominaient un vaste territoire, et s'étaient organisés en une société de type communautaire; ils étaient unis par des liens plus étroits et plus forts que ceux de toute idéologie moderne : un taoïsme populaire à forte coloration magico-religieuse. Toutes ces circonstances leur fournirent l'énergie nécessaire pour résister au pouvoir central, mais non pour le vaincre. Incapable de se propager, la rébellion s'immobilisa jusqu'à ce que, vaincue, elle fût extirpée sans pitié. La rébellion des Turbans Jaunes ne représentait pas une alternative nationale... En somme, pour qu'une révolte paysanne se développe, il est indispensable qu'elle coïncide avec une crise profonde du pouvoir central dans les villes. Ce n'est pas *encore* le cas au Mexique.

Trois conclusions se déduisent de mon analyse : en premier lieu, la crise mexicaine est une conséquence du changement de la structure sociale et de l'apparition des classes nouvelles — c'est une crise du Mexique développé; en second lieu, seule une solution démocratique permettra d'affronter les graves problèmes du pays, tout particulièrement celui de l'intégration du Mexique sous-développé ou marginal, et d'adopter une politique véritablement nationale, aussi bien à l'extérieur qu'à l'intérieur; enfin, si le régime empêche la solution démocratique, le résultat ne sera pas le *statu quo* mais une situation d'immobilité forcée qui finirait par provoquer une explosion et la rechute dans le cycle infernal anarchie-dictature.

Certains diront que, dans ce schéma n'apparaît à aucun moment la solution extrême révolutionnaire. Sur ce point, je crois m'être déjà expliqué. En outre cela dépend de ce qu'on entend par révolution : s'il s'agit de ce qu'on entend en Occident depuis les débuts de l'ère moderne, j'ai déjà dit ce que j'en pensais dans diverses œuvres *(Courant alternatif*, *Conjonctions et disjonctions) :* nous assistons à la fin de l'époque des révolutions dans les pays développés. Et dans les pays sous-développés ? Sans aucun doute, nous sommes au seuil d'une période de grandes révoltes et de changements profonds : ces transformations seront immenses, mais je ne sais s'il est légitime de les appeler révolutions, au sens rigoureux du terme. Je ressens le même doute devant les révolutions de cette première moitié du siècle. Ce n'est pas ici le lieu de traiter ce thème : je dirai seulement qu'il ne s'agit pas d'une querelle linguistique. En tout cas, l'histoire de l'âge moderne nous montre qu'il y a deux sortes de révolutions : celles qui sont les conséquences du développement (historique, économique et social aussi bien que culturel) et dont l'exemple le plus parfait est la Révolution française; et celles qui éclatent au contraire à cause d'un développement insuffisant. Et je me demande si le nom de révolution convient encore à celles-ci. Quoi qu'il en soit, ce sont des mouvements qui, après leur triomphe, doivent affronter le problème du développement et qui, pour le résoudre, sacrifient les autres objectifs sociaux et politiques. Dans ce cas, la révolution n'est pas le résultat du développement mais une méthode pour l'accélérer. Or, toutes ces révolutions, de la russe à la mexicaine, internationalistes ou nationalistes, dégénèrent en régimes bureaucratiques plus ou moins paternalistes et oppresseurs.

Ici je répéterai, au risque de paraître pesant, que le trait distinctif de la situation mexicaine est l'existence d'une bureaucratie politique, constituée en parti étatique, et composée de spécialistes dans la manipulation des masses. Fait à l'image de la réalité politique et sociale du Mexique, le P.R.I. est une bureaucratie hiérarchique, une véritable pyramide. Mais, comme je me propose de le montrer dans le chapitre final, en plus de constituer une réalité sociale et politique, cette pyramide signifie une réalité imaginaire : le P.R.I. et le Président sont des projections mythiques, des formes dans lesquelles se condense l'image que nous nous faisons du pouvoir, sans cesser pour autant d'être des réalités politiques. Je ne veux pas dire par là que le P.R.I. soit un phénomène exclusivement mexicain, bien que le soient les mythes qui le sous-tendent. Et j'ai déjà souligné l'universalité du phénomène et la cause, qui probablement l'explique. L'apparition des bureaucraties politiques du XXe siècle est peut-être la conséquences des révolutions sociales dans les pays insuffisamment développés. L'imposition à des sociétés archaïques, de modèles avancés de développement comme aussi bien l'accélération forcée du processus, expliquent l'institution de régimes d'exception.

La contradiction entre ces deux termes, *institution* et *exception* exprime la contradiction de base. Une contradiction qui est d'ordre économique, mais aussi social et historique. La plupart du temps, on oublie que seule une petite portion de l'Occident — qui ne comprend ni l'Espagne ni le Portugal ni l'Amérique latine, ni la majorité des Balkans et des pays slaves, pour ne rien dire de l'Allemagne et de l'Italie — possède réellement la double et complémentaire tradition de démocratie politique et de pensée critique, ces deux éléments fondamentaux de ce que nous nommons *modernité*.

La réflexion sociale moderne n'a pas prévu l'apparition des régimes bureaucratiques et elle avait dédaigné, jusqu'à ces derniers temps, d'analyser le phénomène. Tout comme les révolutionnaires, les libéraux étaient persuadés que l'État est une réalité seconde, sans existence propre, pure expression de la classe dominante, ou des groupes de base composant une société déterminée. Les libéraux pensaient que, grâce aux contrôles démocratiques, l'État s'affaiblirait et s'humaniserait peu à peu; les marxistes, plus radicaux, affirmaient que dans les sociétés socialistes. l'État se mettrait à dépérir jusqu'à s'évaporer complètement avec l'avènement du communisme. Or, non seulement c'est exactement le contraire qui s'est passé, mais encore nous commençons à nous douter que l'État est une réalité relativement autonome. Il nous manque encore une analyse véritable — je veux dire : objective et critique — de l'État contemporain. Par exemple, et bien qu'il soit intimément lié à eux deux, le P.R.I. n'est pas une simple agence de la bourgeoisie mexicaine et de l'impérialisme nord-américain. Son existence s'explique autrement. En ce qui concerne les pays de l'Est européen : il est évident que les partis communistes n'« expriment » pas les prolétariats respectifs : mais quelles classes sociales représentent-ils? Avec la théorie du « mode asiatique » de production et ce qu'on appelle la « théorie hydraulique », on a essayé sans grand succès d'expliquer les anciens despotismes orientaux, tous caractérisés par la prédominance d'immenses bureaucraties. Or, à l'ère technologique, quelle théorie pourra expliquer l'apparition des bureaucraties ? Dans les cercles proches de Trotski, pendant les années qui précédèrent son assassinat, on discutait beaucoup de la « nature véritable » de l'État soviétique, et plusieurs hypothèses furent avancées sur la fonction et le caractère de la bureaucratie à l'intérieur de ce système. Fidèle à Marx, Trostki refusa toujours l'idée que la bureaucratie fût une classe. Or, qu'est-elle ? Nous n'avons pas été capables de répondre à cette question ni même de la formuler d'une manière rigoureuse. La bureaucratie reste un concept fantomatique et illusionniste.

La fusion entre l'État et ce que les Nord-Américains appellent le *military complex* est l'un des aspects les plus inquiétants de l'évolution des pays capitalistes. Le phénomène paraît consister en ceci : il ne s'agit pas de la domination de l'État par des groupes financiers et économiques mais de l'apparition de formations quasi institutionnelles qui, par le contrôle des moyens économiques, militaires et politiques, aspirent à la domination nationale et/ou mondiale. Non plus la sujétion de la politique et de l'État aux intérêts financiers d'une minorité, mais le monopole de l'économie et de l'État détenu par des groupes et des systèmes dans lesquels on ne distingue pas les intérêts politiques des intérêts financiers, et les uns et les autres des intérêts militaires. Au masque de Staline ou Hitler succède aujourd'hui une réalité incorporelle; que nous ne pouvons ni nommer ni maudire. Pour la nommer, nous devons la connaître : ainsi seulement pourrons-nous la maîtriser... Autre surprise : les régimes bureaucratiques contemporains démentent l'idée de l'histoire comme processus linéaire analogue à la démonstration d'un discours : esclavage, féodalisme, capitalisme, etc. Mais ce n'est pas la première fois qu'une crise historique débouche sur un régime bureaucratique : ce n'est pas le capitalisme qui a succédé à la Chine féodale, mais le régime du mandarinat, une caste de lettrés spécialisés en politique et qui, par des alliances instables avec les militaires, l'Empereur ou d'autres forces, gouverna ce pays deux mille années durant. La différence est que nos modernes bureaucraties sont composées d'illettrés. Ce qui, au fond, est une chance : l'un des très rares caractères rassurants de la situation actuelle, c'est qu'en tous lieux, la culture est critique et anti-autoritaire.

Nul ne connaît l'avenir : c'est un secret qui ne se trouve — telle est bien la leçon d'un demi-siècle de troubles — ni dans les livres de Marx, ni dans ceux de ses adversaires. Du moins pouvons-nous dire quelque chose à cet avenir que construisent ici et là quelques jeunes gens passionnés et terribles : toute révolution sans pensée critique, sans liberté pour contredire le puissant et sans possibilité de remplacer pacifiquement un gouvernement par un autre, est une révolution qui se détruit elle-même. Une fraude. J'irriterai sans doute bien des personnes : peu importe; la pensée indépendante est toujours impopulaire. Il faut renoncer définitivement aux tendances autoritaires de la tradition révolutionnaire, particulièrement de sa branche marxiste. En même temps, il faut briser les monopoles contemporains — que ce soit ceux de l'État, des partis ou du capitalisme privé — et trouver des formes neuves, réellement effectives, de contrôle démocratique et populaire du pouvoir politique et économique aussi bien que des moyens d'information et d'éducation. Une société plurielle, sans majorités ni minorités : dans mon utopie politique nous ne sommes pas tous heureux, mais, au moins, nous sommes tous responsables. Surtout et avant tout : nous devons concevoir des modèles de développement viables, moins inhumains, moins coûteux et insensés que les modèles actuels. J'ai dit précédemment que c'était une tâche urgente : en vérité, *c'est la tâche même de notre temps*. Mais il y a plus : la valeur suprême n'est pas l'avenir : c'est le présent. L'avenir est un temps fallacieux qui ne cesse de nous dire : « L'heure n'est pas venue », ce qui revient à nous nier. Le futur n'est pas le temps de l'amour : ce que l'homme aime vraiment, il l'aime *maintenant*. Qui veut construire la maison de la félicité future édifie la prison du présent.

CRITIQUE DE LA PYRAMIDE

Au cours de ces pages, le thème des deux Mexique, développé et sous-développé, est apparu ici et là. C'est le thème central de notre histoire moderne, le problème de la solution duquel dépend notre existence même comme peuple. En général, les économistes et les sociologues voient les différences entre société traditionnelle et société moderne comme une opposition entre développement et sous-développement. Les disparités entre les deux Mexique sont d'ordre quantitatif et le problème se réduit à déterminer si la part développée pourra ou non absorber la part sous-développée. Pourtant, s'il est normal que les statistiques omettent la description qualitative des phénomènes, il ne l'est moins que nos sociologues oublient qu'il y a derrière ces chiffres, des réalités psychiques, historiques et culturelles irréductibles aux grossières mesures que, par force, doit utiliser le recensement. Les cadres statistiques, en outre, n'ont pas été pensés pour le Mexique : ce sont de vagues adaptations de modèles étrangers. C'est là un cas de plus d'*imitation extralogique,* et son adoption révèle plus d'irréflexion étourdie que de rigueur scientifique. Par exemple, entre les signes de développement figurent le blé et le maïs : manger du pain de blé est l'un des indices de passage du sous-développement au développement, tandis que manger des *tortillas* de maïs signifie le contraire. On fait valoir deux raisons pour justifier le choix du blé comme indice de développement :

ses plus grandes vertus nutritives et le fait d'être un produit dont la consommation révèle qu'on est passé de la société traditionnelle à la société moderne. Ce critère condamne au sous-développement pour l'éternité un pays comme le Japon, vu que le riz est moins nourrissant que le blé et non moins « traditionnel » que le maïs. Qui plus est, le blé n'est pas moderne, et rien ne le distingue du riz et du maïs sinon qu'il appartient à une autre tradition culturelle, celle de l'Occident (le *chapati* hindou est néanmoins fait de blé, lui aussi!) Au fond, ce qu'on marque ainsi, c'est qu'en tout, y compris la nourriture et la cuisine, la civilisation occidentale est supérieure aux autres et que, à l'intérieur d'elle, la plus parfaite est la branche nord-américaine. Un autre signe de sous-développement, selon nos statisticiens, est l'usage des sandales. Si l'on pense en termes de commodité et d'esthétique, la sandale *(guarache)* est supérieure à la chaussure : ce qui se passe c'est que, dans le contexte de notre société, maïs et sandales sont des caractéristiques de l'autre Mexique.

La part développée du Mexique impose son modèle à l'autre part, sans se rendre compte que ce modèle ne correspond pas à notre véritable réalité historique, psychique et culturelle et que c'est une simple copie (dégradée) de l'archétype nord-américain. Je le répète : nous n'avons pas été capables de créer des modèles de développement viables et correspondant à ce que nous sommes. Le développement a été, jusqu'ici, le contraire de ce que signifie le mot : dérouler ce qui est enroulé, se déplier, croître librement et harmonieusement. Le développement a été une véritable camisole de force. Une fausse libération : pour avoir aboli beaucoup des anciennes prohibitions insensées, il nous a épuisés en retour par des exigences non moins terribles et onéreuses. Certes, quand le progrès moderne est arrivé, notre maison, faite des dépouilles du monde précolombien et des vieilles pierres de la civilisation hispano-catholique, s'effritait. Celle que nous avons construit pour la remplacer, outre qu'elle n'héberge qu'une minorité de Mexicains, a été abandonnée par l'esprit. Mais l'esprit n'en est pas parti : il s'est caché. Pour désigner le Mexique sous-développé, certains anthropologues utilisent une expression révélatrice : *culture de la pauvreté*. La formule n'est pas inexacte mais insuffisante : l'autre Mexique est pauvre et misérable; en outre, il est effectivement *autre*. Cette *altérité* échappe aux notions de pauvreté et de richesse, développement ou retard. C'est un complexe d'attitudes et de structures inconscientes qui, loin d'être les survivances d'un monde éteint, sont les éléments vivants constitutifs de notre culture contemporaine. L'*autre* Mexique, submergé et refoulé, réapparaît dans le Mexique moderne : quand nous nous parlons à nous-mêmes, nous parlons avec lui; quand nous parlons avec lui, nous parlons avec nous-mêmes.

La division du Mexique en deux, l'un développé, l'autre sous-développé, est scientifique et correspond à la réalité économique et sociale de notre pays. En même temps, à un niveau différent, il y a un *autre* Mexique. Je ne me réfère en aucun cas à une quelconque entéléchie a-historique et a-temporelle, non plus qu'à un archétype au sens de Jung ou de Mircea Eliade. Il est possible que l'expression « *l'autre Mexique* » manque de précision, mais la vérité est que je n'en ai pas trouvé de mieux à propos. Par elle, je voudrais désigner cette réalité gazeuse que forment les croyances, fragments de croyances, images et concepts que l'histoire dépose dans le sous-sol de la psyché sociale, cette cave ou ce souterrain en continue somnolence et, par là même, en perpétuelle fermentation. C'est une notion qui vient tout autant du subconscient (individuel) de Freud que de l'idéologie sociale de Marx. Une idéologie qui représente ce que le même Marx appelait « la conscience absurde du monde » et qui n'est jamais entièrement consciente. Néanmoins, les conceptions de Marx et de Freud, chacune pour des raisons différentes que je n'analyserai pas ici, ne me semblent pas expliquer la totalité du phénomène : l'existence dans chaque civilisation de certains complexes, présupposés et structures mentales généralement inconscients et qui résistent avec entêtement à l'érosion de l'histoire et à ses variations. Dumézil appelle ces structures « idéologies », mais il emploie ce terme dans un sens plus proche de Kant que de Marx : une prédisposition particulière de l'esprit face à et vers la réalité objective. En somme, pour moi l'expression « *l'autre Mexique* » évoque une réalité composée de différentes strates et qui alternativement se plie et se déplie, se cache et se révèle. Si l'homme est double ou triple, les civilisations le sont tout autant, et les sociétés. Chaque peuple soutient un dialogue avec un interlocuteur invisible qui est, simultanément, lui-même et l'autre, son double. Son double ? Quel est l'original et quel est le fantôme ? Comme avec le ruban de Moebius, il n'y a ni extérieur ni intérieur, et l'altérité n'est pas là, mais ici : l'altérité est nous-mêmes. La dualité n'est pas rapportée, postiche, extérieure : c'est notre réalité constitutive. Sans altérité, il n'y a pas d'unité. Mieux : l'altérité est la manifestation de l'unité, sa façon de se déplier. L'altérité est une projection de l'unité : l'ombre contre laquelle nous luttons dans nos cauchemars. A l'inverse, l'unité est un moment d'altérité : cet instant où nous savons que nous sommes un corps sans ombre — ou une ombre sans corps. Ni à l'intérieur ni à l'extérieur, ni avant ni après : le passé réapparaît parce qu'il est un présent caché. Je veux dire le véritable passé, qui n'est pas ce qui « est passé » : dates, personnages et tout ce que nous nommons histoire. Tout ceci est effectivement passé, mais il y a quelque chose qui ne passe pas, quelque chose qui passe sans passer, perpétuel présent en rotation. L'histoire de chaque peuple contient certains éléments invariants, ou dont les variations sont si lentes qu'elles deviennent imperceptibles. Que savons-nous de ces invariants et des formes dans lesquelles ils s'associent ou se séparent ? Par analogie avec ce qui se produit dans d'autres domaines nous devinons que leur mode opératoire est la combinaison de certains éléments. Comme dans le cas des processus biologiques, du montage cinématographique et des associations verbales des poètes, ces combinaisons engendrent des figures distinctes et uniques — c'est-à-dire de l'histoire. Mais il est trompeur de parler d'éléments et d'invariants comme s'il s'agissait de réalités isolées, avec une vie propre : ils apparaissent toujours en relation les uns avec les autres, et plus que comme éléments, ils se définissent comme partie d'une combinatoire. De là vient qu'il n'est pas permis de confondre ces systèmes complexes avec ce qu'on nomme facteurs historiques, qu'ils soient économiques psychiques, ou culturels. Bien que ces facteurs constituent, dit-on, le moteur de l'histoire, ce qui me paraît important, de ce point de vue, c'est de déterminer comment ils se combinent : leur forme de production d'histoire. On retrouve sans doute ce même système combinatoire chez tous les peuples et dans toutes les civilisations — sinon serait brisée l'unité de l'espèce humaine aussi bien que l'universalité de l'histoire : toutefois, le mode d'association est différent pour chaque culture.

L'altérité nous constitue. Je ne veux pas dire que le Mexique est unique — aucun peuple ne l'est et tous le sont. Ces réalités que nous appelons culture et civilisation sont fuyantes. Ce n'est pas non plus que le Mexique échappe aux définitions : nous sommes ceux que nous fuyons chaque fois que nous essayons de nous définir, de nous saisir. Le caractère du Mexique, comme celui de n'importe quel autre peuple, est une illusion, un masque : et en même temps c'est notre vrai visage. Il n'est jamais le même, il est toujours le même : une perpétuelle contradiction. Chaque fois que nous affirmons une part de nous-mêmes, nous en nions une autre. Ce qui advint le 2 Octobre 1968 a été, simultanément, la négation de ce que nous avons voulu être depuis la Révolution et l'affirmation de ce que nous sommes depuis la Conquête et même avant. On pourrait dire que ce fut l'apparition de l'autre Mexique, ou, plus exactement, de l'un de ses aspects. Et il n'est pas nécessaire de répéter que cet autre Mexique est en nous-mêmes. Nous ne pourrions l'extirper sans nous mutiler. Ce Mexique, si nous savons le nommer et le reconnaître, nous finirons bien par le transfigurer : il cessera d'être ce fantôme qui se dissout dans la réalité et la change en cauchemar de sang. Double réalité du 2 Octobre 1968 : être un fait historique et, en même temps, une représentation symbolique de notre histoire souterraine et invisible.

Encore qu'il soit faux de parler de représentation, car ce qui s'est passé devant nos yeux a été un acte rituel : un sacrifice. Notre manière d'assumer l'histoire est de la vivre comme un rite : si, pour les Espagnols, la conquête a été un acte héroïque, pour les Indiens elle fut un rite, la représentation humaine d'une catastrophe cosmique. Entre ces deux extrêmes, l'acte héroïque et le rite, la sensibilité et l'imagination des Mexicains ont toujours oscillé.

Toutes les histoires de tous les peuples sont symboliques : en d'autres termes, l'histoire, ses événements et ses protagonistes, sont des allusions à une autre histoire cachée, les manifestations visibles d'une réalité occulte. C'est pourquoi nous demandons : qu'ont signifié réellement les Croisades, la découverte de l'Amérique, le sac de Bagdad, la Terreur jacobine, la guerre de Sécession ? Nous vivons l'histoire comme s'il s'agissait d'un spectacle de masques traçant sur le tableau noir des figures énigmatiques. Nous savons que nos actes sont signifiants : nous ne savons pas ce qu'ils disent, et la signification de la pièce que nous jouons nous échappe. Quelqu'un le sait-il ? Personne ne connaît le dénouement final de l'histoire parce que sa fin est aussi la fin de l'homme. Pourtant, nous ne pouvons pas nous en tenir à ces questions sans réponse, parce que l'histoire nous oblige à vivre l'histoire : c'est la substance de notre vie et le lieu de notre mort. Nos vies se passent entre vivre et interpréter l'histoire. En l'interprétant, nous la vivons : nous faisons l'histoire ; en la vivant, nous l'interprétons : chacun de nos actes est un signe. L'histoire que nous vivons est une écriture ; dans l'écriture de l'histoire visible, nous devons lire les métamorphoses et les changements de l'histoire invisible. Cette lecture est un déchiffrement, la traduction d'une traduction : jamais nous ne lirons le texte original. Chaque version est provisoire : le texte change sans arrêt (bien qu'il répète peut-être toujours la même chose) : c'est pourquoi, de temps en temps, certaines versions sont rejetées en faveur d'autres versions qui, à leur tour, seront rejetées. Chaque traduction est une création : un texte neuf... Ce qui suit est une tentative pour traduire le 2 Octobre en termes de ce que je crois être la véritable, mais invisible, histoire du Mexique : ce soir-là, l'histoire visible déroula, à la façon d'un codex précolombien, notre histoire autre, invisible. La vision fut saisissante, parce que les symboles étaient devenus transparents.

Les géographies aussi sont symboliques : les espaces physiques se transforment en archétypes géométriques, lesquels sont des formes émettrices de symboles. Prairies, vallées, montagnes : les accidents de terrains deviennent significatifs dès qu'ils s'insèrent dans l'histoire, se convertissant ainsi en écriture chiffrée et en texte hiéroglyphique. Les oppositions entre mer et terre, plaine et montagne, île et continent, forêt et désert sont les symboles d'oppositions historiques : sociétés, cultures, civilisations. Chaque terre est une société : un monde ainsi qu'une vision du monde et du transmonde. Chaque histoire est une géographie et chaque géographie, une géométrie de symboles : l'Inde est un cône renversé, un arbre dont les racines se perdent dans le ciel; la Chine est un immense disque — ventre et nombril du Cosmos; le Mexique se dresse entre deux océans comme une énorme pyramide tronquée : ses quatre côtés sont les quatre points cardinaux, ses escaliers sont les climats des différentes zones, son haut plateau est la maison du soleil et des constellations. Il n'est guère utile de rappeler que pour les Anciens le monde était une montagne : que ce fût Sumer, Égypte ou Mésopotamie, la représentation géométrique et symbolique de la montagne cosmique était la pyramide. La géographie du Mexique tend à la forme pyramidale comme s'il existait une relation secrète mais évidente entre l'espace naturel et la géométrie symbolique, puis entre celle-ci et ce que j'ai appelé notre histoire invisible.

Archétype archaïque du monde, métaphore géométrique du cosmos, la pyramide méso-américaine culmine en cet espace magnétique qu'est la plate-forme-sanctuaire. C'est l'axe de l'univers, le lieu où se croisent les quatre points cardinaux, le centre du quadrilatère : la fin et le début du mouvement.

Une immobilité dans laquelle s'achève et se réengendre la danse du cosmos. Temps fait pierre, les quatre côtés de la pyramide représentent les quatre soleils ou âges du monde, et ses escaliers en sont les jours, les mois, les années, les siècles. Au sommet, la plate-forme est le lieu de naissance du Cinquième Soleil, l'ère nahua et aztèque. Édifice fait de temps : ce qui fut, ce qui sera, ce qui est en devenir. Espace, la plate-forme-sanctuaire est le lieu d'apparition des dieux et l'autel du sacrifice : point de convergence entre les mondes humain et divin; temps, c'est le centre du mouvement, la fin et le début des ères : éternel présent des dieux. La pyramide est une image du monde; à son tour, cette image du monde est une projection de la société humaine. S'il est vrai que l'homme invente des dieux à sa ressemblance, il est vrai aussi qu'il découvre cette ressemblance dans les images que lui offrent le ciel et la terre. Avec le paysage inhumain, l'homme fait de l'histoire humaine; la nature, elle, transforme l'histoire en cosmogonie, danse des astres.

La pyramide assure la continuité du temps (humain et cosmique) par le sacrifice : c'est un espace générateur de vie. La métaphore du monde comme montagne et de la montagne comme donneuse de vie se matérialise avec une stupéfiante littéralité dans la pyramide. Sa plate-forme-sanctuaire, carrée comme le monde, est le théâtre des dieux et leur terrain de jeu. Quel est le jeu des dieux? Ils jouent avec le temps, leur jeu est la création et la destruction des mondes. Opposition entre le travail et le jeu divin : l'homme travaille pour manger, les dieux jouent pour créer. Ou mieux : pour eux, il n'y a pas de différence entre jouer et créer : chacune de leurs pirouettes est un monde qui naît ou qui s'anéantit. Création et destruction sont des notions antithétiques pour les hommes, mais identiques pour les dieux : tout est jeu. Dans leurs jeux — des guerres qui sont des danses — les dieux, créent, détruisent et, parfois, se détruisent eux-mêmes. En s'immolant, ils recréent le monde. Le jeu des dieux est un jeu sanglant qui culmine dans un sacrifice qui est la création du monde. La destruction créatrice des dieux est le modèle des rites, des cérémonies et des fêtes humaines : sacrifice égale destruction productrice.

Pour les anciens Mexicains, *danse* était synonyme de *pénitence*. Étrange mais vrai : la danse est avant tout rite, c'est-à-dire une cérémonie qui reproduit la création du monde par les dieux en un jeu qui est destruction créatrice. Il y a une connexion étroite entre le jeu divin et le sacrifice qui engendre l'univers. A ce modèle céleste correspond un modèle humain : dans le rite, la danse est pénitence. L'équation danse = sacrifice se répète dans le symbolisme de la pyramide : la plate-forme supérieure représente l'espace sacré où se déroule la danse des dieux, un jeu créateur de mouvement et, par là, de temps même. Le lieu de la danse est, pour les mêmes raisons d'analogie et de correspondance, le lieu du sacrifice. Or, pour les Aztèques, le monde de la politique n'était pas distinct du monde de la religion : la danse céleste, qui est destruction créatrice, sera de la même manière, guerre cosmique. Cette série analogique divine se projette dans une série terrestre : la guerre rituelle (ou *guerre fleurie*) est le double de la danse guerrière des dieux et culmine dans le sacrifice des prisonniers de guerre. Destruction créatrice et politique de domination des autres sont les deux faces, humaine et divine, d'une même conception. La pyramide, temps pétrifié, lieu du sacrifice divin, est aussi l'image de l'État aztèque et de sa mission : assurer la continuité du culte solaire, source de la vie universelle, par le sacrifice des prisonniers de guerre. Le peuple mexicain s'identifiait avec le culte solaire : sa domination est semblable à celle du soleil qui chaque jour naît, combat, meurt et renaît. La pyramide est le monde, et le monde est Mexico-Tenochtitlan : déification de la nation aztèque par son identification avec l'image ancestrale du cosmos, la pyramide. Pour les héritiers du pouvoir aztèque, la relation entre rites religieux et actes politiques disparaît mais, comme nous allons le voir, le modèle inconscient du pouvoir reste le même : pyramide et sacrifice.

Si le Mexique est une pyramide tronquée, la vallée d'Anahuac est la plate-forme de cette pyramide. Au centre de la vallée, se trouve la ville de Mexico, l'antique Mexico-Tenochtitlan, siège du pouvoir aztèque et aujourd'hui capitale de la République du Mexique. Il y a là un fait qui possède une signification toute particulière, et auquel, à ma connaissance, personne n'a prêté attention : la capitale a donné son nom au pays. C'est assez surprenant : dans presque tous les pays du monde — les exceptions sont rarissimes — le nom de la capitale est distinct de celui du pays. La raison me paraît en être la suivante : il existe une règle universelle, bien que non formulée, qui exige de distinguer soigneusement entre la réalité particulière d'une ville et la réalité, plurielle, plus vaste, d'une nation. La distinction est impérative, si, comme il arrive souvent, la capitale est une vieille métropole avec sa propre histoire, et surtout si cette histoire est celle de sa domination sur les autres villes ou provinces : Rome/Italie, Paris/France, Tokyo/Japon, Londres/Angleterre... Même les centralistes castillans n'osèrent pas violer la règle : Madrid/Espagne. L'étrangeté du cas mexicain augmente, si on se rappelle que pour les peuples qui composaient le monde préhispanique le nom de Mexico-Tenochtitlan évoquait l'idée de la domination aztèque, ou plutôt : la réalité terrible de cette domination. Avoir appelé le pays tout entier du nom de la capitale de ses oppresseurs est une des clefs de l'histoire mexicaine — l'histoire non écrite, et qu'on ne raconte pas non plus. La fascination exercée par les Aztèques a été telle que même leurs vainqueurs, les Espagnols, n'y ont pas échappé : quand Cortés décida que la capitale du nouveau royaume s'élèverait sur les ruines de Mexico-Tenochtitlan, il devint l'héritier et le successeur des Aztèques. Bien que la conquête espagnole eût détruit le monde indigène pour en construire un autre sur ses ruines, entre l'ancienne société et le nouvel ordre hispanique s'est tendu le fil invisible d'une continuité : celle de la domination. Ce fil ne s'est pas rompu : les vice-rois espagnols et les présidents mexicains sont les successeurs des tlatoanis aztèques.

S'il y a depuis le XIVe siècle une secrète continuité politique, comment s'étonner que le fondement inconscient de cette continuité soit l'archétype religio-politique des anciens Mexicains : la pyramide, ses hiérarchies implacables avec, au sommet, le Cacique et la plate-forme du sacrifice ? En recherchant le fondement inconscient de notre idée de l'histoire et de la politique, je pense moins aux gouvernants qu'aux gouvernés. Il est évident que les vice-rois espagnols étaient étrangers à la mythologie des Mexicains, ce que n'étaient pas leurs sujets, qu'ils fussent indiens, métis voire créoles : spontanément et naturellement, ils voyaient tous, dans l'État espagnol la continuation du pouvoir aztèque. Cette identification n'était pas explicite et n'assumait pas de forme rationnelle. C'était dans l'ordre des choses, voilà tout. La continuité entre le vice-roi et le seigneur atzèque, entre la capitale chrétienne et l'antique cité idolâtre n'était du reste que l'un des aspects de l'idée que la société coloniale se faisait du passé précolombien. Dans le domaine de la religion, on retrouve la même continuité : l'apparition de la Vierge de Guadalupe sur les ruines d'un sanctuaire consacré à la déesse Tonantzin en est l'exemple central, mais nullement isolé. Dans une « auto sacramental » de Sœur Juana, *Le Divin Narcisse*, l'antique religion précolombienne, en dépit de ses rites sanglants, apparaît comme une préfiguration de l'arrivée du christianisme au Mexique. Pour les Espagnols, le modèle historique était Rome et son empire ; Mexico-Tenochtitlan et, par la suite, la ville de Mexico n'ont été que des versions réduites de l'archétype romain. De la même façon que la Rome chrétienne prolongeait, en la rectifiant, la Rome païenne, la nouvelle ville de Mexico était la continuation et, finalement, l'affirmation de la métropole aztèque. L'Indépendance n'a pas altéré radicalement cette conception : on considérait que la Colonie espagnole avait été une *interruption* de l'histoire mexicaine. De ce point de vue, l'Indépendance fut une sorte de restauration. Cette fiction historico-juridique consacrait la légitimité de la domination aztèque : Mexico-Tenochtitlan était, et reste, l'origine et la source du pouvoir. Après l'Indépendance, le processus d'identification sentimentale avec le monde préhispanique s'est accentué, jusqu'à devenir, après la Révolution, l'une des caractéristiques les plus notables du Mexique moderne. Ce qu'on n'a pas dit, c'est que les Mexicains, dans leur immense majorité, ont fait leur le point de vue aztèque, renforcant ainsi sans le savoir, le mythe représenté par la pyramide et sa pierre de sacrifices.

A mesure que progresse notre connaissance du monde méso-américain, notre jugement sur les Aztèques se modifie. Pendant longtemps, on a cru que c'est à Mexico-Tenochtitlan que la civilisation préhispanique avait atteint son apogée. C'était la conviction des Espagnols, et elle le demeure pour beaucoup de Mexicains, dont certains historiens, archéologues et critiques d'art. Or, nous savons avec certitude aujourd'hui que la grande période créatrice de la Méso-Amérique a précédé de nombreux siècles la venue des Aztèques dans la vallée d'Anahuac. Il est même probable que Teotihuacan n'ait pas été nahua, exclusivement du moins. Aussi, bien qu'il existe une évidente relation entre la culture de Tula et celle de Teotihuacan — relation du barbare qui hérite et interprète une civilisation — c'est une erreur que d'étudier à partir du point de vue nahua (et surtout de sa tardive version aztèque) la totalité de la civilisation méso-américaine, qui est, en fait, plus riche, plus diverse et plus ancienne. Je me suis déjà expliqué à ce sujet dans une étude précédente (*Le point de vue nahua*, *Puertas al Campo*, 1966). Quoi qu'il en soit, la phase créatrice en Méso-Amérique — que les archéologues appellent aujourd'hui de façon plus ou moins précise : la période des grandes théocraties — prit fin vers le IXᵉ siècle. L'extraordinaire fécondité artistique de cette étape est due, me semble-t-il, à la coexistence dans les différentes zones du pays de plusieurs cultures originales, nées peut-être d'un tronc commun : maya, zapotèque, Teotihuacan, El Tajin. Il n'y avait nulle hégémonie d'un État sur les autres, mais diversité et confrontation, — ce jeu d'influences et de réactions en quoi consiste finalement toute création. La Méso-Amérique n'était pas une pyramide, mais une assemblée de pyramides. Néanmoins, ce ne fut pas une époque de paix universelle, comme l'ont cru ingénument certains archéologues. Théocratiques ou non, ces Cités-États n'étaient pas pacifiques : les murs de Bonampak commémorent une bataille avec son corollaire rituel, le sacrifice des prisonniers. A Teotihuacan apparaissent aussi des symboles qui figureront ensuite dans le culte solaire aztèque, ainsi que les emblèmes des ordres militaires de l'Aigle et du Jaguar, avec plusieurs indices de cannibalisme rituel. Bien des spécialistes minimisent ces traits de la civilisation méso-américaine, ce qui n'est pas moins nocif que de les exagérer. Les uns comme les autres oublient que la science n'a pas pour objet de juger mais de comprendre. Et la Méso-Amérique, qui plus est, n'a besoin ni d'apologistes ni de détracteurs.

La seconde époque, appelée « période historique », est celle des grandes hégémonies. Elle a été à prédominance nahua et a commencé avec Tula et son empire. Les Toltèques arrivèrent jusqu'au Yucatan, et les Mayas les regardèrent avec la même admiration et la même horreur que leur inspirèrent plus tard les Aztèques. Pour comprendre ce que signifie la domination d'un peuple sur un autre, il suffit de voir le serpent de pierre nahua qui court sur la façade du temple consacré au dieu maya Chac, à Uxmal : il le défigure comme le fer au front de l'esclave. A l'hégémonie de Tula, après une période de confusion et de luttes, succéda celle de Mexico-Tenochtitlan. Les nouveaux seigneurs, qui étaient il y a peu encore des nomades errants, avaient longtemps rôdé aux portes des villes qu'ils allaient soumettre. La version aztèque de la civilisation méso-américaine fut grandiose et ténébreuse. Les groupes militaires et sacerdotaux, et à leur image les gens du commun, étaient possédés par une croyance héroïque démesurée : être les instruments d'une tâche divine qui consistait à servir, maintenir et étendre le culte solaire et contribuer ainsi à la conservation de l'ordre cosmique. Le culte exigeait qu'on alimentât les dieux en sang humain pour assurer la marche de l'univers. Idée sublime et terrifiante : le sang comme substance génératrice du mouvement des mondes, un mouvement analogue à celui de la danse et de la guerre. Danse guerrière des astres et des planètes, danse de la destruction créatrice. Chaîne d'équations et de transformations : rite → danse → guerre rituelle → sacrifice. Dans cette cosmologie, l'âge nahua et celui de ses héritiers était le cinquième âge du monde, celui du Cinquième Soleil : soleil du mouvement, soleil guerrier qui boit le sang et chaque jour sauve le monde de la destruction définitive. Soleil polémique : guerres, tremblements de terre, éclipses, danse du cosmos. Comme le peuple aztèque était le peuple du Cinquième Soleil, la fin du monde se confondait avec celle de la suprématie aztèque : de là venait qu'éviter les deux — par la guerre, la vassalisation des autres nations et le sacrifice — était à la fois une tâche divine et une entreprise politico-militaire. L'identification d'une ère cosmique avec leur destin national est l'un des aspects les plus notables de l'imbrication entre les idées religieuses et philosophiques des Aztèques et leurs intérêts politiques. Un des informateurs de Sahagun a expliqué de façon inoubliable la véritable signification religieuse de Huitzilopochtli, le dieu national des Mexica : *le dieu était nous-mêmes.* Non pas : le *peuple est dieu* des démocrates de l'Occident, mais *le dieu est son peuple :* la divinité s'incarne dans la société, et lui impose des tâches inhumaines, sacrifier et être sacrifié. La « paix aztèque » comme appelle l'hégémonie mexicaine un savant idolâtre, transforma en institution permanente la guerre rituelle : les peuples vassaux, comme celui de Tlaxcala, avaient l'obligation de livrer périodiquement des batailles rangées contre les Aztèques et leurs alliés pour leur fournir des prisonniers destinés au sacrifice. Les nations soumises constituaient une réserve d'aliment sacré. La « guerre fleurie » combinait la chasse avec le tournoi et les deux, avec une institution philanthropique moderne : la banque du sang.

Les Aztèques avaient modifié leur tradition religieuse nationale pour l'adapter à une cosmologie antérieure créée par les Toltèques ou, peut-être, par les gens de Téotihuacan. Le dieu tribal, Huitzilopochtli, le Guerrier du Sud, occupait le centre du culte : à son côté figuraient les grands dieux qui l'avaient précédé dans la vallée d'Anahuac : Tlaloc, Quetzalcoatl. Les Aztèques avaient ainsi confisqué une vision de l'univers singulièrement profonde et complexe pour la transformer en un instrument de domination. Religion solaire et idéologie expansionniste, héroïsme surhumain et réalisme politique inhumain, folie sacrée et froid calcul, sacrifice et pillage : c'est entre ces extrêmes que se mouvait l'*ethos* aztèque. Cette dualité psychique et morale était en corrélation avec le dualisme de l'organisation sociale et de la pensée religieuse et cosmologique. A ce dualisme — trait caractéristique des nahuas mais peut-être aussi de tous les Indiens américains — s'en superposait un autre, d'ordre historique : l'amalgame de ces conceptions de nomades barbares avec celles, civilisées, des peuples sédentaires du plateau mexicain. Religion solaire et religion agricole, observe J. Soustelle. Au syncrétisme de la religion et de la cosmologie correspondent d'une part la duplicité morale et psychique à laquelle j'ai déjà fait allusion et d'autre part un art hybride qui va du sublime au grotesque, du style officiel à une vision où la géométrie pactise avec la passion. Nos critiques d'art s'extasient devant la Coatlicue, énorme bloc de théologie pétrifiée. L'ont-ils seulement *vue* ? Pédanterie et héroïsme, puritanisme sexuel et férocité, calcul et délire : un peuple de soldats et de prêtres, d'astrologues et de sacrificateurs. De poètes aussi : ce monde de couleurs brillantes et de passions ténébreuses était traversé par de brefs et prodigieux éclairs de poésie. Et dans toutes les manifestations de cette nation extraordinaire et terrible, il y a l'obsession, l'odeur, le relent du sang. Comme ces roues de supplices qui apparaissent dans les romans de Sade, l'année aztèque était un cycle de dix-huit mois imbibés de sang : dix-huit cérémonies, dix-huit manières de mourir : par flèches ou par immersion dans l'eau, par décapitation ou par écorchement. Danse et pénitence.

Par quelle aberration religieuse et sociale une ville de la beauté de Mexico-Tenochtitlan fut le théâtre d'eau, de pierre et de ciel de cet hallucinant ballet funèbre ? Et par quel aveuglement de l'esprit, aucun de nous — je ne parle pas des nationalistes somnambules, mais les savants, les historiens, les artistes et les poètes, n'a pu avouer ceci : que le monde aztèque est une des aberrations de l'histoire ? Le cas aztèque est unique, parce que cette cruauté était le fruit d'un système à la cohérence impeccable et implacable, un irréfutable syllogisme-poignard. Le puritanisme sexuel, la répression des sens et le poids écrasant du sacré pourraient expliquer cette violence, mais ce n'est pas elle qui étonne et paralyse, ce sont les méthodes réalistes au service d'une métaphysique rigoureusement rationnelle et délirante, en même temps, l'insensée moisson de vies en face d'une raison pétrifiée. Non pas la fureur homicide de Gengis Khan ou de Tamerlan, ni l'ivresse incendiaire et assassine des Huns. Mais plutôt, à cause de la splendeur de leur ville et du caractère liturgique et grandiose de leurs massacres, les Mexica rappellent les Assyriens, lesquels, héritiers eux aussi d'une haute civilisation, montrèrent une égale prédilection pour la pyramide tronquée (ziggourat). Pourtant, les Assyriens n'étaient pas théologiens. En réalité, les émules des Aztèques ne sont pas en Asie mais en Occident, où l'alliance entre politique et raison métaphysique a été tout aussi intime, exaspérée et meurtrière : Inquisition, guerres de religion et, surtout, sociétés totalitaires du XXe siècle. Sous réserve de donner plus loin une hypothèse qui explique la singulière séduction qui nous a empêché de regarder avec objectivité le monde aztèque, je souligne que je ne prétends pas le juger, et, moins encore, le condamner. Mexico-Tenochtitlan a disparu, et devant ses restes, ce qui me préoccupe n'est pas un problème d'interprétation historique mais le fait que nous ne pouvons regarder la mort en face : son fantôme nous habite. C'est pourquoi je crois que la critique du Mexique et de son histoire — une critique qui ressemble à la thérapeutique des psychanalystes — doit commencer par un examen de ce que la vision aztèque du monde signifiait et signifie encore. L'image du Mexique comme une pyramide est choisie parmi d'autres images également possibles : elle donne le point de vue de celui qui se trouve sur la plate-forme couronnant cette pyramide. C'est le point de vue des anciens dieux et de leurs serviteurs, les seigneurs et pontifes aztèques. C'est aussi celui de leurs héritiers et successeurs : vice-rois, altesses sérénissimes et présidents. Il y a plus encore : c'est le point de vue de l'immense majorité, les victimes écrasées par la pyramide, ou sacrifiées sur la plate-forme-sanctuaire. La critique du Mexique commence par la critique de la pyramide.

Tula et Mexico-Tenochtitlan marquèrent la seconde période de la Méso-Amérique. Ces deux États pesèrent sur les autres peuples comme ces gigantesques guerriers de pierre que les archéologues ont déterrés à Tula précisément. Répétitions, amplifications, œuvres immenses, grandeur inhumaine — rien de comparable à la vraie période créatrice. Mais ce qu'il m'importe de souligner, c'est l'étonnante relation des Aztèques avec la tradition méso-américaine. On est sûr qu'ils ignoraient tout, ou presque tout, des grandes « théocraties » qui avaient précédé Tula. Je confesse que cette ignorance me trouble : c'est celle des âges de ténèbres devant l'antiquité gréco-romaine, c'est celle que montreront nos descendants devant Paris, Londres, New-York... Si les Aztèques avaient des notions rudimentaires et grotesques sur Teotihuacan et ses bâtisseurs, par contre Tula leur inspirait des idées exaltées. Les Mexica affirmeront toujours avec orgueil qu'ils étaient les héritiers légitimes et directs des Toltèques, c'est-à-dire des gens de Tula et de Culhuacan. Pour comprendre la raison de cette prétention, il faut se souvenir que, pour le peuple nahua, la dichotomie universelle *civilisé/barbare* s'exprimait par ces deux termes : *toltèque/chichimèque*. Les Aztèques voulaient nier leur passé chichimèque (barbare). Prétention qui n'avait pas grand fondement : avant la fondation de Mexico, ils n'étaient que des fugitifs hors-la-loi. Le sentiment d'illégitimité, commun à tous les barbares et à tous les parvenus, était une sorte de plaie dans la psyché aztèque et, de plus, une tache sur leurs titres de dominateurs du monde par la volonté de Huitzilopochtli. Huitzilopochtli lui-même, en effet, centre prétendu de la cosmogonie du Cinquième Soleil et soutien du culte solaire, n'était qu'un dieu tribal, un parvenu parmi les antiques divinités de Méso-Amérique. C'est pourquoi le tlatoani Izcoatl, conseillé par le célèbre Tlacaelel, l'architecte de la grandeur mexicaine, ordonna de brûler les codex et les documents anciens et de les remplacer par d'autres, destinés à prouver que le peuple aztèque descendait des seigneurs d'Anahuac. En affirmant leur filiation directe avec le monde toltèque, les Aztèques fondaient la légitimité de leur hégémonie sur les autres nations de la Méso-Amérique. Ainsi nous apparaît plus clairement le lien entre la falsification historique et le syncrétisme religieux.

Les nations soumises regardaient ces doctrines avec scepticisme. Les Aztèques eux-mêmes savaient qu'il s'agissait d'une supercherie mais personne ne se hasardait à l'avouer, à se l'avouer. Ceci explique pourquoi Moctezuma II, en recevant Cortés, le salua comme quelqu'un venu réclamer son héritage. Je souligne : il ne le recut pas comme l'émissaire de Charles Quint, mais comme un dieu (ou demi-dieu, ou mage-guerrier : les Aztèques ne parvinrent jamais à se faire une idée précise des Espagnols) envoyé pour rétablir l'ordre sacré du Cinquième Soleil, interrompu avec la chute de Tula. L'arrivée des Espagnols coïncide avec un interrègne : à la destruction de Tula, fuite de Quetzalcoatl (dieu-chef-prêtre) avec sa prophétie de revenir un jour, avait succédé l'hégémonie de Mexico-Tenochtitlan. Or le pouvoir aztèque, à cause de son origine barbare, était perpétuellement menacé par le retour de ceux qui incarnaient réellement le principe du Cinquième Soleil, les légendaires Toltèques. Pour comprendre l'attitude du monde méso-américain face aux Espagnols, on doit rappeler que, selon la légende, le roi-prêtre Topiltzin Quetzalcoatl naquit l'an l-Acatl (Roseau) et que sa fuite-disparition survint cinquante-deux années plus tard, à une autre date l-Acatl. La croyance générale était que Quetzalcoatl reviendrait une année l-Acatl : or, Cortés débarqua au Mexique en 1519, c'est-à-dire précisément en l-Acatl. La harangue avec laquelle Moctezuma II reçut Cortés est significative : « Notre Seigneur, tu t'es fatigué, tu t'es donné de la peine : voilà que tu as touché terre. Tu es arrivé dans ta ville, Mexico. Tu es venu ici pour t'asseoir sur ton trône. Oh, ils te l'ont réservé pour peu de temps, ils te l'ont conservé, ceux qui s'en sont allés déjà, tes remplaçants. » Le souverain ne met pas en doute les titres sacrés de l'Espagnol : le Mexique appartient à Cortés non par droit de conquête mais en toute propriété : il est venu toucher son héritage. Moctezuma souligne que ceux « qui s'en sont allés », ses prédécesseurs, ont gouverné en tant que simples *remplaçants*. Ils n'étaient, comme Moctezuma lui-même, que les gardiens de l'héritage toltèque. Le Tlatoani signale, pour le déplorer ou pour s'en prévaloir devant Cortés, — il est difficile de le savoir — que cette régence a été de courte durée : « Pendant une brève période, ils ont gardé pour toi... » L'insistance de Moctezuma est pathétique : « Il y a cinq jours, il y a dix jours que je suis dans l'angoisse : je gardais les yeux tournés vers la Région du Mystère. Et tu es venu entre les nuages, entre les brumes. Tel était bien le message laissé par les rois, ceux qui régnaient, ceux qui gouvernaient ta ville : que tu t'installerais sur ton trône, que tu viendrais ici » (A. M. Garibay, M. Léon-Portilla : *Visión de los Vencidos*). Mais je ne puis m'attarder plus longtemps à l'analyse de ce thème : il faudrait une vie entière pour étudier et élucider la Conquête.

L'attitude de Moctezuma et de la caste dirigeante n'est pas aussi fantastique qu'il paraît à première vue : le retour de Tula et de Quetzalcoatl s'insérait tout naturellement dans la conception circulaire du temps. L'idée nous choque parce que, à la fois fanatiques et victimes du temps rectiligne, non répétitif, qui est celui du progrès, nous ne pouvons accepter avec toutes ses conséquences la vision du temps cyclique. Dans le cas des Aztèques, l'idée de retour du temps plongeait ses racines dans un sentiment de culpabilité. Le temps du commencement, en revenant, avait la valeur d'une *réparation,* ce qui n'aurait pas été possible si les Aztèques ne s'étaient pas sentis coupables envers le passé mythique et envers les autres peuples. L'extraordinaire épisode de l'apparition du dieu Tezcatlipoca en est une preuve. Comme on sait, ce dieu joue un rôle décisif dans la chute de Tula. De même que Satan avec le Christ et Mara avec le Bouddha, Tezcatlipoca est le tentateur de Quetzalcoatl, à cette différence près qu'il a réussi, grâce à sa magie, à pousser le dieu-ascète à s'énivrer et à commettre l'inceste avec sa sœur. Ainsi se consume la ruine de Quetzalcoatl et de sa ville. Tezcatlipoca était particulièrement vénéré par les Mexica. Aussi, quand Moctezuma II se rend compte que Cortés et ses compagnons, loin d'écouter ses prières et ses menaces voilées, se dirigent au contraire vers Mexico-Tenochtitlan, il décide de leur opposer une arme infaillible : la magie. Il forme donc un groupe de mages et de sorciers; le groupe se met en marche mais avant de rejoindre les Espagnols, ils trouvent un garçon « parlant comme s'il était ivre » (possédé par le délire sacré?) qui les arrête et leur dit : « Quelle chose voulez-vous? Que cherche ainsi Moctezuma? ... Il a commis bien des erreurs : il a déporté là-bas ses vassaux, il a détruit leurs personnes. » Les sorciers écoutent interdits les paroles confuses et entrecoupées du garçon « ivre ». Et quand ils veulent le toucher, celui-ci disparaît. Pourtant, ils continuent à entendre sa voix : il leur ordonne de tourner leur regard en bas, vers la vallée où se trouve Mexico : « Les temples étaient en flammes, ainsi que toutes les maisons communales, les collèges sacerdotaux et toutes les maisons de Mexico. Et c'était comme s'il y avait eu une bataille; et quand les sorciers virent ceci, le cœur leur manqua. Et ils dirent clairement : Ce n'était pas n'importe qui! C'était le jeune Tezcatlipoca! » Sans avoir rempli leur mission les mages s'en reviennent immédiatement et racontent à Moctezuma ce qu'ils avaient vu et entendu. D'abord le Tlatoani prostré ne peut articuler un seul mot. Plus tard il murmura : « O mes forts! Voici maintenant qu'on nous donne ce que nous avons mérité! » Pour Moctezuma, la venue des Expagnols signifie, d'une certaine façon, le règlement d'un compte mythique et en même temps historique : l'ancienne faute de l'usurpation sacrilège. L'imbrication du sacré et du politique, qui avait servi aux Aztèques pour justifier leur hégémonie, joue contre eux à l'apparition des Espagnols : la divinité de ceux-ci avait la même origine que la prétendue mission cosmique du peuple aztèque. Les uns comme les autres étaient les agents de l'ordre divin, mandataires et instruments du Cinquième Soleil. Ce qu'il y a de plus curieux, c'est que les Espagnols ne soupçonnèrent pas la complexité des attitudes contradictoires des Indiens. Un autre élément augmenta la confusion tragique de toutes ces équivoques : les populations indiennes alliées aux Espagnols espéraient que la chute de Mexico-Tenochtitlan mettrait fin à l'interrègne, à l'usurpation et au vasselage. Leur horrible désillusion fut, peut-être, l'origine de leur passivité future : en devenant les successeurs du pouvoir aztèque, les Espagnols ont perpétué l'usurpation.

Héritiers de Mexico-Tenotchtitlan, les Espagnols se sont chargés de transmettre l'archétype aztèque du pouvoir politique : tlatoani et pyramide. Transmission involontaire et, par là même, incontrôlable : transmission inconsciente, à l'abri de toute critique ou examen rationnel. Dans le cours de notre histoire, l'archétype aztèque s'est parfois opposé à l'archétype hispano-arabe comme, parfois aussi, il s'est confondu avec lui : le caudillo. Cette oscillation entre deux figures est l'un des traits qui nous distingue de l'Espagne, du Portugal aussi bien que des autres pays latino-américains où règne sans rival le caudillisme (à l'exception des Chili, Uruguay et Costa Rica). Le tlatoani était impersonnel, sacerdotal, institutionnel; de même, la figure abstraite du Président correspond à une corporation bureaucratique et hiérarchique : le P.R.I. Le caudillo est personnalisé, épique, exceptionnel : il apparaît aux moments où l'ordre est interrompu. Le tlatoani représente la continuité impersonnelle de la domination; une caste de prêtres et de hauts fonctionnaires exerce le pouvoir à travers l'une de ses incarnations momentanées : le Président *est* le P.R.I. durant six ans; puis, à la fin de cette période, surgit un autre Président, nouvelle incarnation différente. Différente et semblable : c'est la double exigence de l'institution présidentielle mexicaine. La concentration du pouvoir dans les mains du Président est énorme, mais ce n'est jamais un pouvoir personnalisé, car il est conséquence de son investiture impersonnelle. La présidence est une fonction institutionnelle; la domination du caudillo est une mission exceptionnelle : le pouvoir du caudillo est toujours personnel. Le caudillo n'appartient à aucune caste; aucun collège sacré ou profane ne l'élit : c'est une présence inattendue qui surgit à un moment de crise et de confusion, gouverne au plus près selon les événements et disparaît d'une façon non moins subite que celle de son apparition. Le caudillo gouverne en tournant le dos à la loi : il fait la loi. Le tlatoani, même quand son pouvoir vient de l'usurpation aztèque ou du monopole du P.R.I., se fonde toujours sur la légalité : ce qu'il fait est accompli au nom de la loi. Notre histoire est pleine de tlatoanis et de caudillos : Juarez et Santa Anna, Carranza et Villa. Il n'y a jamais eu, évidemment, de gouvernement qui ait été absolument tlatoani ou intégralement caudillo; mais il existe un trait révélateur de la secrète suprématie du modèle aztèque; tous les chefs que nous avons eus, et jusqu'aux plus singuliers et caudillesques, ont aspiré à la catégorie de tlatoani. Il y a une nostalgie mexicaine de la légalité sacrée que ne connaissent pas les autres caudillos hispano-américains : qu'il s'agisse de Bolivar ou de Fidel Castro, de Rosas ou de Peron, ils ont tous cru et croient à l'action héroïque alors que les Mexicains croient au rite. Dans un cas, la violence est transgression, dans l'autre, expiation. La fondation du P.N.R. marqua le crépuscule du caudillisme mexicain; depuis, l'archétype aztèque n'a cessé de se consolider. Il ne pouvait en être autrement : c'est le modèle même de la stabilité et, après quelque vingt années de guerre civile et de querelles violentes entre les chefs révolutionnaires, la stabilité était la valeur politique la plus recherchée et la plus prisée au Mexique. Mais les partisans de la stabilité à outrance oublient une circonstance qui ébranle tout cet édifice pyramidal, en apparence si solide : le P.R.I. a été conçu comme une solution exceptionnelle et provisoire, de telle sorte que la permanence de son monopole politique montre certaines analogies avec l'usurpation de Mexico-Tenochtitlan et sa prétention d'être l'axe du Cinquième Soleil. La traduction des données politiques contemporaines en concepts mythiques préhispaniques ne s'arrête pas à l'équivalence entre l'usurpation de l'héritage révolutionnaire par le P.R.I. et l'usurpation de l'héritage toltèque par Mexico-Tenochtitlan; le Cinquième Soleil, ère du mouvement, des tremblements de terre et de la destruction de la Grande Pyramide, correspond à la période historique que nous vivons aujourd'hui dans le monde entier : révoltes, rébellions et autres troubles sociaux. Contre les agitations et les convulsions du Cinquième Soleil, ce ne sera pas la stabilité, la solidité et la dureté de la pierre qui nous protègeront, mais bien plutôt la légèreté, la flexibilité et la capacité de changer. La stabilité devient pétrification : cette masse de pierre de la pyramide que le Soleil du Mouvement va fissurer et pulvériser.

La place de Tlatelolco a été aimantée par l'histoire. Expression du dualisme méso-américain, Taltelolco fut en réalité un centre jumeau de Mexico-Tenochtitlan. Bien qu'il n'eût jamais perdu entièrement son autonomie, après une tentative de révolte réprimée sévèrement par le tlatoani Axayacatl, Tlatelolco vivait dans l'étroite dépendance du pouvoir central. C'était le siège de la caste des marchands, et sa grand-place possédait, en plus des temples, un célèbre marché que Bernal Diaz et Cortés ont décrit avec une exaltation minutieuse et enchantée, comme s'il s'était agi d'un conte de fées. Durant le siège, Tlatelolco opposa une résistance tenace aux Espagnols : ce fut le dernier poste aztèque à se rendre. Sur l'immense esplanade de pierre, comme s'il s'agissait d'un pari téméraire, les évangélisateurs plantèrent — c'est bien le mot qui convient — une église minuscule. Elle est toujours debout. Tlatelolco est l'une des racines du Mexique. C'est là que les missionnaires enseignèrent à la noblesse indigène les lettres classiques et espagnoles, la rhétorique, la philosophie et la théologie; c'est là que Sahagun fonda les études d'histoire préhispanique...

La Couronne et l'Église interrompirent brutalement ces expériences et, Mexicains comme Espagnols, nous continuons à payer les conséquences de cette fatale interruption : l'Espagne nous a isolés de notre passé indien et elle s'est isolée elle-même de nous. Depuis, Tlatelolco a vécu d'une vie obscure : prison militaire, centre ferroviaire, banlieue poussiéreuse. Il y a quelques années, le régime transforma ce quartier en un ensemble de grands bâtiments d'habitation populaires et tenta de sauver la place vénérable : une partie de la pyramide fut exhumée et en face de la minuscule église qui la jouxte, on édifia un gratte-ciel anonyme. L'ensemble n'est pas heureux : trois démesures dans une désolation urbaine. Le nom choisi pour la place est l'un des lieux communs qui servent aux orateurs dans les célébrations de la découverte de l'Amérique : place des Trois Cultures. Personne n'utilise d'ailleurs le nom officiel; on préfère dire : Tlatelolco. Cette préférence n'est pas accidentelle : le 2 Octobre de Tlatelolco s'insère avec une logique terrifiante dans notre histoire, réelle et symbolique.

Tlatelolco est la contrepartie, en termes de sang et de sacrifice, de la pétrification du P.R.I. Tous deux sont des projections du même archétype, bien qu'avec des fonctions distinctes dans la dialectique implacable de la pyramide. Comme si les faits contemporains étaient une métaphore de ce passé qui est un présent enterré, la relation entre l'antique place de Tlatelolco et la Grand-Place de Mexico-Tenochtitlan se répète aujourd'hui dans celle de la nouvelle place des Trois Cultures avec le Zócalo et son Palais national. En la place du Zócalo, antique centre de la cité, se manifeste la continuité de notre histoire : face à la cathédrale, construit sur les ruines d'un temple aztèque se dresse le Palais national qui a accueilli sans interruption depuis le xve siècle le Tlatoani aztèque, le vice-roi espagnol et le président mexicain. La relation entre le Zócalo et Tlatelolco s'explicite si l'on prête attention à l'histoire visible, mais elle a aussi valeur symbolique qui ressortit à ce que j'ai appelé l'histoire invisible du Mexique. Nous pouvons certes hausser les épaules et récuser toute interprétation qui dépasse ce que disent journaux et statistiques. Pourtant, réduire le signifié d'un fait à l'histoire visible revient à refuser de la comprendre, ce qui peut entraîner une mutilation spirituelle. Pour éclucider le caractère véritable de la relation entre le Zócalo et Tlatelolco, nous devons recourir à un troisième terme, interroger un troisième lieu non moins aimanté par l'histoire : le Bois de Chapultepec. Le régime y a édifié un monument superbe : le Musée National d'Anthropologie. Si l'histoire visible du Mexique est l'écriture symbolique de son histoire invisible, et si les deux sont l'expression, la répétition et la métaphore, à divers niveaux de la réalité, de certains moments réprimés et submergés, il est évident que dans ce musée se trouvent les éléments, en ordre dispersé et fragmentaire, qui nous permettront de reconstituer la figure que nous cherchons. Toutefois, le musée nous offre plus encore que les signes brisés et les pierres exhumées de ses salles, quelque chose de plus immédiat, de plus tangible et évident : car en lui-même et dans l'intention qui l'a inspiré se dévoile enfin pleinement notre archétype. En effet, l'image du passé mexicain qu'il nous présente obéit moins aux exigences de la science qu'à l'esthétique du paradigme. Plutôt qu'un musée, c'est un miroir — mais sur sa surface tatouée de symboles, ce n'est pas nous-mêmes que nous pouvons voir : c'est, agrandi, le mythe de Mexico-Tenochtitlan, avec son Huitzilopochtli et sa mère Coatlicue, son Tlatoani et sa Femme-Serpent, ses prisonniers de guerre et ses cœurs-fruits-de-nopal. Avec ce miroir, nous ne nous immergeons pas dans notre image : nous y adorons l'Image qui nous écrase.

Entrer dans le Musée d'Anthropologie, c'est pénétrer dans une architecture faite de la matière solennelle du mythe. On y trouve un immense patio rectangulaire et, dans ce patio, un grand parasol de pierre autour duquel s'écoulent l'eau et la lumière dans un bruit de calendriers brisés, jarres des siècles et des ans qui s'éparpillent sur la pierre grise et verte. Le parasol est soutenu par une haute colonne qui serait prodigieuse, si elle n'était recouverte des motifs en relief de la rhétorique officielle. Toutefois, ce qui me conduit à parler du musée n'est pas l'esthétique mais l'éthique : en ce lieu, l'anthropologie et l'histoire se sont mises au service d'une certaine idée du Mexique, laquelle est le ciment, la base enterrée et immuable de nos conceptions de l'État, du pouvoir politique et de l'ordre social. Ravi, le visiteur parcourt les salles l'une après l'autre : monde souriant du néolithique, avec ses figurines nues; les Olmèques et le zéro; les Mayas, et leurs mines de temps et de ciel; les Huastèques et leurs grandes pierres où la sculpture a la simplicité d'un dessin linéaire; le monde d'El Tajin, cet art qui échappe à la pesanteur olmèque et au hiératisme téotihuacan sans tomber dans le baroquisme maya : prodige de grâce féline; les toltèques et leurs tonnes de sculptures — toute la diversité et la complexité de deux mille années d'histoire méso-américaine présentées comme prologue à l'acte final : l'apothéose-apocalypse de Mexico-Tenochtitlan. Il n'est pas inutile de signaler que, du point de vue de la science et de l'histoire, l'image de notre passé précolombien que nous offre le musée est fausse. Les Aztèques ne représentent en aucun cas la culmination des diverses cultures qui les ont précédés. C'est bien plutôt le contraire qui est avéré : leur version de la civilisation méso-américaine est, d'une part, une simplification et, d'autre part, une exagération : de toute façon, un appauvrissement. L'exaltation et la glorification de Mexico-Tenochtitlan transforme le Musée d'Anthropologie en un temple. Le culte propagé dans ces murs est celui qui inspire les livres scolaires d'histoire nationale et les discours de nos dirigeants : pyramide à degrés et plate-forme du sacrifice.

Pourquoi avons-nous cherché dans les ruines préhispaniques l'archétype du Mexique? Et pourquoi cet archétype doit-il être plus précisément aztèque, que maya, ou zapotèque, ou tarasque, ou otomi? Ma réponse à ces questions ne plaira pas à beaucoup : les véritables héritiers des assassins du monde préhispanique ne sont pas les Espagnols de la Péninsule, mais nous-mêmes, les Mexicains, qui parlons castillan — que nous soyons créoles, métis ou indiens. Le musée exprime un sentiment de culpabilité; mais par une opération de transfert et de décharge, bien connue de la psychanalyse, la culpabilité se transforme en glorification de la victime. En même temps — et ceci m'apparaît décisif —, l'exaltation finale de la période aztèque confirme et justifie ce que condamne en apparence le musée : la survivance, la vigueur dans notre histoire moderne du modèle aztèque de domination. Et de même que la relation entre Aztèques et Espagnols n'était pas uniquement d'opposition, et que le pouvoir espagnol s'est substitué au pouvoir aztèque pour le continuer : de même, le Mexique indépendant, de façon plus ou moins explicite, prolonge la tradition aztèque-castillane, centraliste et autoritaire. Je le répète : il y a un pont qui va du tlatoani au vice-roi et du vice-roi au président. Au Musée d'Anthropologie, la glorification de Mexico-Tenochtitlan est une exaltation de l'image de la pyramide aztèque, avec, pour ainsi dire, la garantie de la science. Le régime se voit, transfiguré, dans le monde aztèque. En le contemplant, il s'affirme. C'est pourquoi la critique de Tlatelolco, du Zócalo et du Palais national — la critique politique, sociale et morale du Mexique moderne — passe par le Musée d'Anthropologie et devient ainsi une critique historique. Si la politique est une dimension de l'histoire, la critique de l'histoire est donc critique politique et morale. Il ne s'agit pas d'opposer une autre image au Mexique du Zócalo, de Tlatelolco et du Musée d'Anthropologie : toutes les images souffrent de la fatale tendance à la pétrification, alors que la critique est l'acide qui dissout les images. Dans ce cas-ci (comme peut-être dans tous les autres cas), la critique n'est que l'un des modes opératoires de l'imagination, l'une de ses manifestations. A notre époque, l'imagination est critique. Sans doute, la critique n'est-elle pas le rêve; mais elle nous enseigne à rêver, et à distinguer entre les fantasmes du cauchemar et les visions véritables. La critique est l'apprentissage de l'imagination à sa seconde reprise, guérie des rêveries et décidée à affronter la réalité du monde. La critique nous dit que nous devons apprendre à renverser les idoles, apprendre à les annuler en nous-mêmes. Oui, apprendre à être aériens, rêves en liberté.

LE LABYRINTHE DE LA SOLITUDE

CRITIQUE DE LA PYRAMIDE

ALLOCUTION D'OCTAVIO PAZ à l'occasion de la remise du prix Tocqueville 1989. Ouvrage collectif d'A. B. Heinis, Pierre Godefroy, Alain Peyrefitte, François Mitterrand et Octavio Paz (« Blanche », 1989).

L'ARBRE PARLE, poésie (« Du monde entier », 1990).

LE FEU DE CHAQUE JOUR, *précédé de* MISE AU NET et de D'UN MOT À L'AUTRE (« Poésie Gallimard », n° *238*, 1990).

LA QUÊTE DU PRÉSENT. Discours de Stockholm (« Hors Série Littérature », 1991). Édition bilingue.

L'AUTRE VOIX. Poésie et fin de siècle (« Arcades », n° *23*, 1992).

UN AU-DELÀ ÉROTIQUE : LE MARQUIS DE SADE (« Arcades », n° *35*, 1994).

LA FLAMME DOUBLE. Amour et érotisme (« Du monde entier », 1994).

LE SIGNE ET LE GRIMOIRE. Essais sur l'art mexicain (« Arts et Artistes », 1995).

ITINÉRAIRE (« Arcades », n° *44*, 1996).

LUEURS DE L'INDE (« Arcades », n° *51*, 1997).

Chez d'autres éditeurs

ANTHOLOGIE DE LA POÉSIE MEXICAINE (Nagel).

LA FILLE DE RAPPACCINI. Préface d'André Pieyre de Mandiargues (« Théâtre », 1972), Mercure de France.

LE SINGE GRAMMAIRIEN (Skira).

FIGURES ET FIGURATIONS en collaboration avec Marie José Paz . Préface d'Yves Bonnefoy (« Albums et Beaux Livres », 2000), Mercure de France.

Reproduit et achevé d'imprimer
par l'Imprimerie Floch
à Mayenne, le 16 février 2006.
Dépôt légal : février 2006.
1er dépôt légal : février 1972.
Numéro d'imprimeur : 65094.

ISBN 2-07-071967-7 / Imprimé en France.

143267